KB232382

인도네시아 들여다보기

한눈에 들어오는 인도네시아 탐구 52

인도네시아 들여다보기

한눈에 들어오는 인도네시아 탐구 52

윤문한 지음

21세기북스
www.book21.com

'바로 보고 제대로 느끼는'
기회의 나라 인도네시아

인도네시아는 세계 최대의 이슬람국가이자 세계 4위 인구대국(약 2억 3,000만 명)이며 천연자원의 부국, 그리고 ASEAN(동남아시아국가연합) 주도국으로서, 우리나라는 물론 미국, 중국, 일본, EU 등 주요국들의 외교안보 및 경제협력 대상국이다. 인도네시아는 특히 경제협력 측면에서 중요한 국가로 인식되고 있는데, 세계 경제 및 언론계는 인도네시아를 '포스트 BRICs(브라질, 러시아, 인도, 중국)의 선두주자', '포스트 친디아(중국과 인도)'로 부르다가 이제는 아예 신흥 경제국을 인도네시아를 포함시켜 BRIICs로 해야 한다고 주장하고 있다. 우리나라가 2010년 11월에 처음 개최할 세계 주요 20개국(G20) 정상회의체에도 동남아시아에서는 인도네시아가 유일한 회원국이기도 하다. 이는 인도네시아가 최근 수년간 지속적으로 보여준 6% 이상의 높은 경제성장률과 향후의 성장 잠재력, 그리고 민주주의를 다지면서 이룩한 국내정치의 안정적 발전 등을 높이 평가한 결과다.

한국과 인도네시아의 교역규모는 2008년 기준 193억 달러로 국가별 비중에서 세계 11위다. 인도네시아는 한국의 열한 번째, 한국은 인도네시아의 다섯 번째 교역상대국인 것이다. 2006년에는 외교관계를 전략적 동반자관계로 격상시켜 긴밀한 협력관계를 유지해오고 있다. 인도네시아는 7번째(석유제외 시 5번째) 자원 수입대상국으로서 우리나라는 인도네시아의 천연가스, 석유, 산림, 석탄 등 자원및 에너지에 크게 의존하고 있으며, 우리의 저탄소 녹색성장 추진협력 파트너로 긴밀히 협력해오고 있다. 이명박 대통령은 2009년 3월 6~8일간 인도네시아 국빈 방문 시 에너지 및 자원의 실질협력강화에 합의하고 정부가 추진하고 있는 에너지 안보 및 기후 변화 등 저탄소 녹색성장에 대해 집중 논의했다. 인도네시아는 한국을 발전 모델국가로 생각하고 여러 분야에서 한국을 벤치마킹하고 있다. 한류가 꾸준히 확산 중에 있고 한국어 배우기가 한창이며 우리나라와 점점 가까운 우방국으로 발전하고 있는 것이다.

이처럼 전 세계로부터 주목을 받고 있고 우리나라와도 경제협력국으로서 중요한 위상을 갖는 인도네시아지만 우리 일반 국민들의 인도네시아에 대한 이해는 열대 후진국, 이슬람국가, 휴양지로 유명한 발리가 있는 나라 등으로부터 테러, 쓰나미, 지진, 대홍수, 부정부패, 장기독재, 조류독감 등등 부정적 이미지에 그치는 것 같다. 이러한 부정적 이미지는 대체로 사실이다. 하지만 문제는 인도네시아의 긍정적 측면이나 우리 국익에 유익한 내용들은 잘 모른다는 것이다. 천연자원이 절대 부족한 우리에게 인도네시아는 천연자원 및 에너지 공급원의 안정적 확보차원에서 중요한 국가이며 나아가 기회의 나라일 수 있고, 따라서 점점 가까워질 수밖에 없는 우방국이라는 사실을 아는 사람이 많지 않을 것이다.

국내에 인도네시아에 관한 자료가 일부 있긴 하지만 이러한 실질적인 내용을 설명해주는 책은 사실상 부족한 것 같다. 필자는 2006년 5월부터 2009년 2월까지 주인도네시아 한국대사관의 외교관으로 근무했다. 처음엔 필자에게도 생소한 국가였기 때문에 부임 전 인도네시아를 알기 위해 여기저기 자료를 찾고 물었으나 필자가 원하는 내용을 찾지 못해 몹시 아쉬웠다. 그때 얻은 인도네시아 정보들은 대체로 부정적 내용이었다.

필자는 한국대사관의 문화 및 홍보담당 참사관으로 근무하면서 인도네시아의 실체와 변화를 보고자 노력했다. 인도네시아가 개최한 많은 행사에 참석하기도 하고, 한국에 대한 이해증진 일환으로 다양한 문화 및 체육행사를 직접 기획·개최하기도 했으며, 민간 부문의 여러 교류 행사를 지원했다. 현지 언론을 포함해 정부, 문화계, 학계 등 여러 분야 인사들과 접촉하면서 그들이 스스로를 보는 시각과 우리를 보는 시각 등을 파악하고자 했다. 그리하여 최근의 인도네시아 모습과 발전을 위한 그들의 변화 노력을 설명해보기로 용기를 내었다.

이 책에서는 인도네시아의 여러 측면을 소주제별로 분류해 가능한 한 정책이나 제도 등과 연계해서 설명함으로써, 좀 더 실질적인 인도네시아를 알리고자 했다. 딱딱한 교과서적 내용이나 진부한 역사적 내용이 아닌, 또한 현지인의 소소한 일상 내용만도 아니고 관광명소에 대한 홍보성 내용만도 아닌 인도네시아의 실체적 측면을 전하고 싶었다. 그러나 역시 많이 부족함을 느끼지 않을 수 없다. 시간제약 등 여러 어려운 여건으로 좀 더 다양한 주제를 좀 더 깊이 있게 다루지 못했음을 인정한다. 그럼에도 이 책이 인도네시아에 관심 있는 사람들에게 조금이나마 도움이 되길 바라는 마음만은 간절하다.

이 책은 끝까지 포기하지 않도록 격려해주면서 인도네시아에 대해 무지한 시각으로 원고를 읽고 평가해준 아내가 없었다면 나오지 못했을 것이다. 또한 우리 국민들의 인도네시아에 대한 이해를 증진시키는 데 도움이 될 것이라며 출간을 결정해준 21세기북스 김영곤 사장님 이하 출판 관계자분들께 심심한 감사를 드린다.

2009년 12월
저자 윤문한

제1부

못 말리는 인도네시아인, 자랑스런 이슬람 문화

제3부

자카르타와 친형제 도시, 이복형제 도시 이모저모

못 말리는 인도네시아인, 자랑스런 이슬람 문화

01

만나는 시간에 따라
달라지는 '안녕하세요'

인도네시아에서 '안녕하세요?'라는 인사말은 하루 중 만나는 시간에 따라 달라진다. 대체로 아침 인사는 '슬라맛 빠기(Selamat Pagi)', 점심 인사는 '슬라맛 시앙(Selamat Siang)', 오후 인사는 '슬라맛 소레(Selamat Sore)', 밤 인사는 '슬라맛 말람(Selamat Malam)' 등으로 구분해 사용된다.

우리나라처럼 '안녕하세요?' 한 마디로 통용되지 않고, 또한 영어의 굿모닝이나 굿이브닝, 굿나잇보다 더 세분화되어 있는 것이다. 인도네시아 인사말을 시간대로 정확히 구분하면 슬라맛 빠기는 아침부터 오전 10시까지, 점심 인사인 슬라맛 시앙은 오전 10시 이후부터 오후 2시까지, 오후 인사인 슬라맛 소레는 오후 2시 이후부터 오후 6시 정도까지, 그리고 밤 인사인 슬라맛 말람은 오후 6시 이후부터 밤늦게까지로 나뉜다.

적도 바로 아래 있는 인도네시아에서는 하루 일과가 일찍 시작된다. 닭 울음이 새벽을 알리기도 전인 새벽 4시경이면 이슬람사원에

인도네시아의 일과는 비교적 아침 일찍 시작된다. 새벽 4시경이면 이슬람사원에서 코란 암송 등이 울려 퍼진다.

서 코란 암송과 함께 종소리가 울려퍼진다. 인도네시아 사람들은 대체로 일찍 일어나는 것이 습관화되어 있다. 따라서 좀 느지막하게 활동하는 사람이 10시경에 사람을 만났을 때 '슬라맛 빠기' 하면 본의 아니게 게으른 사람으로 여겨질 수 있다. 따라서 이 경우는 점심 인사인 '슬라맛 시앙'을 사용하는 편이 낫다.

그리고 인도네시아인들은 전화를 받을 때 영어의 '여보세요'인 헬로(Hello)를 할로(Halo)라고 하면서 먼저 말하고, 대체로 친절하게도 '슬라맛 시앙' 등과 같은 시간대별 인사말을 덧붙이는 것이다. 이것은 인도네시아인 특유의 자상함(?)인 듯하다.

'슬라맛'은 가장 흔히 쓰이는 인사말이자 대체로 대화를 시작할 때

쓰는 말로서 '안전한', '무사한'의 뜻과 행복, 번영 따위를 비는 '기도', '염원'의 뜻이 있다. 또한 '축하'를 뜻하기도 한다.

자카르타의 수카르노-핫타 공항에 내리면 큼지막한 간판에 '슬라맛 다땅(Selamat datang)'이라고 쓰인 글자를 볼 수 있다. 이는 '어서 오십시오' 또는 '환영합니다'라는 말이다. 이와 같이 슬라맛이 다른 단어와 연결되어 흔히 쓰이는 인사말 몇 가지를 소개하면 다음과 같다.

발 음	인도네시아어	의 미
슬라맛 다땅	Selamat datang	어서 오십시오. 환영(합니다)
슬라맛 잘란	Selamat jalan	안녕히 가십시오(헤어질 때)
슬라맛 따훈 바루	Selamat tahun baru	새해 복 많이 받으십시오
슬라맛 하리 우랑 따훈	Selamat hari ulang tahun	생일 축하합니다
슬라맛 마깐	Selamat makan	맛있게 드십시오
슬라맛 말람	Selamat malam	안녕히 주무십시오. 안녕히 계십시오
슬라맛 띠두르	Selamat tidur	안녕히 주무십시오
슬라맛 띵갈	Selamat tinggal	(방문객이 주인에게) 안녕히 계십시오

한편 빠기, 시앙, 소레, 말람 등은 각각 아침, 점심, 오후, 저녁이라는 의미의 명사인데, '먹다'라는 단어 '마깐(makan)'과 결합하면 매 끼니 식사를 할 때도 사용된다. 예컨대 '마깐 빠기' 하면 '아침을 먹다'라는 뜻이 되는 것이다.

02

아무리 긴 이름에도 대부분 성이 없다

압둘 하킴 가루다 누산따라(Abdul Hakim Garuda Nusantara) 는 전(前)인도네시아 인권회장 이름이다. 다디 드르단뜨 라치만따(Dady Derdant Rachmanta)는 인도네시아 국립중앙도서관장 이름이다. 스리요쁘라또모(Sryopratomo)는 인도네시아 메트로 TV 보도본부장 이름이다. 이들 이름에서 공통점은 가족의 혈통을 나타내는 성(性)이 없다는 것이다. 이름이 하나이든 세 개, 네 개이든 성은 없고 모두 이름뿐이다. 심지어 다섯 개 단어로 된 이름에도 성이 없는 사람이 있다.

이름을 부를 때는 여러 단어 이름을 다 부르지 않고 대체로 앞의 이름을 부르는데 반드시 그렇지도 않다. 이름 단어 중 특별한 의미가 있는 단어를 부르는 경우가 많다.

인도네시아 사람들은 부족 또는 지역마다 성과 이름을 표기하는 방식이 조금씩 다르다. 수마트라 섬 북부 지역에 사는 바탁족이나 북부 술라웨시 지역 출신들은 성과 이름을 사용한다. 반면 인도네시아 전체 인구의 약 45%를 차지하는 자바족을 비롯한 대부분의 사람들은 성을 사용하지 않는다. 위에 예를 든 사람들은 모두 자바 지역 출신이다.

대체로 성이 없는 이들 문화 때문에 필자 역시 처음에는 많이 혼란스러웠다. 또한 방한(訪韓)초청사업으로 언론인이나 학계·문화계 인사, 대학생들을 국내 관련 기관에 추천할 때 서울에 있는 실무직원들을 이해시키느라 수차례 설명해야 하는 번거로움을 겪어야 했다. 항공권에는 성과 이름을 명확히 구분해서 표기해야 하며, 한국에 체류하는 동안 호칭할 때 성(姓)이 반드시 필요하다는 요청 때문이었다. 할 수 없이 필자는 항공권 표기를 위해 때론 성과 이름을 강제 배분(?)해 기입한 적도 있다.

인도네시아에서 이름은 출신 종족, 출신 지역 등 다양한 표시 기능을 하는 경우가 많다. 이름이 그들 지위나 사회적 수준, 태어난 날, 아버지나 가족의 직업 등을 내포하는 경우가 많은 것이다. 인도네시아에는 다양한 종족과 다양한 문화가 있기 때문에 이름을 짓는 것도 종족마다 각기 다르다. 따라서 대략 이름만 보고도 그 사람이 어느 종족인지 또는 어느 지방 출신인지 대충 짐작할 수 있다. 수마트라 섬 바탁족은 엄마들이 아기가 태어나서 처음 본 물건을 아기 이름으로 삼기도 한다. 그래서 이름이 '빠융(Payung)'이라는 바탁족 아이는 나중에야 자신의 이름이 왜 '우산'인지 알게 되는 것이다.

한 사람이 계속 병에 걸리거나 불운이 이어지면 자바족은 이름이 너무 무거워서 맞지 않기 때문이라고 생각하고 보통 행운을 의미하는 슬라맛이라는 이름을 지어준다. 자바족의 이름은 조상의 직업을 암시하기도 한다. 이들 이름 중에서 티르타(Tirta)는 물을 관리하는 일을 나타내며, 사스트라(Sastra)는 직업이 비서임을 나타낸다. 수마트라 서쪽 고지대에 사는 미낭카바우족의 상류층 성인 남자 중에는 부족으로부터 명예로운 이름을 하사받는 경우도 있다. 이들의 명예로운 이름은 보통 수탄(Sutan), 바긴도(Bagindo), 다투(Datu) 등이다.

그리고 발리 사람들이 이름 짓는 방식은 상당히 복잡해 이해하기 어려운데, 그래도 대충은 짐작이 가능하다. 발리에는 중요한 계급이 세 개 있다. 첫 번째 계급인 브라마나(Brahmana)는 항상 남자이름에 '이다 바구스(Ida Bagus)'를, 여자이름에 '이다 아유(Ida Ayu)'를 넣어 계급을 표시한다. 아이들 이름은 태어난 순서에 따라 푸투(Putu), 마데(Made), 뇨만(Nyoman), 크툿(Ketut) 등으로 짓는다. 그러나 두 번째 계급인 사트리아(Satria)는 아이들 이름에 수사를 쓰지 않는다. 아궁 그데(Agung Gede)라는 말이 들어 있으면 이 계급에 속하는 사람이라고 보면 된다. 세 번째 와이사(Waisa) 계급은 남자이름 앞에 이다(Ida), 여자이름 앞에 니(Ni)를 붙인다.

일반적으로 인도네시아에서는 남자이름 앞에 아버지라는 뜻의 바빡(Bapak)이나 빡(Pak), 여자이름 앞에 어머니라는 뜻의 이부(Ibu)나 부(bu)를 붙여 부른다. 인도네시아인들에게 아버지라는 개념은 거의 신화적 의미를 갖고 있다. 따라서 이런 호칭에는 자신보다 더 높은 지위에 있는 사람들이나 더 큰 권력을 가진 사람에게 존경을 바치고 그 사람의 지시를 수용하겠다는 뜻이 들어 있다. 아버지나 어머니라는 이름에는 경의를 나타내는 뜻이 담겨 있으므로 자신보다 나이가 많거나 높은 지위의 사람에게 쓰는 것은 무방하다. 미혼이라도 나이 지긋한 여자에게라면 이부를 붙일 수 있다.[1]

그리고 인도네시아인들은 명함에 대학에서의 전공 분야를 표기한다. 명함의 이름 앞뒤에 이것저것 표기되어 있어 얼핏 복잡하게 보인다. 한번은 필자가 상대방으로부터 받은 명함에 'Drs.'라고 표기된 것을 보고 박사라고 불렀더니 아니라고 해서 당황한 적이 있다. 인도네시아에 부임한 지 얼마 안 된 후배 직원 또한 이러한 명함을 보고 인도네시아에서는 박사학위를 'Dr.'가 아닌 'Drs.'로 표기하느냐고 묻기도 했다. 알고보니 'Drs.'는 독또란두스(Doktorandus)의 축약형으로 공학이나 법학을 제외한 분야의 대학을 졸업한 남자에게 쓰는 말로서, 과거에는 박사과정을 밟고 있는 사람을 지칭하는 네덜란드식 직함이었다. 'Dra.'는 독또란다(Doktoranda)의 축약형으로 'Drs.'의 여성형이다.

한편 'Ir.'은 인시뉴르(Insinjur)의 축약형으로 네덜란드나 인도네시아에서 받은 공학학사 학위를 가리키고, 'S. E.'는 사르자나 에코노미(Sarjana Ekonomi)의 축약형으로 경제학부 졸업생을 가리킨다. 그리고 'S. H.'는 사르자나 후쿰(Sarjana Hukum)의 축약형으로 법학부 졸업생을 가리키고, 'S. S.'는 사르자나 사스트라(Sarjana Sastra)의 축약형으로 문학부 졸업생을 가리킨다.

사실상 어느 국가, 사회를 막론하고 사람을 만나 부를 때 막역한 친구지간이 아닌 이상은 호칭에 신경을 쓴다. 적절한 호칭을 사용함으로써 상대방의 인격이나 기분을 상하지 않게 하고 또한 원만한 관계를 유지하기 위해서다. 인도네시아에서도 적절한 호칭을 사용하는 것은 중요하다. 종족마다 특별히 다른 호칭이 있지만, 일반적으로 상대방이 남자이면 언제든지 바빡(Bapak) 또는 빡(Pak)이라고만 하면 아무 문제가 없다. 이는 대통령으로부터 일반사람들에 이르기까지 통용되는 호칭으로 상대를 부를 때 가장 먼저 나오는 말이다. 여성에게는 이부(Ibu)라는 말을 쓰면 결코 실수할 일이 없다.

그 밖에 이스트리(Isteri)는 누구의 '아내', '부인'이라는 뜻이고, 수아미(Suami)는 누구의 남편이라는 뜻이다.

03

표준어 바하사 인도네시아

인도네시아의 표준어를 바하사 인도네시아(Bahasa Indonesia)라고 한다. 이 바하사 인도네시아는 약 1만 7,000여 개 섬으로 구성된 나라의 약 2억 3,000만 명 인구가 하나 되게 하는 데 결정적 역할을 하고 있다. 국가이념의 하나인 '다양성의 통일'을 이루어나가기 위해서는 이와 같은 통일된 언어가 절실히 요구되는 것이다. 현재 인도네시아에는 약 300여 부족이 있고 580여 개의 토착언어가 사용되고 있지만, 바하사 인도네시아는 전국에서 대체로 통용된다.

인도네시아어의 기원은 현재 인도네시아 사회에서 여전히 사용되고 있는 멀라유(Melayu)어다. 멀라유어는 그 기능과 형태가 매우 다양한데 인도네시아어는 그 다양한 멀라유어의 한 변종언어인 셈이다. 멀라유어의 서로 다른 변종어들이 현재 말레이시아와 브루나이의 경우는 국어로, 싱가포르에서는 공용어의 하나로, 그리고 태국·필리핀·스리랑카·네덜란드의 경우는 소수종족 언어로 사용되고 있다.

　그리고 인도네시아어 문자는 영어의 알파벳을 쓰고 있다. 20세기 이전에는 아랍 문자를 변형해서 차용한 소위 자위(Jawi) 문자를 사용했으나 네덜란드 식민지배시대인 1901년 문자개혁을 단행해 오늘에 이르기까지 알파벳을 사용하고 있다. 따라서 철자는 알파벳의 대문자, 소문자, 인쇄체와 필기체가 모두 쓰인다. 스물여섯 알파벳 철자 중 Q, X, V, Z는 외래어 표기나 각종 기호를 나타낼 때만 사용된다. 인도네시아어의 모음은 a(아), e(에), e(으 : '으' 와 '어'의 중간이나 대체로 '으'로 발음), i(이), o(오), u(우) 등 여섯 개 모음으로 구성되어 있다. 반면 이중모음은 ai(아이), au(아우), oi(오이) 등 세 개다. 영어 알파벳을 사용하기 때문에 우리 입장에서는 철자가 전혀 다른 외국어 문자를 접할 때보다 다소 덜 혼란스럽다. 발음은 별도 발음기호가 없고 철자를 그대로 읽으면 된다. 물론 알파벳 철자의 인도네시아 발음은 영어발음과 약간 다르긴 하다.

　바하사 인도네시아가 전국 표준어로 사용되기 시작한 것은 인도네시아가 본격적으로 독립운동에 돌입하기 시작한 20세기 초반이다. 1908년 자바를 중심으로 결성된 지식인 모임 연합체인 부디 우또모(Budi Utomo)는 멀라유어를 회원들 간 통용어로 채택해 각종 공식, 비공식 회의나 신문발행에 사용하기 시작했다. 그리고 1920년대에 인도네시아 독립운동가들 사이에 '인도네시아'라는 용어가 일반화되기 시작해 1928년 10월 28일 인도네시아 청년회의에서 멀라유어가 인도네시아의 통일어(국어)임을 천명한 '젊은이의 맹세'가 발표되었다. 그 이후 인도네시아어 사용이 군도(群島) 전체로 급속하게 확산되었다.[2]

네덜란드 식민정부 뒤를 이어 1942년 인도네시아에 진주한 일본 식민통치자들은 네덜란드어 사용을 금지하고 인도네시아어 사용 칙령을 발표했다. 일본의 식민과정에서 일본에 대한 반감을 조금이라도 줄이기 위한 정책의 하나였다. 이에 따라 각 분야에서 인도네시아어 사용이 본격적으로 일반화되기 시작했다. 1945년 8월 17일 오랜 식민지 역사를 마감하고 독립한 인도네시아는 독립선언을 선포하고, 현재의 빨간색과 흰색으로 구성된 기(旗)를 인도네시아 국기(Sang Merah Putih 라고 함)로, 현재 인도네시아의 일상용어로 쓰이는 바하사 인도네시아를 국가 공용어로 채택했다.

현재 바하사 인도네시아는 문맹률 감소에도 기여를 하고 있다. 인도네시아의 문맹률은 2007년 기준 7.2%로서 약 1,100만 명에 이른 것으로 파악된다. 인도네시아 교육부는 2015년까지 전 세계 문맹을 퇴치하고자 하는 UN의 새천년 개발목표 달성을 위해 2009년까지 300만 명 감소를 목표로 하고 있다. 이를 위해 인도네시아 교육부는 지방 부족어인 토착어로 인도네시아어를 배우는 프로젝트를 반텐(Banten)주와 서부자바(West Java)주의 수방(Subang)군에서 시범사업으로 운영 중에 있다.

04

연중 네 번 설을 쇠는 인도네시아 공휴일

인도네시아에서는 전 세계에서 일반적으로 사용되는 달력(태양력) 외에 이슬람력과 힌두교 달력(힌두교가 92% 이상인 발리에서 사용됨) 등 네 개의 달력이 사용되고 있다고 할 수 있다. 그러다보니 연중 설도 네 번이나 된다. 신정, 구정(인도네시아에서는 임렉이라고 함), 이슬람 신정, 힌두교 신정 등이다. 이슬람력은 태음력으로서 태양력보다 12일 정도가 짧다. 이 달력은 예언자 무함마드(마호메트라고도 부름)가 그의 탄생지이며 현재 무슬림(아랍어식 표기로서 이슬람교도를 뜻함. 영어식 표기는 모슬렘임)의 성지인 사우디아라비아의 메카에서 메디나로 비행했던 연도로부터 시작한다. 발리 힌두교 달력은 사까-우꾸(Saka-Wuku)력이라고도 하는데 일 년이 210일로 되어 있는 달력이다.

인도네시아의 공휴일은 기본적으로 종교적 공휴일, 국가기념 공휴일, 국제적 공휴일 그리고 일반 기념일 등 네 개 유형으로 분류된다. 이 중 종교적 공휴일은 인도네시아 정부(종교부)가 권장한 여섯 개 종교 중 다섯 개 종교와 관련된 축일이 포함되어 있다. 즉 이슬람교를 비롯해 개신교, 천주교, 힌두교, 불교와 관련된 축일이 국가공휴일로 지정되어 있는 것이다. 유교는 직접 관련된 공휴일이 없다. 종교 관련 공휴일의 정확한 날짜는 일부 해당종교에서 사용하는 달력에 기초하므로 매년 조금씩 달라진다.

이슬람교와 관련된 공휴일은 예언자 무함마드의 탄신일 마울릿 나비(Maulid Nabi : 이슬람력 3번째 달의 12번째 날), 무함마드의 승천(昇天)일 이스라 미랏 나비(Isra Miraj Nabi), 무슬림들의 1개월간 단식 월인 라마단이 끝남을 기념하는 축제인 이둘 피트리(Idul Fitri) 또는 르바란(Lebaran), 희생제(犧牲祭)라고도 하는 이둘 아드하(Idul Adha : 이슬람력 12번째 달 10번째 날), 그리고 이슬람 신정 등이다.

이슬람력에서 첫 번째 달을 무하람이라고 한다. 이는 성스럽다는 뜻이다. 무하람 한 달 동안은 싸움이나 전쟁도 삼가야 한다. 첫날인 이슬람 신정은 특별한 음식 장만 등의 풍속은 없고 사원에 가서 코란을 암송하거나 기도를 올리면서 경건하게 지낸다. 이슬람력은 일반 달력보다 12일 정도 짧기 때문에 매년 그만큼 빨리 온다. 이 때문에 이슬람 신정이 일 년에 두 번이나 오는 경우도 있다. 2008년에 이슬람 신정은 1월 10일과 그 해 12월 29일 두 번이었다.

개신교 및 천주교와 관련된 공휴일로는 예수가 사망한 성(聖) 금요일인 와팟 예수스 크리스투스(Wafat Yesus Kristus), 예수의 승천일인 크나이칸 예수스 크리스투스(Kenaikan Yesus Kristus), 그리고 성탄절인 하리 나딸(Hari Natal) 등이 있다.

힌두교 관련 공휴일로는 신년인 녀삐(Nyepi)가 있는데 힌두교가 압도적 다수인 발리 지역에서는 이날을 침묵의 날(Day of Silence)로 기념하고 있다. 이날은 새해를 맞아 자기정화를 하는 날이라고 할 수 있다. 이날 하루 동안 힌두교도들은 외출이 금지되고 불도 켜지 않고 생활하면서 엄격한 절제를 통해 내면의 균형을 조정해나가야 한다. 공항에서 항공기의 이착륙이나 발리 섬의 주요 항구 입출항, 시내 차량 통행도 금지되고 모든 상점은 문을 닫는다. 다만 발리가 관광지임을 고려해 호텔 등 일부 허가받은 시설은 불을 켜고 일상생활을 할 수 있다.

불교와 관련해서는 부처의 탄신을 축하하는 와이삭의 날(Waisak Day)이 있다.

국가 기념 공휴일로는 8월 17일 독립기념일이 있다. 이는 인도네시아가 340년간의 네덜란드 지배에 이어 태평양 전쟁으로 1942년부터 인도네시아에 진출한 일본으로부터 식민지배를 당하다 1945년 독립한 날이다.

국제적 공휴일로는 1월 1일 신정과 우리의 구정에 해당하는 임렉(Imlek)이 있는데 이는 중국의 춘절(春節)을 말한다. 수하르토 대통령이 집권하면서 중국인 억압정책 일환으로 폐지되었다가 와히드 대통령이 등장하면서 중국문화 억압정책을 완화하면서 부활했다.

연간 공휴일은 인도네시아 종교부, 인력이주부, 행정개혁부 간 협의를 거쳐 3개부 공동 장관령(令)으로 전년도 6월경에 공포된다. 인도네시아 공휴일의 특징은 공휴일과 주말이 연계되도록 연계공휴일(Extended Holiday)을 둔다는 점이다. 주말을 포함해 3일 이상의 공휴일을 만들어 여가와 관광을 진작시켜 소비를 늘림으로써 국가경제의 선순환적 발전을 기하겠다는 것이다.

그러나 기업 입장에서는 이러한 연계공휴일제도가 결과적으로 유급 공휴일을 너무 많이 발생시켜 오히려 생산과 기업 활동에 지장을 초래한다고 불만을 토로하고 있다. 경제계로부터 이러한 불만이 쏟아지자 2008년에는 타우픽 에펜디 국가행정개혁 장관이 그 해 2월 4일 당초 발표한 2008년의 연계공휴일 중 2월 8일, 5월 2일, 5월 19일 등 3일을 공휴일에서 취소한다고 공표하기도 했다.

인도네시아의 2010년도 공휴일을 표로 정리해보면 아래와 같다.

날짜	공휴일 명	비고
1월 1일(금)	신정	
2월 14일(일)	구정(중국 춘절)	임렉이라고 함
2월 26일(금)	무함마드 탄신일	마울릿 나비라고 하며, 이슬람력 3번째 달의 12번째 날
3월 16일(화)	힌두교 신정	녀삐라고 하며 침묵의 날임
4월 2일(금)	성 금요일	와팟 예수스 크리스투스라고 함
5월 13일(목)	예수 승천일	크나이칸 예수스 크리스투스라고 함
5월 28일(금)	부처 탄신일	와이삭이라고 함
7월 10일(토)	무함마드 승천일	이스라 미랏 나비라고 하며, 이슬람력 7번째 달의 27번째 날
8월 17일(화)	독립기념일	
9월 9일(목)	연계공휴일	9월 10~11일 이둘 피트리와 연계
9월 10(금)~11일(토)	이둘 피트리 또는 르바란	1개월간의 단식기간인 라마단이 끝남을 기념하는 축제
9월 13일(월)	연계공휴일	이둘 피트리와 연계
11월 17일(수)	이둘 아드하	희생제라고도 하며, 이슬람력 12번째 달의 10번째 날
12월 7일(화)	이슬람 신정	
12월 24일(금)	연계공휴일	성탄절 연계공휴일
12월 25일(토)	성탄절	하리나딸이라고 함

05

못 말리는 인도네시아 흡연자

인도네시아의 전체인구 약 2억 3,000만 명 중 약 30%인 6,900만 명 정도가 흡연인구라는 충격적인 보고서가 2008년 8월 보도된 적이 있다. 흡연인구 기준으로 인도네시아는 중국, 인도에 이어 세 번째 규모라고 한다. 인도네시아의 최고 명문대인 국립인도네시아 대학의 인구통계 연구소는 인도네시아에서 흡연으로 사망하는 인구는 매년 약 40만 명, 매일 1,000명 이상일 것이라는 보고서를 냈다.

인도네시아에서 흡연자들의 사고방식은 지나치게 외골수라 할 수 있다. 흡연자들의 행동이 막무가내라는 것에 대해 다음과 같은 재미있는 에피소드가 있다.

"당신이 자카르타 시내 한 병원의 금연구역으로 되어 있는 환자 대기실에서 순서를 기다리고 있는 도중 17세 청소년이 담배를 피우고 있는 모습을 보았다고 가정하자. 그리고 당신이 용기를 내어 그 청년 흡연자를 나무랐을 때 어떤 반응이 있을 것인지 상상해보라.

그 흡연자는 다음과 같은 세 가지 유형의 반응을 보일 것이다. 첫 번째는 마지못해 사과하고 두세 걸음 뒤로 물러났다가 다시 담배를 계속 피울 것이다. 두 번째는 못 들은 체하고 담배를 계속 피울 것이다. 세 번째는 담배 연기를 한껏 들이마신 다음 당신 얼굴에 연기를 훅 불어댈 것이다.”

이 일화는 인도네시아에서 담배 피우는 사람은 말릴 수 없다는 것을 보여주는 단적인 예다. 그들은 흡연의 권리는 제한될 수 없다고 생각하고 자신들이 공기와 타인들의 폐를 오염시키는 것에 대해 조금도 양심의 가책을 느끼지 않는다는 것이다.

이와 같은 거리낌 없는 흡연 행위를 근절하기 위해 자카르타 주 정부가 2008년 11월 중순부터 NGO와 함께 대대적인 단속에 나섰다. 단속에서 규정위반자는 5,000만 루피아(약 500만 원) 또는 6개월 미만의 감옥행이라는 상당히 심한 벌을 받게 된다. 그러나 이러한 단속이 제대로 성과를 거둘 것인지에 대해서는 다들 회의적인 반응이다. 자카르타 주는 사실 공공장소에서 흡연을 금하는 조례를 2005년 2호로 공포한 적이 있고 회사 등 건물에서 금연구역을 설정하는 주지사 규정을 2005년 75호로 발표한 바 있다. 그러나 이것은 실제 시행하기에는 너무 어려운 규정이었고, 또한 규정 제정의 배경 자체가 자카르타도 세계 다른 수도처럼 금연구역이 있다는 것을 나타내는 거의 명목상의 규정이라는 비난을 받아왔다.

사실상 흡연자들이 흡연권을 제한받을 수 없는 하나의 권리인 것으로 생각하고 있어 정부가 이를 제대로 단속하기는 매우 어려운 것이 인도네시아의 실정이다. 다만 자카르타주 정부가 공기 오염의 심각성을 인식해 공기 정화를 위해 진지하게 노력하고 있다는 것을 보여줄 뿐이다.

　실제 단속에서도 공공장소에서 흡연으로 걸린 사람들은 벌금은 부과받지 않고 경고만 받았다고 한다. 단속요원들도 쇼핑몰이나 식당, 공공빌딩의 주인들로부터 이들 지역에서 흡연하는 사람들에게 단지 훈계만 해달라는 요청을 받았다고 한다. 상황이 이렇게 되자 금연 규정이 공포된 지 3년이 지났지만 이것이 제대로 시행되고 흡연자들이 규정을 준수하기까지는 앞으로 몇 년이 더 필요한 것일까를 묻는 비아냥까지 나오게 된 것이다.

　흡연은 사실상 공기 오염도 물론이지만 흡연과 관련된 병으로 사망자가 늘고 있다는 점에서 심각한 문제로 부상하고 있다. 앞에서 언급한 바와 같이 인도네시아에서는 매년 약 40만 명이 흡연과 연관된 병으로 사망하고 있다. 더욱 놀라운 사실은 인도네시아의 대부분 흡연자가 고교 및 대학생들이며 이들 중 약 90%가 15세부터 담배를 피웠다는 것이다. 흡연자 중 맨 처음 흡연을 시작한 나이가 5~9세 정도의 어린 나이 때부터인 사람들도 많다는 지적에는 놀라움을 금할 수 없다.

　사실 담배의 유해성에 대한 캠페인은 이미 충분히 이루어진 상태다. 따라서 모두들 이젠 정부가 강력한 조치를 단행해야 할 때라고 지적한다. 조례 제정만으로는 충분치 않고, 인도네시아 정부가 다음과 같은 두 가지 조치를 취해야 한다는 것이다.

　하나는 정부가 세계보건기구 담배규제협약(Tobacco Control Convention)에 비준해야 한다는 것이다. 인도네시아는 세계 5위 담배 생산국이지만 아세안 국가 중 유일하게 일반국민이 담배의 위험으로부터 보호받는 조치를 취해야 하는 것을 규정한 협약에 비준하지 않은 국가다. 이 협약에 비준하게 되면 인도네시아는 담배세 인상이나 담배 공급량 축소 등 담배 통제 대책을 이행해야 하고, 골초들이 금연하도록 조치를 취해야 한다.

두 번째로는 인도네시아 국회가 금연을 효과적으로 통제하는 법안을 우선적으로 가결해야 한다는 것이다. 국민의 건강 특히 어린이들의 건강 확보를 위해 다른 어느 것보다 우선적으로 처리해야 한다는 것이다. 공공장소에서 금연 조치는 단순히 공기를 청정하게 하는 것 이상의 에티켓이기 때문이다. 그렇지 않아도 자카르타 시내가 각종 매연과 냄새로 악명이 높은데 흡연자까지 못 말리는 상황은 좀 심하다고 하지 않을 수 없다.

06

뜨거운 감자, 이슬람교의 일부다처제

폴리가미(Polygamy, 중혼) 즉 일부다처제가 2006년 12월 초 인도네시아 사회의 뜨거운 이슈로 또다시 떠올랐다. 사실 인도네시아에서는 특히 지도층 인사가 여러 명의 부인을 둔 사례나 중혼 문제가 사회적 이슈가 되어 격론을 불러일으킨 사례가 이전에도 여러 번 있었다고 한다. 그럼에도 불구하고 이번에 중혼이 또다시 뜨거운 논쟁으로 번진 직접적 원인은 가정의 존중과 화합을 주장해 대중의 전폭적인 지지를 받아온 한 이슬람 설교자가 문제의 당사자였기 때문이다. 그의 겉과 속이 다른 행위에 국민들이 너무나도 큰 실망감을 맛본 것이다. 또 다른 이유는 비록 종교적 문제일 수 있지만 최근 인권과 여성의 사회적 지위가 향상되면서 이 문제를 새롭게 봐야 한다는 목소리가 커졌기 때문인 것 같다.

이번 중혼 이슈의 직접적 단초를 제공한 사건은 그 해 12월 초 저명한 이슬람 설교자인 아아 김(Aa Gym, 본명은 Abdulah Gymnartiar)씨가 같은 해 8월 조강지처인 본부인보다 더 아름답고 젊은 여성과 결혼

한 사실이 알려지면서부터다. 아아 김은 그동안 TV 등에 출연해 가족의 가치 및 화합 등을 중시하는 설교를 해서 특히 여성들로부터 많은 인기를 얻고 있었는데 중혼 사실이 밝혀지면서 그를 신봉하던 신도들은 물론 많은 국민들에게 충격을 안겨주었다.

이 사건으로 중혼을 금지해야 한다는 목소리가 높아지고 있던 차에 12월 5일 수실로 밤방 유도요노 대통령과 므티아 파리다 하타(Meutia Farida Hatta) 여성부 장관이 기존의 중혼 관련 법규의 확대 개정을 검토하겠다는 발언을 하면서 중혼 금지는 격렬한 논쟁거리가 되었다. 이 무렵 개혁성당(PBR) 소속의 자이날 마아립(Zaenal Ma'arif) 국회부의장도 두 번째 부인과 결혼하자 소속당은 차기 총선에서 여성표를 잃게 된다는 이유 등으로 그를 당에서 축출했고 결국 다음 해인 2007년에 자이날 마아립은 의원직과 함께 국회 부의장직까지 잃게 되었다.

이슬람 율법에는 이슬람교도 남성은 원칙적으로 네 명까지의 여성을 부인으로 둘 수 있다고 되어 있다. 다만 남편은 혼인한 모든 부인을 동등하게 대우해야 한다는 단서가 붙어 있다. 이러한 일부다처제에 관한 율법은 대부분의 이슬람 국가에서 법적 또는 관습적 측면에서 다양하게 적용되고 있는 것 같다.

이슬람 국가 중 터키는 중혼을 금지하고 있다. 튀니지는 1956년부터 중혼을 하는 남성에게 일 년 감옥형이나 벌금을 부과하고 있다. 이라크는 1959년 중혼 금지 위반자에 대해 감옥형과 벌금형을 규정했다가 이후 강한 저항으로 1963년 제재 조항을 삭제했다. 시리아는 1953년 남성이 두 명의 부인을 부양할 수 있는 형편이 안 되는 것으로 입증되면 법원이 중혼을 허용하지 않도록 정하고 있다.

인도네시아에서 특히 정치 지도자들이 여러 명의 부인을 둔 사례는 많이 있다고 한다. 수카르노 초대 대통령은 무려 아홉 명의 여성들과 공식, 비공식적으로 혼인해 사회문제가 되었으나 건국의 아버지라는 위세에 묻혀 수면 밑에서만 소용돌이치다 소멸되었다고 한다. 2001년 메가와티 수카르노푸트리 부통령이 대통령직을 승계하면서 공석이 된 부통령직에 선출된 개발통일당(PPP) 당수인 함자 하스(Hamzah Haz)는 재임 중 세 명의 부인을 둔 것으로 알려져 있다.[3]

인도네시아에서 중혼에 관한 법률로는 1974년 '혼인법'과 1975년 9호 및 1990년 45호 '이혼 및 혼인관련 규정'이 있다. 혼인법은 두 번째 부인이 허용되는 경우를 첫 번째 부인이 허약하거나 고질적으로 아프거나 불임일 경우 등으로 규정해놓고 있으나, 사실상 무슬림들에게 이러한 법이 제대로 적용되는 것 같지는 않다. 공무원이 중혼을 하고자 할 경우는 소속 상관에게 허가를 받고 법원에 신고를 해야 한다.

그 해 12월 5일 유도요노 대통령은, 이슬람교는 두 명 이상의 부인을 택하기 전에 남자들이 지켜야 할 많은 엄격한 조건들을 충족해야 할 것을 요구하고 있다는 점을 상기시키면서, 종교를 중혼을 정당화하는 수단으로 이용해서는 안 된다고 지적했다. 므티아 여성부 장관은 모든 국가 공무원들에게 적용될 수 있도록 공무원의 중혼 금지 확대를 검토하고 있다고 밝혔다.

이러한 중혼 금지 확대에 대해 이해관계자의 찬반은 극명하게 엇갈린다. 이를 지지하는 그룹은 이슬람 진보주의자, 여성단체, 인권

단체들이다. 이들은 중혼 제한의 논거로, 공무원들이 중혼을 할 경우 사실상 두 명 이상의 부인 및 가족들을 부양해야 하는 데 따른 부정부패가 감소할 것이라는 점, 기존 가족들에 대한 정당한 대우로 복지가 향상될 것이라는 점, 여성들의 사회적 지위 향상에 기여할 것이라는 점, 그리고 인도네시아 무슬림들의 이미지 개선에 도움이 될 것이라는 점 등을 들어 중혼 제한을 강력히 주장했다.

반면 이에 반대하는 그룹은 보수주의적 이슬람교도 그리고 일부 법률가들인데, 이들은 중혼은 코란에 명시되어 있는 종교상의 문제이기 때문에 일반 세속법으로 금지하는 것은 맞지 않다고 주장했다. 종교상의 문제를 정부가 정치적 이슈로 발전시켜서는 안 된다는 것이며, 중혼제도는 남자들을 위한 전유물이라는 일반적인 사회인식이 문제일 뿐, 이 제도는 오히려 여성에게 새로운 남편을 만날 수 있는 희망과 재출산의 권리를 충족시켜줄 수 있다는 것이다. 또한 이들은 이 제도가 사회에서 발생하는 간통이나 매춘 등의 위법 행위를 방지할 수 있는 효과도 가져온다고 주장한다.

인도네시아에서 중혼 금지 문제는 종교 문제와 오랜 관습, 그리고 인권과 여성의 사회적 지위 향상 등이 복잡하게 얽혀 있는 문제이기 때문에 이와 관련한 논쟁은 앞으로도 끊이지 않을 것 같다.

무슬림이 지켜야 할 다섯 가지 의무

인도네시아의 무슬림들은 일상생활에서 다섯 가지 의무를 지켜야 한다. 기도(Sholat), 신앙고백(Shahadat), 단식(Puasa), 희사(Zakat), 성지순례(Haji)가 그것이다. 이슬람의 성전(聖典)인 쿠란(Al Qu' ran, 읽기와 낭송이라는 뜻의 아랍어이며 영어로는 '코란'이라고 함. 총 114장 6,666절로 구성되어 있음)에서는 기도와 신앙고백을 가장 중요한 무슬림들의 의무라고 기록하고 있다.

기도는 인간세계와 알라를 연결시켜주는 신앙심의 표시이며, 신의 사랑에 대한 감사의 표현이다. 무슬림들은 성지(聖地) 메카를 향해 하루 다섯 번씩 기도해야 한다. 새벽 4시 반~6시 사이의 새벽기도(솔랏 수부Sholat Subuh), 12시~오후 3시 사이의 낮기도(솔랏 주후르 Sholat Dzuhur), 오후 3시 반~5시 반 사이의 오후기도(솔랏 아사르Sholat Asar), 저녁 6시~7시 사이의 저녁기도(솔랏 마그립Sholat Magrib), 그리고 저녁 7시~다음날 새벽 4시의 밤기도(솔랏 이사Sholat Isa)이다.

무슬림이면 누구나 기도해야 하는 것은 당연하지만 상황이나 조건에 따라 기도해서는 안 되거나 하지 않아도 되는 사람이 있다. 첫째, 생리와 출산으로부터의 청결을 지켜야 한다. 현재 생리중이거나 바로 출산한 여자들은 기도에 대한 의무가 한시적으로 면제된다. 둘째, 기도는 정신적인 상태가 양호한 사람만이 해야 한다. 미친 사람이나 술에 취한 사람 혹은 기절한 사람은 기도에 임할 수 없다. 셋째, 성인이 되지 않은 사람은 기도에 대한 의무가 없다. 인도네시아 무슬림 사회에서 성인은 15세를 기준으로 한다. 이러한 이유로 인도네시아에서는 조혼(早婚)의 풍습이 전해져왔다.

이들에겐 기도가 일상화되어 있어 관공서는 물론이고 병원, 공항 대기실, 심지어 아파트에도 기도 장소인 무솔라(Musholla)를 설치해놓

공항에 설치된 조그만 기도실 무솔라에서 무슬림이 성지 메카를 향해 기도하고 있다.

고 있다. 무슬림들이 이들 시간에 메카를 향해 기도하는 모습은 자주 볼 수 있다. 특히 금요일 낮에는 수실로 밤방 유도요노 대통령이나 유숩 칼라 부통령(2004년 10월~2009년 10월까지 유도요노 대통령 1기 정부 기간임)이 이슬람 사원인 모스크에서 기도하고 나오는 모습이 종종 언론에 보도된다.

기도하기 전에는 준비하고 주의해야 할 사항이 몇 가지 있다. 우선 몸과 마음을 깨끗하고 정결하게 해야 하는데 청결을 위해 손과 발 등을 물로 씻어내야 한다. 기도장소인 무솔라 부근의 씻는 장소에서 무슬림들이 손과 발을 씻는 모습을 종종 볼 수 있다. 물을 사용해 청결하게 하는 행위를 우드후(Wudhu)라고 한다. 기도장소에서 남자는 반드시 배꼽부터 무릎까지 가려야 한다. 그래서 긴 바지나 사룽(Sarung)을 입고 상의를 착용하고 무슬림을 상징하는 코피아(Kopiah)라는 모자를 써야 한다. 그리고 여자는 얼굴과 손을 제외한 모든 부분을 흰색 천으로 가려야 한다. 기도장소에는 기도용 깔개인 사자다(Sajadah)가 메카 방향으로 놓여 있다.

신앙고백은 알라의 유일성과 이슬람이 알라의 계시에 따른 종교임을 확신하고 무함마드가 알라의 사도(使徒)임을 확인하기 위한 것이다. 신앙고백을 할 때는 아랍어로 "앗쉬하두 알라 일라하 일랄라, 앗쉬하두 안나 무함마다르 라쑤룰라"를 암송하는데, 이는 "알라 이외 다른 신은 없으며 무함마드가 그분의 선지자이다"라는 말이다. 처음으로 무슬림이 될 때 반드시 선언해야 하는 가장 중요한 기도문이다.

단식은 성월(聖月)인 라마단 기간, 즉 이슬람력으로 9월 한 달간 아침 해가 뜬 다음부터 해가 질 때까지 음식과 음료, 성행위 등을 금하는 의식이다. 절제와 기도를 통해 신에게 더욱 더 가까이 가고 가난한 이웃의 고통과 굶주림을 체험함으로써 어려운 사람을 도와야 하는 마음가짐을 갖기 위한 것이다(상세내용은 8장 참조).

희사(喜捨)는 라마단 단식기간이 끝난 후에 하는 것으로서 단식을 통해 체

공항, 몰(Mall), 호텔 등 공공건물에는 무솔라라는 기도실이 별도로 설치되어 있다.

험한 것을 실천하는 행위다. 지난 일 년간 수입의 약 2.5%에 해당하는 금액을 기부해야 한다. 요즘은 그 액수에 상당하는 쌀로 희사하기도 한다. 희사로 모금한 금액은 선교 기반을 세우는 데 사용되고 또한 알라가 원하는 대로 가난한 사람에게 자선을 베푸는 데 사용해야 한다.

성지순례는 이슬람력으로 마지막 달인 12월(haji)에 성지를 순례하는 것이다. 이슬람력 12월은 성지순례 기간이기 때문에 무슬림들은 매우 신성한 달로 여기고 있다. 무슬림들은 일생 동안 한 번 이슬람의 3대 성지인 메카, 메디나, 예루살렘 중 제1성지인 메카에 있는 카

바 신전을 방문하는 것을 가장 큰 소원으로 생각하고 있다. 카바는 아브라함이 신으로부터 받았다고 하는 검은 돌을 의미한다. 순례자들은 카바를 시계 반대방향으로 일곱 바퀴 돌면서 기도를 한다. 순례를 통해 예언자 아브라함과 이스마엘의 유일신에 대한 투철한 믿음을 새기고 신앙적 깨달음을 얻는 것이다. 성지순례 때의 복장은 흰 옷이거나 재단하지 않은 흰 천을 여민 이크롬(Ikhrom)이라는 복식을 착용한다. 이는 알라 앞에서는 모두가 평등하다는 것을 의미한다.

인도네시아 무슬림들의 순례여행은 하지(Haji)월의 이둘 아드하(Idul Adha) 축일에 떠나는 것을 으뜸으로 치고 있다. 이둘 아드하는 이둘 피트리(Idul Fitri) 다음으로 성스러운 날이다. 하지 순례기간이 아닐 때 행하는 순례는 '움로(Umroh, 작은 순례)'라고 해서 하지와는 구별한다.

이슬람 세계 최대 규모의 종교행사인 순례에는 약 300만 명 정도가 참가하는데 사우디아라비아는 국가별로 순례인원을 할당해준다. 인도네시아는 약 22~23만 명 수준이다. 자카르타의 하림(Halim)공항을 비롯해 인도네시아 주요 도시에서 전세기로 성지순례를 떠난다. 성지순례객 모집, 출발 및 귀국, 현지에서의 식사 공급 등 제반 사항은 종교부에서 처리한다. 이슬람인들에게 하지순례는 하나님의 은혜와 이슬람 공동체 의식을 공유하는 데 의의가 있을 뿐만 아니라 성지를 돌아봄으로써 신앙심을 굳히고 영적으로 한 걸음 더 나아가는 계기가 되며 먼 여정을 통해 인내와 헌신을 배우게 하는 실천의무다.

08

최대의 성월(聖月) 라마단은?

무슬림들에게 이슬람력으로 9월 라마단은 연중 최대의 성월(聖月)이다. 모든 무슬림들이 한 달 동안 금식을 통해 욕망을 절제하고 스스로를 성찰하면서 신을 향해 헌신하는 기간이다. 아랍어 '라미다(Ramida)'에서 유래했다고 하는 라마단은 금식으로 인한 타는 듯한 갈증과 고통을 의미한다. 라마단 금식행사는 이슬람세계의 종교적 행사이면서 이슬람 문화의 근본이라고 할 수 있다.

이 기간 동안 무슬림들은 해가 뜬 후부터 해질 때까지 음식, 흡연과 성관계 등을 금하고 중상모략과 음담패설, 화내는 것까지도 절제하게 되어 있다. 그러면서 불우한 이웃을 생각하고 자기를 성찰하는 기회를 갖는다.

그러나 임산부, 생리 중인 여성, 노약자, 환자, 14세 이하의 어린이, 정신이상자 등은 예외로 인정된다. 이들은 부득이한 경우 음식을 먹어도 되지만 금식을 어긴 만큼 추후에 스스로 금식해야 한다.

라마단의 절제행위는 이슬람 창시자 무함마드가 포교의 중심지를

동남아에서 가장 큰 이슬람 사원 이스띠끄랄(Istiqlal), 1961년 8월에 착공, 1978년 2월 공식 개관했다.

사우디아라비아의 메카에서 메디나로 옮긴 다음 해인 서기 623년 이슬람력 9월(라마단이라고 함)에 알라신으로부터 첫 계시를 받은 것에서 유래한다. 이때를 '결정의 밤'이라고 하면서 금식월로 정한 것이 시초인 것으로 알려져 있다. 인도네시아에서 뿌아사(Puasa)라고도 하는 라마단 기간에 부자들은 가난한 사람들을 돕는 자선행사나 위로방문을 한다. 직장인들은 평소보다 한두 시간 조기 퇴근을 한다. 행정당국에서는 이 기간 동안 유흥가, 가라오케 등 유흥업과 오락시설의 영업을 규제한다.

달의 운행을 기준으로 하는 이슬람력은 태양력보다 일 년에 12일

정도 짧고 윤달이 없어서 라마단(9월) 시기는 점차 앞으로 당겨지고 있다. 실제로 라마단 시작일이 2006년은 9월 27일, 2007년은 9월 13일, 그리고 2008년은 9월 1일이었다. 라마단의 시작 날짜를 정하는 데도 하루 정도 차이가 나 신도들이 혼선을 빚기도 한다. 이는 이슬람 단체마다 라마단 시작일을 계산하는 방식이 다르기 때문이다.

인도네시아에는 양대 이슬람 단체로 나드라툴 울라마(Nadlatul Ullama/ NU)와 무하마디야(Muhamadya)가 있는데 이들의 날짜 산출방식이 다른 것이다. NU는 달 모양을 관측해 초승달이 돋는 첫날을 예언자 무함마드가 알라로부터 계시를 받은 이슬람력 9월의 시작일로 산정(루키아 방식)하지만, 반면 무하마디야는 이슬람력을 기준으로 계산(히삽 방식)하기 때문에 하루 차이가 발생한다.

그런데 금식 기간 동안 무슬림들의 실제 생활모습에서는 성직자들의 설명과 달리 각종 부작용들이 속출, 라마단의 본질을 훼손하기도 한다. 우선 공무원의 지각이나 결근이 빈번하게 발생하는 근무기강 문제가 매년 제기된다. 모든 직장인들이 한두 시간 일찍 퇴근하고 허기를 느끼면서 일하기 때문에 일의 생산성이나 효율성에도 적지 않은 부작용을 낳는 경향이 있다. 생산현장에서는 제품의 불량률이 높아지기도 한다.

또한 라마단 금식 기간 중에 식비지출이 더 늘어나고 인플레가 발생하는 기현상이 발생하기도 한다. 식사가 허용되는 오후 6시 이후부터 평소보다 많은 사람들이 식당을 찾거나, 주부들이 새벽음식(사후르라고 함)이나 저녁음식(이프타르라고 함)을 평소보다 더 많이 준비한 결과다. 이때 주부들은 음식을 평소보다 더 고급스럽게 준비하기도 한다.

　라마단 종료와 함께 시작되는 르바란 축제를 위한 귀성비용을 마련하기 위해 각종 범죄 행각을 저지르는 사례도 증가하고 있다. 과격 무장 이슬람 단체들은 라마단 기간에 영업하는 유흥업소를 난입해 파괴하는 행위를 저지르기도 한다. 라마단 기간에는 테러 발생 가능성도 높다. 극단주의자들은 라마단을 지하드, 즉 성전(聖戰)의 달로 칭송하며 이 기간 동안의 자살테러 공격을 순교자의 고귀한 행위로 간주해 천국의 자리가 보장된다고 믿고 있다.

　특히 이슬람이 비이슬람을 물리친 '바드르 전투 기념일(라마단 17일째)'과 알라가 무함마드에게 코란을 계시한 날 저녁인 '권능의 밤(27일째)'은 테러공격을 하기에 적합하다고 여기고 이 기간 중에 알라를 기쁘게 하는 행동을 하면 천 배로 보답받는다고 믿고 있다.

　이와 같이 라마단의 본질을 훼손하는 많은 부작용 때문에 인도네시아에서는 이에 대한 주의를 촉구하는 자성의 목소리도 점점 높아가고 있다. 이와 같은 잘못된 관행을 더 이상 되풀이하지 않기 위해 라마단의 의미를 정확히 되새기자는 것이다. 현 시대에 라마단의 정신은 금식, 금연, 금음(禁飮)은 물론 성생활도 금하는 것뿐만 아니라, 성스럽지 못한 어떠한 것으로부터도 스스로를 절제하는 것이다. 즉 부패나 살인과 같은 중대한 범죄행위들도 자제해야 한다는 것이다. 라마단 때 어려운 사람들에게 선행을 베푸는 기부행위도 이제는 단순한 보시(布施) 행위를 넘어 그들이 가난으로부터 벗어나도록 하는 방법을 찾아야 한다는 것이다.

09

르바란과 민족 대이동

르바란(Lebaran, 이둘 피트리라고도 함)은 전 세계 이슬람민족이 한 달 간의 라마단 금식 종료를 기념하고 새로 태어남을 다짐하는 연중 최대의 축제다. 가족과 친지들이 함께 이슬람사원인 모스크나 야외에 모여 기도하고 조상의 산소를 찾아 성묘하기도 한다. 대통령 등 정부 고위인사들은 관저나 자택을 개방해 나눔과 베풂을 실천하고 축복을 빌면서 새로운 유대관계를 다시 확인한다.

세계 최대의 이슬람국가인 인도네시아는 헌법에서 종교의 자유를 보장하고 있지만 무종교는 인정하지 않고 반드시 하나의 종교를 선택하도록 하고 있다. 전체인구 약 2억 3,000만 명 중 약 87%가 이슬람교도인 인도네시아에서는 이슬람이 세속화되고 개방되어 있다. 엄격한 율법 준수를 요구하는 다른 중동의 이슬람국가들에 비해 이슬람 색채가 상대적으로 약한 편이지만 라마단과 르바란 기간 중에는 인도네시아가 분명한 이슬람국가임을 제대로 실감할 수 있게 된다.

르바란 축제일은 원래는 이틀간이다. 그러나 정부에서는 이틀을 전후로 연계휴가를 설정해 그 주간을 즐길 수 있게 해준다. 일부 사기업체에서는 사회 분위기에 따라 한 주가 넘게 휴업을 하는 곳도 있다.

르바란 축제 때 무슬림들은 부모님이나 고향을 찾아 대이동을 하면서 도로는 차량의 홍수를 이룬다. 교통사정에 따라 편도에만 며칠이 걸릴지 모르는 긴 여정이지만 부모, 친지들에게 줄 선물꾸러미를 들고 고향을 향하는 모습은 고통은 커녕 즐거움에 벅차 있는 것으로 보인다. 물밀듯이 밀려드는 귀향객에 비해 수송차량이 턱없이 부족하기 때문에 열차의 화물칸이나 심지어 화장실에까지 몸을 싣고 고향으로 향하는 모습을 볼 수 있다. 네다섯 명의 가족이 앞사람의 허리나 가슴을 꼭 움켜잡고 한 덩어리가 되어 조그만 오토바이에 앉아 있는 모습은 보는 사람이 아찔할 정도다.

르바란 축제 때 고향을 향해 이동하는 것을 인도네시아어로 '무딕'이라고 부른다. 가히 도시 대탈출이라고 부를 수 있을 정도의 고향을 향한 민족 대이동이 이어진다. 이때 교통지옥 오명을 안고 있는 자카르타 시내는 며칠간 영화제목처럼 유령의 도시로 변한다. 대부분의 한국인을 포함해 외국인들 집에서 일하는 파출부나 운전기사 등도 거의 모두가 고향을 찾기 때문에 이 기간 동안은 주부가 손수 밥상을 차리는 등 집안일을 해야 한다. 시내의 택시도 평소보다 줄기 때문에 외출하는 것도 제한된다. 이러한 불편 때문에 어떤 가족들은 이 기간 동안 아예 호텔에 가서 지내기도 한다.

그런데 과연 무엇이 무슬림들을 고향으로 향하게 하는 것이며, 르바란의 진정한 의미는 무엇인가? 인도네시아 언론은 사설이나 전문가의 기고를 통해 번번이 그 의미를 일깨우고 있는데 이를 몇 가지로 요약하면 다음과 같다.

르바란은 첫째, 서로 용서하고 화해함으로써 새로 태어남을 기리는 것이다. 자신의 실수와 잘못에 대해, 그것이 실제로 저지른 것이든 아니면 마음속으로 저지른 것이든 간에 용서받고 용서해줌으로써 새로 태어남을 약속하는 것이다. 무슬림은 서로 "슬라맛 이둘피트리, 맙칸 라히르바틴(르바란을 축하하며 우리의 모든 잘못과 뜻하지 않았던 무례함을 용서해주십시오)"이라고 인사하며 용서를 빈다. 이는 인간이 결코 완벽할 수 없기 때문이라는 인식에서 출발한다. 르바란 때 부모님을 찾는 것도 단순히 가족의 재회를 위한 것이 아니라 부모님이 자식에게 베푼 무조건적인 사랑과 용서라는 거룩한 가르침을 다시 한 번 느끼기 위한 것이다. 그렇기 때문에 공식적으로는 한 주간인 르바란 축제가 끝난 뒤에도 약 한두 주간 동안 축하의 말을 주고받으며 유대관계를 새로이 한다.

둘째, 악에 대한 승리를 축복한다는 것이다. 라마단 기간에 금식과 기도를 통해 분노와 감정을 억제해온 것을 축복하고 절제와 자기통제를 통해 실현한 가치 등을 축복한다는 것이다. 셋째, 라마단을 통해 제대로 먹지 못하는 어려운 사람들의 고통을 조금이나마 체험해보고 감사의 마음을 갖는다는 것이다. 라마단이 끝날 무렵에는 심신을 정결히 하기 위해 보시의 마음으로 자캇 피트라(Zakat Fitrah)라는 자선금을 낸다.

대통령과 부통령, 장관 등 정부 고위인사들은 르바란 첫날 관저나 자택을 개방하고 내방객들에게 감사를 표시하며 새로운 유대관계 내지 새 출발을 의미하는 인사를 나눈다. 대통령이나 장관들의 오픈 하우스는 명실상부한 개방이라고 할 수 있다. 필자 역시 2006년과 2008년 10월 르바란 때 초청이나 사전약속 없이 대통령궁을 방문해 수실로 밤방 유도요노 대통령과 크리스티아니 헤라와티 영부인을 직접 뵌 일이 있다. 필자를 포함한 내방객들은 접견장 밖에 설치된 레이저 검색대 통과 정도의 간단한 절차만을 거친 뒤 유도요노 대통령을 만날 수 있었는데, 대통령은 영부인과 자녀(아들 2명)와 함께 접견장 입구에 서서 지위고하를 막론하고 찾아온 모든 사람들에게 일일이 악수하며 이들을 반갑게 맞아들였다.

2006년 10월 필자가 대통령을 뵈면서 자신의 소개와 함께 우측으로 막 움직이는 순간, 영부인이 전혀 생각지도 않게 한국말로 "안녕하세요, 반갑습니다"라고 먼저 인사를 건네 필자는 깜짝 놀란적이 있다. 헤라와티 영부인은 1975~78년까지 초대 주한대사를 지낸 사르워 에디 위보워 장군의 딸로서 한국에서 지낸 적이 있어 간단한 한국말을 할 줄 알고 한국에 대해 상당한 애정을 갖고 있는 것으로 알려져 있다.

아무튼 이렇게 숭고한 르바란 정신에도 불구하고 이에 따른 사회적 부작용도 만만치 않다. 르바란 기간 중에는 곳곳에서 교통사고가 나며 많은 사람들이 생명을 잃는다. 이때가 홍수나 지진 등 자연재난으로 인한 인명피해를 제외하고 연중 가장 많은 인명피해가 발생되는 기간이다. 고향에 들고 갈 선물이나 교통비 등을 준비하기 위해 크고 작은 절도행위도 빈번히 발생한다. 관공서나 공공기관에는 르바란 공식휴가(보통 1주간)가 끝난 다음에도 출근하지 않는 직원이 많아 공직기강을 흐리고 업무에 지장을 초래하기도 한다. 이에 르바란 휴가 직후에는 특히 일선 관공서 직원들이 제대로 출근했는지를 정부의 고위인사가 직접 점검하는 진풍경도 벌어진다. 또한 시골의 많은 사람들이 돈을 벌기 위해 일정한 주거도 없이 무작정 자카르타로 진입해 자카르타 주정부의 서민 대책을 곤혹스럽게 만들기도 한다.

그러나 르바란의 진정한 의미는 우리 모두가 음미해볼 가치가 있다고 생각한다. 산업이 발달하고 정보화 사회가 진전되면서 물질주의와 개인주의가 만연하고 윤리가 실종되어간다는 지적이 많다. 그럴수록 도덕적 양심이 살아 있으며, 잘못을 서로 용서하고 화해하며 상대방을 배려할 줄 아는 사회를 만들기 위한 노력이 더욱 필요할 것이다. 용서와 화해, 상생이라는 르바란의 진정한 의미는 무슬림 세계에서뿐만 아니라 우리 모두가 생각하고 실천해야 할 가치가 아닌가 생각한다.

10

희생제 이둘 아드하

이슬람사회에서 가장 큰 명절인 르바란이 지난 지 약 두 달 후쯤
이면 자카르타 재래시장이나 간선도로변 군데군데에 양이나 염소,
그리고 소들이 줄에 묶여 있는 것을 쉽게 목격할 수 있다. 이들은 다
름 아닌 이둘 아드하(Idul Adha)라는, 이슬람사회에서 르바란에 이어
두 번째로 큰 명절에 신에게 바치게 될 제물이며, 불쌍한 이웃과 함
께하기 위해 희생되는 매개물이다. 이둘 아드하는 무슬림으로서 알
라 신에 대한 경건한 믿음의 증표를 희생으로 보이는 종교의식이자
또 하나의 명절이다. 희생제(Day of sacrifice)라고도 하는 이 의식은 라
마단 단식기간을 마치고 벌이는 축제인 르바란 다음으로 거룩하고
큰 명절이다. 이슬람력으로 열두 번째 달 10일에 지낸다.

이둘 아드하는 이슬람신도의 의무인 순례(Haji) 의례의 마지막 의
식으로서 순례를 하지 않은 사람들은 가축을 제물로 바쳐야 하는 집
단의례 행사다. 양을 바치는 것이 원칙이나 양이 귀하기 때문에 일
반적으로 염소 또는 소를 제물로 바치며 이날 아침이 되면 지역사회

의 모든 사람들이 모여서 함께 제물을 바친다. 이 축제는 보통 사흘간 계속되며 무슬림들은 이때 가족, 친척 등을 방문하거나 휴식을 즐긴다. 사람들은 양이나 소 등을 잡아 그 고기를 가난한 사람들에게 나눠준다.

이둘 아드하의 정확한 날짜는 이슬람 전통에 따라 달의 모습을 관찰한 결과에 근거해 잡게 된다. 인도네시아의 종교부가 인도네시아 최대 이슬람 단체인 나드라툴 울라마, 무하마디야 등과 협의해 날짜를 정하는데, 2006년은 12월 31일, 2007년은 12월 19일, 2008년은 12월 8일을 이둘 아드하로 결정했다.

이둘 아드하의 의식은 성경 창세기에서 전래된 것으로서 아브라함(이슬람에서는 '이브라힘'이라고 함)이 하느님의 말씀에 순종한 결과 오히려 아들의 죽음을 면하고 은혜를 받는다는 것이다. 성경에 따르면 알라께서 아브라함에게 외아들 이삭(이슬람에서는 '이스마엘')을 제물로 바치라고 명령하자 아브라함은 이에 따라 모리아 산에 올라간다.

아브라함이 하느님의 뜻에 따라 제물로 선택된 아들 이삭을 바치기 위해 아들을 묶어서 재단에 올려놓고 목을 베려는 순간 하느님의 음성이 들려와 쳐다보니 제물로 바칠 양이 나뭇가지에 걸려 있어, 아들을 제물로 바치지 않고도 제사를 거룩하게 지낼 수 있었다고 한다. 그 이후 아브라함과 아들의 신앙심을 기념하기 위해 알라께 양을 제물로 바쳐 경의를 표했던 것이 전래되어 이슬람사회의 종교의식이자 전통문화로 자리잡게 되었다.

인도네시아인들은 이둘 아드하를 축하하기 위해 2~3주 전부터 신에게 바칠 흠 없는 어린 양을 준비하는데, 양이 없는 집에서는 염소나 소 등을 준비해 가난한 이웃들에게 고기를 나누어준다. 이둘 아드하 날짜가 임박하면 재래시장이나 슈퍼마켓은 그 어느 때보다 혼잡하다. 양이나 소들을 팔기 위해 이들을 묶어놓고 있는 장면을 군데군데서 목격할 수 있다. 동물들을 도살하는 의식은 이둘 아드하 기도를 마친 후 아침 8시경에 행해진다.

가난한 사람들에게 나눠주는 동물을 준비할 때 염소나 양은 한 사람 또는 가족이 준비하는 것이지만 소를 준비할 경우 일곱 사람이 소 한 마리를 바칠 수 있다. 집에서 직접 도살해서 고기를 나눠줄 수도 있으나 많은 사람들이 모스크에 돈을 주고 도살 및 분배를 의뢰하기도 한다. 모스크는 미리 사람들에게 쿠폰을 나눠주고 그 쿠폰에 따라 고기를 주는데, 보통 한 사람 또는 한 가족당 1kg을 준다. 이 고기를 무료로 받아 웃돈을 받고 되파는 얌체족도 있다.

이둘 아드하 기간에 자카르타 주정부 각 시의 축산국은 시중에서 판매되는 염소나 소 등의 건강 및 위생상태 등을 점검하게 된다. 점검은 보통 재래시장이나 임시시장, 도살장 등에서 이둘 아드하로부터 7~10일 전에서 당일까지 한다. 짐승에게 질병이 없는지, 식용에는 문제가 없는지 등을 확인하고 또한 이들이 도살 적정연령에 이르렀는지도 확인한다. 염소나 양은 최소 12개월 이상, 소는 최소 24개월이 되어야 한다. 당일 모스크 등에서 이미 도살된 짐승은 장기(臟器) 등의 검사를 받는다고 한다.

11

인도네시아 직물의 대명사 바틱

바틱(Batik)은 원래 밀납염색 또는 밀납염색으로 만든 섬유를 말한다. 바틱은 일반적으로 스카프나 의류를 만드는 데 사용된다. 그런데 인도네시아에서는 말하는 사람의 의도나 대화 내용에 따라 다르겠지만 바틱 하면 종종 바틱으로 만든 정장격의 의상을 말한다. 인도네시아에서 바틱은 자바의 영혼이고 직물의 대명사이며 인도네시아인의 사랑과 존경심이 묻어 있는 의상이다.

인도네시아에서 남자 복장을 언급하면서 '바틱'이라고 하면 바틱 천으로 만든 정장격의 상의를 뜻하는 경우가 대부분이다. 여자에게는 바틱 천으로 만든 상의나 치마 등 화려하고 우아한 패션의 의상을 말한다. 상하(常夏)의 나라 인도네시아 국민들은 넥타이를 맨 양복 대신 바틱을 즐겨 입는다. 대통령, 부통령으로부터 일반인에 이르기까지 자신과 상대방을 존중하는 자리라면 모두가 입는다. 중요 행사나 종교의식이나 특별한 모임이나 결혼식 등 성스럽고 중요한 자리에서는 주로 바틱 상의를 입는다. 행사 초청장 등에서 참가자들의 복장형태를 알리는 사항(dress code)에는 '바틱' 또는 '정장'이라고 표기되어 있다. 각종 행사 또는 모임에서 우리 같은 외국인이 바틱 상의를 입고 나타나면 인도네시아인들은 자기네의 전통복장 또는 문화를 존중하는 것으로 간주해 호감을 갖는다. 이로써 바틱으로 만든 옷에 인도네시아인들의 사랑과 존경심이 어느 정도 담겨 있는지를 알 수 있다.

바틱을 만드는 기본원리는 천에 밀납으로 무늬를 그린 다음 염료의 침투를 막고 밀납으로 그린 부분과 그렇지 않은 부분을 나누어 염색해나가는 것이다. 즉 물과 기름의 관계를 이용한 염색기법이다. 바틱의 어원이 미낭카바우족(서부 수마트라 종족)의 '점을 그리다'라는 말에서 왔듯이 밀납 방울을 옷감 위에 적절히 연결해 아름다운 무늬를 만들어내는 것이다. 바틱의 기원은 고대 페르시아나 이집트에서 발생해 인도를 거쳐 인도네시아, 말레이시아, 필리핀 등 동남아뿐만 아니라 아프리카까지 여러 지역으로 전파되었다고 한다. 이것이 바틱이 인도네시아뿐만 아니라 말레이시아 등 다른 나라에서도 발견되고 복장으로 사용되는 이유다. 그러나 이러한 바틱은 인도네시아 자바에 이르러서는 철학이 있는 직물로 꽃을 피운다.

바틱은 자바의 영혼이라고 한다. 이는 바틱이 자바 섬에서 발달하고 꽃을 피웠다는 형태론적 기원이나 자바에서 나는 바틱이 무늬의 섬세함과 아름다움이 특히 뛰어나다는 기술적 특징을 두고 하는 말이 아니다. 자바인들이 생각하기에 바틱에는 하나의 소중한 생명체가 태어날 때부터 이승을 작별할 때까지의 중요한 철학이 형상화되어 있기 때문이다. 자바에서는 새로 태어난 아기를 슬런당(Selendang,

인도네시아 전통섬유 바틱 제작모습. 바틱은 자바의 영혼이 깃든 인도네시아 직물의 대명사로서 2009년 9월 유네스코(UNESCO)에 의해 세계문화유산으로 지정되었다.

스카프)이라는 한 장의 바틱 천으로 둘러싸는 관습이 있다. 그리고 사람이 생명을 다하게 되면 바틱 천으로 그 시신을 가리고, 또 그 시신 밑에 일곱 장의 바틱 천을 깔아 충격을 줄이는 풍습이 있다고 한다. 따라서 자바인들은 태어날 때부터 죽을 때까지 바틱과 함께 한다고 할 수 있다.

인도네시아의 바틱은 발달한 지역을 중심으로 크게 두 가지 양식으로 구분된다. 하나는 자바 중부 양식으로, 이는 옛 왕궁이 있었던 고도(古都) 족자카르타(Yogyakarta)와 솔로(Solo)를 중심으로 발달된 양식이다. 이 지역의 바틱은 인도의 영향을 받았는데 바틱의 색이 부드러우면서도 어두운 것이 특징이다. 주로 갈색, 검정색, 짙은 청색, 황색 등이고 무늬로는 꽃과 새, 사선(斜線) 잇기, 그림자 인형극 와양쿨릿 (Wayang Culit)이나 서사시 『라마야나(Ramayana)』의 등장인물 등을 주로 사용한다.

다른 하나는 쁘까롱안(Pekalongan), 찌르본(Cirebon) 등과 같이 자바 북쪽의 해안지역을 중심으로 발달한 양식이다. 이는 다른 문화와 융합이 활발히 이루어진 항구도시에서 발달했기 때문에 중국과 네덜란드 등 유럽으로부터 많은 영향을 받았다고 할 수 있다. 무늬는 새와 꽃을 주로 사용했으며, 색채는 우아하고 화려한 것이 특징이다. 특히 찌르본 지역 사롱은 꽃, 새 등 유럽의 영향을 받은 무늬와 용, 봉황 등 중국 영향을 받은 것도 있다. 큰 칼 모양 무늬의 바틱은 찌르본이 산지다.[4]

바틱을 구별할 때 가장 우선적인 것은 천의 종류다. 주로 바틱은 면 소재로 만들어지지만 견(絹) 소재, 레이온 등도 이용되고 있다. 인도네시아에서는 면 소재에 대한 등급이 있는데 그 중에서도 '쁘리미시마(Primisima)'라고 불리는 천이 최고급품으로 간주되고 있다. 쁘리미시마는 번수가 세밀하고 풍성함이 있다. 반면 옷감으로 사용하려면 번수가 두꺼운 '쁘리마'를 사용하는 것이 좋다. 쁘리마는 통풍과 감촉이 좋은 특징이 있다.

바틱을 만드는 데는 다음과 같이 네 가지 방법이 사용된다. 첫째는 뚤리스(Tulis)라고 하는 방법으로 모든 공정을 손으로 그리는 작업이다. 천의 앞과 뒤에 모두 손으로 하나하나 밀납을 그리는 것으로 대단한 인내와 정성을 필요로 한다. 두 번째는 짭(Cap)이라고 불리는 동판을 사용해 밀납을 집어넣는 스탬프(Stamp) 방식이다. 이것은 무니가 스탬프로 되어 있기 때문에 손이 덜 간다. 셋째는 뚤리스와 짭의 중간인 콤비나시(Kombinasi)다. 커다란 무늬를 짭으로 누른 후 세밀한 무늬를 손으로 그려나가는 방법이다. 뚤리스와 콤비나시를 구별하는 것은 특히 초보자들에게는 쉽지 않으며 이는 상당히 많은 바틱을 보면서 경험을 쌓아나가야 가능할 것이다. 마지막으로 프린트(Print)다. 이는 바틱 무늬를 인쇄한 천을 말한다. 밀납을 사용해 무늬를 집어넣은 것이 아니기 때문에 엄밀하게 말하면 바틱이라고 할 수 없다는 인도네시아인도 많다. 대량생산할 수 있기 때문에 가격이 싸지만 바틱의 매력은 프린트로 나타낼 수 있는 게 아니다. 종합적으로 쁘리미시마 천을 사용해 뚤리스 방식으로 만든 바틱이 최상품이라고 할 수 있다.[5]

바틱으로 만든 상품이 수출에서 차지하는 비중이 꽤 짭짤해지고 국제사회에서 관심을 끌면서 인도네시아를 비롯한 말레이시아 등 일부 국가에서는 바틱이 서로 자기네의 고유문화유산이라고 주장하고 나섰다. 이들 나라들이 서로 자기네 것이라고 우기는 것은 비단 바틱뿐이 아니고 민속 노래나 춤 등 몇 가지가 있다. 그렇다보니 국민들 간 팽팽한 긴장감도 도는 것 같다. 사실 바틱은 인도네시아, 말레이시아, 필리핀, 인도, 네팔 등 여러 나라에서 발견되고 사용되고 있다고 한다. 그러나 인도네시아 바틱은 영혼이 함께 하는 전통적인 관습으로 남아 있고 일상생활에서 널리 사용되고 있다는 점에서 의미와 가치가 크다.

관련 국가 간에 바틱의 소유권 분쟁이 일어나자 인도네시아는 일찍부터 바틱을 세계문화유산으로 등재하는 방안을 추진해왔다. 이

에 유네스코는 마침내 2009년 9월 30일 인도네시아 바틱을 세계문
화유산으로 선정, 발표했다. 이를 기념하기 위해 유도요노 대통령은
10월 2일에 전 국민이 바틱을 입고 축하할 것을 지시했다. 우리는
바틱의 아름다움과 바틱에 묻어 있는 숭고한 정신을 통해 인도네시
아와 인도네시아인을 더욱 폭 넓게 이해할 수 있을 것이다.

12

자랑스런 전통악기 가믈란과 앙끄룽

인도네시아인들이 외국인들에게 자랑스럽게 보여주고 싶은 전통 악기 두 개가 있다면 바로 가믈란(Gamelan)과 앙끄룽(Angklung)일 것이다. 이들 두 악기는 호텔 로비나 쇼핑몰, 컨벤션센터 등 실내의 다중 밀집 장소에 전시되어 있거나 고즈넉한 곳에 위치해 그곳을 찾는 사람들에게 아름다운 선율을 선사한다. 또한 인도네시아의 기념식이나 연회, 기타 크고 작은 문화행사에서는 거의 빠짐없이 등장한다. 인도네시아 전통복장인 바틱을 드리우고 연주하는 모습에서 인도네시아인들의 소박한 모습과 한가롭고 평화로운 인도네시아의 자연을 느낄 수 있다.

가믈란이란 발리를 뜻하는 고대어 감블(Gambel)과 자바를 뜻하는 가믈(Gamel)에서 유래했다고 한다. 어원에서 보는 바와 같이 세계적 휴양지로 유명한 발리와 수도 자카르타가 위치해 있는 자바 주에서 주로 연주된다. 가믈란은 타악기 앙상블로, 최대 80여 개에 이르는 악기로 대형 오케스트라를 구성하기도 한다. 연주에 사용되는 악기는 다양한

전통악기 앙끄룽을 계승 발전시키는 사웅 우조 문화회관(반둥 시 소재)에서 공연 후 관광객들이 즉석에서 앙끄룽 연주를 연습하고 있다.

종류의 징과 나무망치로 치는 조율악기들로 구성된다. 징은 수직으로 매달기도 하고 가운데가 튀어나온 냄비처럼 생긴 보낭(Bonang)과 함께 평평하게 놓이기도 한다. 선율 타악기로는 이러한 조율 보낭, 실로폰에 해당하는 감방카유(Gambang kayu), 금속막대 울림악기인 메탈로폰(Metallophone: 일련의 조율된 금속막대들로 구성되며 이 금속막대들을 공명주발이나 공명관 위에 걸쳐놓음) 등이 있다. 지속선율은 대나무 플루트인 술링(Suling)이나 활로 켜는 현악기인 르밥(Rebab)으로 연주하거나 노래로 부른다. 사람의 목소리도 가믈란 합주시 한 파트를 차지한다. 껀당(Kendang)이라는 북은 기악과 성악을 묶어주며 전체를 이끈다.

가믈란은 음역이 풍부하고 황홀한 느낌을 주는 것 같다. 자바의 가믈란 연주가 매우 섬세하다고 한다면 발리의 가믈란 연주는 격조 높은 음색이 특이하다고 할 수 있다. 가믈란은 서양음악과 달리 두 개의 음계가 있다. 슬런드로(Slendro)라는 음계는 다섯 개 음이 기본으로서 8세기경 자바 지역에서 발달한 음계로 밝고 경쾌한 느낌을 준다. 반면 펠로그(Pelog)는 일곱 개의 음을 기본으로 하며 보다 고전적인 느낌이 많이 나고 애절한 느낌이 강하다.

한편, 앙끄룽은 길이가 서로 다른 대나무관(Tube) 2개를 한 세트로 묶어 만든 것으로서 목관악기의 일종이라 할 수 있다. 앙끄룽은 크게 세 부분으로 되어 있는데, 이는 가장 중요한 부분으로 소리가 나는 성부(Voice Tubes), 이들 관을 지탱해주는 프레임, 그리고 밑바닥 기저(Base) 부분이다. 길이가 서로 다르게 하고 공명을 일으킬 수 있도록 대나무통의 한쪽 부분을 도려내어 만든다. 각각의 대나무관이 고유한 음을 갖고 있기 때문에 악기를 일정한 방향으로 흔들어 음을 낸다. 악기 크기는 A4 사이즈 크기로부터 약 1미터에 이르기까지 다양하다.

대나무가 인도네시아인들의 자존심인 앙끄룽 악기로 승화되기까지는 까다로운 처리과정을 거친다. 우선 대나무는 4년에서 최고 6년생 중에서 선정되며 베는 시기도 정해져 있는데, 건기에 그것도 하루 중 오전 9시에서 오후 3시 사이에만 벤다. 베어진 대나무는 수분이 빠지도록 약 1주간 보관된 뒤 가지를 쳐내고 그리고 약 일 년간 보관과정을 거친 뒤 악기로 제작된다.

자카르타에서 차로 약 두 시간 거리에 있는 교육문화 도시인 반둥에는 앙끄룽 악기를 제작하고 활용해 다양한 문화공연을 하는 사웅 앙끄룽 우조(Saung Angklung Udjo)라는 문화센터가 있다. 1967년에 문화사업가 우조 응아라게나(Udjo Ngalagena)가 설립한 이 단체는 지금은 반둥을 찾는 사람들이 반드시 거쳐야 하는 관광명소가 되었다. 시연과 함께 다양한 레퍼토리의 공연을 하고, 마지막에는 관람객들이 직접 연주할 수 있는 프로그램을 운영한다. 관람객들이 지휘자의 안내에 따라 좌석별로 도레미파솔라시도 8음을 내는 연습을 하고 간단한 음악을 연주하게 되는데 제법 그럴듯한 연주에 관람객들 스스로 자신들의 연주솜씨(?)를 대견스럽게 생각하게 된다. 즉석에서 짧은 시간에 연습하는 것이지만, 신비스런 소리와 아름다운 화음에 낯선 관광객과 현지인 모두가 한마음이 되는 순간을 맛보게 된다.

제2부

인도네시아를 발전시키는 힘, 가로막는 장애

13

다양한 모두를 아우르는 국가

인구 약 2억 3,000만 명으로 세계 4위의 인구대국인 인도네시아에는 300여 다양한 종족이 살고 있으며 그만큼 상이한 문화와 전통을 유지하고 있다. 태평양과 인도양이 만나는 부분인 적도상에 위치한 인도네시아의 면적은 우리 한반도의 약 아홉 배 크기인 190만km²인데 크고 작은 섬 약 1만 7,000개로 구성되어 있다. 인구의 약 87%가 무슬림으로서 세계 최대의 이슬람국가지만 이슬람을 국교로 하지 않고 다양한 종교를 보장하고 있다. 참으로 다양한 측면을 갖고 있으나 이 모두를 아우르고 있는 국가가 인도네시아다.

인구 약 2억 3,000만 명은 지역별로는 수도 자카르타가 있는 자바에 전체 인구의 약 50%인 약 1억 1,500만 명이 거주하며, 수마트라 약 4,100만 명, 술라웨시 약 1,400만 명, 칼리만탄 약 1,000만 명, 이리안자야에 약 200만 명이 거주하고 있다. 인구 증가율은 1.45%이며, 평균수명은 남자 67.1세, 여자 71.1세로 전체 평균수명은 약 69세다.

인도네시아인들은 열대성기후와 풍요로운 식생활 자원, 그리고 광활한 영토 등으로 인해 전반적으로 온순하고 여유가 있는 편이다. 엄밀히 말하면 빨리빨리 문화에 젖어 있는 한국 사람들은 그들의 여유 있는 행동에 종종 분통이 터진다. 그들은 대국기질을 갖고 있다고 할 수 있는데, 가부를 명확히 표시하지 않고 매사를 긍정적으로 말하는 탓에 우리는 어떤 일을 진행하다 뜻밖의 결과를 보게 되는 경우가 종종 발생한다. 인도네시아어 중에 '끼라끼라'는 '대략', '아마' 라는 뜻으로 확답을 피하고 어물쩍 넘어갈 때 쓰는 말이라고 할 수 있는데, 이 말이 꽤 자주 쓰이는 것을 느낄 수 있다.

또한 인도네시아인들은 상대방 체면을 배려해, 거절하는 경우에도 분명하게 'No'라 하지 않고 '난띠(nanti, 다음에)' 등의 표현을 사용하는데, 이를 긍정으로 믿고 있다가 낭패를 보는 경우도 있으니 조심해야 한다.

그들은 고성으로 질책당하는 것을 싫어하고 소리를 지르는 사람을 이상하게 생각한다. 인도네시아 국민 대부분은 이슬람교도들로 악수하거나 물건을 전해줄 때 왼손을 사용해서는 안 되며, 왼손은 화장실에서 사용하는 손으로 부정하게 여기고 있음에 유의해야 한다. 또한 이슬람권이기 때문에 술을 금기시하고 있으므로 상대에게 술을 권하거나 본인이 술에 취해 있는 모습 등은 불손한 행위로 간주한다. 하지만 비교적 개방된 이슬람사회로서 여성의 사회참여가 보장되어 있으며, 최근 경제발전에 따라 사회진출이 더욱 활발해지고 있다고 할 수 있다.

300여 종족 중 주요 종족은 자바족(45%), 순다족(13.6%), 마두라족, 바탁족, 아체족, 발리족 등이다. 자바(Java)족은 스스로를 자와(Jawa)

라고 부르는데, 이는 보리를 뜻하는 산스크리트어 'Yawa'에서 유래
됐다. 자바(Java)족은 인도네시아 사회의 주류로서 수카르노 대통령,
수하르토 대통령 등 역대 국가 지도자뿐만 아니라 현 유도요노 대통
령을 배출하는 등 정치, 사회, 학계 등 각 부문에서 기득권층으로 활
동하고 있다. 이렇다보니 자바 지역 외의 출신들은 대통령이 될 수
없다는 말까지도 공공연히 나온다. 자바족은 대체로 예의바르고 성
실하며 상대를 존중하고 보수적인 성품을 갖고 있으며 서두르지 않
는 것으로 알려져 있다. 이와 같은 성품 때문에 자바어에는 높임말
이 존재한다. 인도네시아 역사상 가장 강력한 힘을 발휘했던 마자파
힛 왕국(힌두교 왕조)도 자바족이 건립했다.

순다(Sunda)족은 반둥(자카르타에서 차로 약 2시간 거리의 문화, 교육, 쇼핑도
시) 등 서부 자바 지역에 거주하는 종족들로서 특히 의식과 예술적
특징에서 자바족과 유사한 점이 많다. 언어가 부드럽고 섬세하며 피
부색이 하얀 미인이 많다고 한다.

아체(Ache)족은 수마트라 섬 북부 지역에 거주하는 종족으로서 그
들은 인도네시아에 편입된 뒤 정치적 경제적 및 여러 복합적인 이유
로 1961년까지 반란을 일으켰다. 그들이 사는 지역은 인도네시아에
이슬람교가 최초 유입된 지역 중 하나다.

바탁(Batak)족은 수마트라 섬 중북부 지역에 거주하고 있으며, 한
때 관습법상 식인종으로 악명을 떨치던 적이 있다. 과거 약 160년간
기독교 선교단체의 영향을 많이 받았기 때문에 인도네시아에서 가
장 큰 호수인 토바(Toba) 호수 주변 일대에는 기독교 집단이 크게 구
성되어 있다.

마두라(Madura)족은 수하르토 대통령 시절인 1970년대에 북부 칼리만탄 섬에 대거 이주해 강인한 생활력으로 원주민인 다약족의 터전을 잠식하게 되었는데 다약족과의 종족분쟁에서 수천 명이 사망했다고 한다.

다약(Dayak)족은 칼리만탄 내륙의 강가를 따라 모여 사는 수많은 소규모집단을 말한다. 이들은 주로 정착생활을 하지만 화전(火田) 같은 이동경작을 하기도 한다. 발리(Bali)족은 발리 섬에 거주하는 종족으로 힌두교가 전래된 이후 힌두문화를 유지하고 있다.

인도네시아에서 화교는 총 인구의 약 5%를 차지하고 있는데 특유의 상술로 인도네시아 상권을 장악해 인도네시아 경제자본의 약 80%를 소유하고 있는 것으로 추정된다. 1965년 인도네시아 공산당의 쿠데타 기도 시 화교가 연루되었다는 이유로 1966년에 정권을 장악한 수하르토 대통령은 대대적으로 화교의 공직진출을 금지하는 등 억제정책을 폈다. 이 결과 화교들은 주로 경제분야에 진출을 확대하게 되었다.

인도네시아는 1945년 8월 일본으로부터 독립하면서 바하사 인도네시아를 표준국어로 천명했는데, 다양한 종족 및 언어가 통일성에 장애가 된다고 판단한 것이다. 한편 중심 종족인 자바인들은 자바어를 일상 속에서 사용함으로써 자카르타나 족자카르타 등지에서 표준어와 함께 사용되고 있다.

인도네시아는 종교와 분리해서 생각할 수 없을 정도로 정치, 경제, 교육, 문화 등 모든 분야가 종교와 밀접한 관계를 갖고 있다. 인도네시아는 이슬람국가로 알려져 있지만 이슬람교를 국교로 정하지 않고 헌법에 종교의 자유를 명시하고 기타 종교 활동도 함께 보장하고 있다. 헌법의 종교자유 보장은 인도네시아의 건국이념이면서 국가 통치철학인 빤짜실라(5가지 원칙)의 '유일신에 대한 믿음'을 반영한 것이다. 이는 특정 종교만을 위한 배타적 원칙이 아닌 다양한 신앙에 대한 존중을 의미하는 것이다. 그럼에도 불구하고 종교 간의 충돌은 발생한다. 특히 지방에서 이슬람 극단주의와 기독교(개신교, 천주교) 간에 크고 작은 분쟁이 발생하는 것이 심심치 않게 언론에 보도되고 있다.

종교의 중요성 때문에 중앙부처에는 종교 업무를 관장하는 종교부(Ministry of Religious Affairs)가 있으며 장관 아래 정부가 공인하는 여섯 개 종교별로 각각의 담당책임자가 우리의 차관보급(Director General급)으로 있다. 인도네시아 정부가 공식적으로 인정하고 있는 종교는 이슬람, 가톨릭, 기독교, 힌두교, 불교를 비롯해 2006년 하반기에 공인된 유교까지 총 여섯 종교다. 인구비율로는 이슬람교(87%), 기독교(6%), 가톨릭(3%), 힌두교(1.8%), 불교도 순으로 나타나고 있다.

인도네시아 국민들의 주민등록증(KTP)에는 여섯 종교 중 하나를 반드시 의무적으로 기입하는 칸이 있다. 인도네시아 현지 병원 등 공공기관에서 진료 또는 특별한 서비스를 받기 위해서는 신분에 관해 간단한 정보를 기입해야 하는데 여기에 종교를 반드시 기입하도록 되어 있다.

한때는 주민등록증 종교기입란 폐지문제도 크게 논란이 된 적이 있었다. 하지만 정부와 국회는 현행대로 종교란을 그대로 유지하는 것으로 결정했다. 여섯 종교 이외의 소수 종교는 기입을 못하지만 공백으로 하는 것을 인정키로 했으나 이것은 사실상의 종교차별의 원인이 된다는 논란이 일었다.

　이슬람이 인도네시아에 소개된 것은 14세기경으로 인도를 통해 전래된 것으로 알려져 있다. 인도네시아는 여타 이슬람국가와 마찬가지로 돼지고기, 음주를 금기시하고 있으며, 하루 다섯 차례 기도와 금요 예배, 그리고 라마단 기간 한 달간 금식을 하는 등 종교생활을 지키도록 되어 있다. 그러나 이슬람이 전파 확산되는 과정에서 토착 종교나 관습 등과 혼합되는 것이 많기 때문에 인도네시아는 중동의 이슬람국가보다는 개방적이고 세속화되어 있다고 한다.

14
건국이념이자 국가운영의 기본 철학, 빤짜실라

인도네시아의 건국이념임과 동시에 국가운영의 기본철학은 빤짜실라로 대변된다. 산스크리트에서 유래한 '빤짜실라'는 다섯 가지(빤짜) 원리(실라)라는 뜻으로 이것은 ① 유일신에 대한 믿음 ② 인간의 존엄성 ③ 통일 인도네시아 ④ 대의정치 ⑤ 사회정의 구현을 말한다. 이는 1945년 8월 18일 공포된 헌법 전문에 수록되어 있고 독립 이후부터 현재까지 인도네시아 국가운영 체계의 근간이 되고 있다.

빤짜실라는 인도네시아 사회의 오랜 가부장 제도를 바탕으로 한 가족중심주의와 협의주의 그리고 상부상조 정신을 원류로 해서 인도네시아의 건국이념이 되었고 국민생활의 지표로 정착되었다. 빤짜실라는 다섯 가지 원리로 구분되어 있으나 사실상 하나의 합일점으로 귀결되는 종합체계다.

빤짜실라에서 인도네시아가 지향하고자 하는 다섯 가지 원칙을 다음과 같이 확인할 수 있다.

첫째, 최고신에 대한 신앙의 원칙이다. 전지전능한 신에 대한 믿음과 순종을 확인하고 정의롭고 예절바른 인간성을 기본으로 개개인마다 종교의 가르침을 따라 각자의 신을 섬기고 따라야 한다. 이러한 종교관을 통해 타인에게 특정한 종교에 대한 신앙을 강요하지 않고 사람마다 신앙의 자유를 누리도록 한다는 것이다.

둘째, 정의롭고 예절바른 인간성을 위한 인도주의 원칙이다. 인간으로서의 가치를 높이고 인간다운 행동을 중시하며, 진리와 정의를 위해서는 과감하게 희생도 불사한다는 심성을 의미한다. 더불어 인간의 평등성을 강조하고 인도네시아 민족이 전 인류의 한 무리인 것처럼, 다른 민족과 상호 협동하고 인격을 상호 존중해야 함을 가르친다.

셋째, 인도네시아의 통일을 위한 민족주의 원칙이다. 개인과 가족의 중요성을 바탕으로 국가와 민족의 단합과 통일의 중요성을 깨닫게 한다는 것이다. 그리고 이러한 국가와 민족의 통일과 일체감은 다양성 속의 통일성을 토대로 발전된다는 것이다.

넷째, 대중합의와 대의제도를 바탕으로 한 민주주의 원칙이다. 중요한 결정은 반드시 대중합의에 따라 이루어져야 하며 이러한 과정을 통해서 이루어진 결정은 모든 인도네시아인이 동일하게 받아들여 성실하게 그 소임을 다해야 한다. 대중합의는 신뢰받는 국민의 대표에게 위임되며, 그들이 위임한 대표들의 결정은 인도네시아 국민 전체의 결정으로 받아들여져야 한다는 것이다.

다섯째, 인도네시아 전체 국민을 위한 사회정의의 원칙이다. 이는 인도네시아 사회에 가족적인 분위기와 상부상조하는 태도를 함양하기 위해서 누구나 균등한 권리와 의무를 갖는 동시에 타인에 대한 존중도 또한 요구받게 된다. 이에 따라 사람들은 서로 타인의 권리를 해할 목적으로 자신들의 권리를 행사할 수 없으며 더구나 대중에게 해를 끼치는 행동과 사치낭비를 일삼아서는 안 된다는 것이다.[6]

빤짜실라는 인도네시아가 네덜란드와 일본으로부터 독립을 쟁취해나가던 1945년 인도네시아 초대 대통령인 수카르노를 중심으로 한 독립 및 건국 지도자들이 결정한 것이다. 수카르노와 당시 독립준비위원회(PPKI)는 인도네시아가 독립할 당시 독립의 정당성과 독립의 근거를 합법화할 국가 이데올로기를 준비했는데, 수카르노 혁명지도자는 1945년 6월 1일 다섯 가지 원리로 된 빤짜실라를 발표했다.

빤짜실라는 1945년 6월 22일 독립준비위원회에서 선포한 자카르타 헌장(Piagam Jakarta)에 국가의 기본이념으로 수록되었고, 독립 다음날인 1945년 8월 18일 공포된 1945년 제정헌법(전문과 본문 41조로 구성) 전문에 수록되어 현재에 이르고 있다.

빤짜실라의 정신은 국가운영체계의 근간에서도 찾아볼 수 있다. 국가의 최고 권력기관인 국민협의회는 협의주의(協議主義)를 바탕으로 국가와 국민의 일체감 형성을 통해 그 고유한 권능을 행사하게 되는데, 빤짜실라의 추상적인 사상(원리)이 헌법 규정으로 구체화되었다고 할 수 있다.

인도네시아의 독립을 기념하고 영원한 국가발전을 상징하는 독립기념탑 모나스(상세내용은 16장 참조)의 형상이나 인도네시아의 국장(상세내용은 15장 참조)에서도 빤짜실라의 정신과 내용이 여러 방법으로 형상화되어 있음을 알 수 있다. 또한 초대 대통령과 부통령인 수카르노나 핫타 기념비, 인도네시아 독립이나 건국을 기념하는 많은 조형물에서도 그 정신이나 내용을 찾아볼 수 있다.

15

인도네시아 상징물, 국장

국장(國章)은 한 국가의 대외적 상징물이다. 국가의 특성이나 기본 이념이 함축되어 있어 국민은 국장을 통해 자신이 어느 국가의 국민인가를 상징적으로 내보일 수 있으며 또한 자긍심을 느낄 수도 있다.

인도네시아의 국장은 가루다(Garuda)라고 하는 신비스런 새가 양 날개를 펼치고 가슴 한가운데 방패 모양을 드러내는 모습이다. 가루다가 위풍당당하게 서 있는 듯한 모습은 원대한 꿈을 품고 미래를 향해 도약하고자 하는 인도네시아의 결연한 의지를 보이는 듯하다.

인도네시아의 국장은 '인도네시아 독립의 의미'와 '빤짜실라' 그리고 '복합민족국가로서 인도네시아의 완전한 통일'이라는 세 가지 국가 염원을 내포하고 있다. 국장의 전체적인 디자인과 각 부문에서 이를 함축하는 것이다.

국장에서 각각의 디자인과 의미를 살펴보면, 우선 가루다(힌두교 어원으로, 독수리 모양의 새임)라는 새가 가슴으로 방패를 안고 두 다리로 국가의 염원을 수호하고 있는 모습을 볼 수 있다. 가루다는 번영의 신(神) 비스누(Visnu)가 타고 다녔다고 하는 시공을 초월한 전설적인 새다. 가루다 목 부분에는 45개의 삼각 깃털이 있고 몸통 끝부분에는 19개의 삼각 깃털이 있다. 양쪽 날개에는 각각 17개씩의 깃털이 있고 꼬리 깃은 8개가 있는데 이러한 숫자는 인도네시아 독립일인 1945년 8월 17일을 상징한다.

인도네시아 국장

가루다의 두 발이 꽉 잡고 있는 '비네까 뚱갈 이까(Bhinneka Tunggal Ika)'는 '다양성의 통일'이라는 말이다. 이는 인도네시아의 국가구조와 국민생활을 형성하고 있는 모든 분야의 복합성(다양성)을 단적으로 표현함과 동시에 이를 바탕으로 통일성을 추구해야 한다는 강력한 의지를 나타내고 있다.

가루다 몸통 중앙에 있는 방패는 국가를 방어한다는 의미다. 한가운데를 가로지르는 검고 굵은 선은 인도네시아의 주요 섬인 수마트라, 칼리만탄, 술라웨시, 말루쿠 위로 적도가 지나감을 뜻하며 동시에 인도네시아가 적도상에서 가장 번영한 나라임을 상징한다. 방패 속의 다섯 가지 문양은 빤짜실라의 다섯 개 철학을 상징한 것으로서 한가운데 황금빛 별은 신에 대한 믿음을 나타낸다. 왼쪽 윗부분으로부터 시계방향으로, 물소머리 모양은 대중합의와 대의 제도를 통한 민주주의를, 블림빙이라는 신성한 나무는 인도네시아 통일을 향한

인도네시아 국장은 단독으로 게시되거나 좌우에 대통령과 부통령 사진이 함께 걸린다. 사진은 최대 발행부수를 자랑하는 콤파스(Kompas)지 신문사의 로비임

민족주의를, 사각형과 원모양으로 연결된 고리는 각각 남성과 여성을 상징하며 서로 연결되어 있는데, 이는 인도네시아가 정의롭고 예의바른 인도주의 국가임을 나타낸 것이다. 벼 이삭과 목화 꽃은 각각 식량과 의복을 의미하며 이 나라가 추구하는 사회정의를 상징한다.[7]

이러한 국장은 인도네시아의 여기저기서 흔히 볼 수 있다. 각급 정부기관이나 공문서상에는 물론이고 학교, 문화예술기관, 병원 등 각종 공공기관 그리고 어느 정도 규모 있는 민간 회사나 고급 호텔 및 식당 등 상당히 많은 곳에서 눈에 띈다. 기관장이나 업체 대표 사무실은 물론 회의실 또는 현관이나 로비, 대기실 등에 국장만 단독

으로 걸려 있거나 때론 좌우에 대통령과 부통령 사진과 함께 걸려 있다. 어떤 건물은 외벽에 큼지막하게 국장을 걸어놓고 그 위용을 자랑하는 것 같기도 하다. 마치 생활 속에 파고들어 인도네시아인들의 자존심과 미래 발전의 야망을 내보이기라도 하는 듯하다.

반면 우리나라는 나라꽃인 무궁화를 도안화하고 중앙에 나라 상징인 태극 심벌을 사용한 국장을 사용하고 있다. 우리나라 국장은 대체로 정부 주최 행사장이나 주요 회의실의 연단, 국가 중요문서, 정부 비품 및 물자 등에 표시되어 있고 정부기관 내에서만 사용되는 것 같다.

인도네시아는 영토적 측면이나 인적 구성에 있어서 참으로 광대하고 복잡다기한 나라다. 이러한 국가적 상황에서 인도네시아의 국장은 국민들의 일상생활 속에 파고들어, 용기와 순결을 상징하는 인도네시아 국기와 함께 국민화합과 일체감 조성에 일익을 담당해왔고 앞으로도 그러할 것으로 보인다.

16
자카르타의 랜드마크 독립기념탑 모나스

뉴욕의 자유의 여신상이나 엠파이어스테이트 빌딩, 파리의 에펠탑, 캐나다 토론토의 CN 타워 등은 그 지역을 대표하는 이미지면서 또한 상징적인 랜드마크다. 자카르타의 랜드마크는 뭐니뭐니해도 자카르타 시내 중심부의 독립광장에 우뚝 솟아 있는 독립기념탑 모나스(Monas / National Monument)라고 할 수 있다. 기념탑을 중심으로 사방으로 뻗어나가는 모양의 도로는 '인도네시아 역사는 모나스로 통한다'는 인상을 갖게 하기에 충분하다.

모나스는 인도네시아가 1945년 8월 17일 독립을 기념하면서 국민의 존엄성과 문화의 동질성, 투쟁의 위대함 등을 기리고 후세에 이를 교육하기 위해 건립되었다. 인도네시아 역사에서 기념비적인 건축물이며 독립기념의 의미를 물씬 풍기는 모나스는 수카르노 초대 대통령 시절 열여섯 번째 독립기념일인 1961년 8월 17일 착공해 1966년에 완공되었다. 이 기념탑은 많은 사람들이 협동, 단결의 의미로 낸 기부금으로 건립되었다고 한다. 건축가인 수다르소노

(Sudarsono)가 디자인하고 로쎈노(Roosseno)가 건축했다.

모나스가 독립광장에 세워진 이유는 이곳이 전통적으로 역사의 중심지였고 또한 인도네시아가 독립을 쟁취해온 과정에서 이곳이 의미 있는 지역이기 때문이다. 네덜란드 식민지 시절에 이곳은 코힝스플레인(Kohingsplein)이라 불렸는데, 매년 8월 31일 네덜란드 여왕의 생일 축하가 이곳에서 개최되었다고 한다. 네덜란드에 대한 항쟁시기에는 자유를 지키고 국민의 단결을 강화하기 위한 국민회의 라팡안 머르데까(Lapangan Merdeka)가 1945년 9월 19일 바로 이 자리에서 열렸다.

자카르타에서 감비르(Gambir) 공원이라고도 불리는 이곳 독립기념광장은 미국 워싱턴 광장을 모델로 했는데, 이곳은 국경일이나 국가행사의 출발지이자 시민의 역사교육 현장임과 동시에 휴식공간이다. 광장 정중앙에 137미터 높이로 하늘을 향해 힘차게 치솟는 모습의 모나스는 인도네시아의 미래를 향한 힘찬 도약을 상징하는 것 같다. 이로써 독립의 존엄과 대국 인도네시아의 위용을 느낄 수 있을 것 같다.

기념비를 구성하는 각 부분이나 조각에서 독립기념일인 1945년 8월 17일을 확실히 엿볼 수 있는데, 우선 기념비를 지탱하는 술잔 모양의 사각받침은 지상 17미터(1945년 8월 17일에서 17일을 의미)에 위치해 있고 가로 세로 모두 45미터(45년)다. 수직의 탑과 수평 받침대의 대비는 음양 곧 선과 악, 밤과 낮, 남자와 여자를 뜻한다. 상단부와 하단부의 각 모서리는 여덟 개로 8월을 상징하며, 입구에서 모나스 기념비까지는 45미터(45년) 거리다. 탑의 꼭대기는 불꽃모양의 장식물이 35kg의 순금으로 도금되어 있다.

독립의 의미가 살아 숨쉬는 독립기념탑 모나스. 137m 높이로 1961년 8월 17일 건립되어 1966년에 완공되었다.

기념비를 에워싼 철제 대나무 모양의 담장은 식민체제에 대항한 민중들이 게릴라전 때 사용했던 죽창을 상징하며 처음에는 독립한 해를 상징해 1,945개로 만들어졌다. 그러나 지금은 담장이 약간 앞으로 밀려나면서 그 수가 변경되었다. 모나스 기념탑의 아래 지하에는 역사박물관이 있다. 가로 세로 각 80미터, 높이 8미터(8월)의 대리석으로 되어 있는 이 박물관은 긴장감 넘치는 거대한 역사이야기가 파노라마처럼 펼쳐진다.

사방 벽면 50여 개의 투시화(Diorama)에 선사시대부터 항해시대, 인도네시아 고대불교시대, 힌두왕국 시절, 약소민족의 비애를 느끼

게 하는 네덜란드와 일본의 식민지배시대, 결연하고 처절했던 독립
운동 시기, 1955년 아시아 아프리카 반둥회의, 1975년 동티모르의
인도네시아 합병, 1995년 동남아 최대 항공사 IPTN이 순수 인도네시
아 기술로 N250를 생산하기까지의 역사가 숨가쁘게 펼쳐진다.[8]

그리고 수카르노 초대 대통령과 하타 초대 부통령이 선언했던 '독
립선언문'이 소장되어 있고 선언 당시 음성도 직접 들을 수 있다. 독
립기념탑 모나스는 독립의 의미와 숨결이 물씬 풍기는 자카르타의
랜드마크다.

17

3년간 네 차례 헌법 개정,
격변의 민주화 대변

헌법은 한 국가의 조직과 운용방침을 정하고 국민의 권리를 보장하는 국가의 근간이 되는 가장 중요한 기본법이다. 인도네시아는 1945년 8월 17일 독립선언 직후 제정헌법인 '1945년 헌법'을 공포했다. 그 이후 '1945년 헌법'의 효력이 잠시 정지된 경우를 제외하고는 현재까지도 그 기본 골격을 유지하고 있다.

인도네시아 헌법제정의 근본은 건국이념임과 동시에 국가운영의 기본 철학인 빤짜실라에 두고 있음은 앞서 말한 바 있다. 빤짜실라는 1945년 8월 18일 공포된 헌법 전문에 수록되어 있고, 독립 이후부터 현재까지 인도네시아 국가운영체제의 근간이 되고 있다.

1945년 헌법은 초대 대통령 수카르노 정부와 그 뒤를 이어 32년간 집권한 수하르토 대통령 정부까지 사실상 철권통치를 가능케 한 바탕이 되었다. 그러나 1997년 7월 시작된 외환위기와 국민의 민주화에 대한 열망으로 수하르토 대통령이 32년간의 철권통치를 마친 1998년 5월 이후, 1999년 10월부터 2002년까지 3년간 네 번(1999년 10

월 1차 개정, 2000년 8월 2차 개정, 2001년 11월 3차 개정, 2002년 8월 4차 개정)에 걸쳐 헌법 개정이 이루어졌다.

비록 3년간이지만 이 기간은 그만큼 민주주의로 나아가는 격변기였고, 시대 발전에 따라 이러한 헌법은 계속 보완 발전된 것이다. 헌법조문도 제정헌법은 41조 77개항이었는데 3년간 4차에 걸친 개정으로 현재 총 78조 199개항으로, 양적으로도 팽창하고 질적으로도 많은 향상을 이루었다. 4차 개정 이후 6년이 지난 지금 일부에서는 헌법 개정의 필요성이 다시 제기되고 있다. 현재의 급변하는 시대상황과 미래 발전을 위한 상황이 고려되지 않았다는 것이다.

네 차례의 헌법 개정 중 2001년 3차 헌법 개정은 1945년 건국 이후 56년 만에 처음으로 민주주의 초석을 다지는 데 성공했다는 평가를 받고 있다. 국가의 권력을 민주주의 근본 원칙인 입법부, 행정부 및 사법부로 실질적으로 분립시켰으며, 입법부 의원 중 임명제 의원을 완전히 없애고 국민이 직접투표로 선출한 국민의 대표만으로 입법부를 구성케 하였다.

또한 대통령 선출방법을 그동안의 간선제에서 직선제로 바꾸었다(2004년 이전까지 대통령은 국민협의회에서 선출됨). 현 수실로 밤방 유도요노 대통령은 2004년 9월에 인도네시아 역사상 처음으로 국민의 직접선거로 선출된 대통령이다(그 해 7월 1차 투표에서 과반수 득표자가 없어 9월에 2차 결선투표를 하고 10월에 취임함). 2004년 대통령 선거 당시 유도요노 대통령이 입법부 내에서 군소정당(유도요노 대통령의 소속당인 민주당은 국회 총 550의석 중 57석으로 4위였음) 소속이었음에도 불구하고 대통령으로 선출될 수 있었던 것은 민주적인 내용으로 개정된 헌법과 국민의 민주화와 경제발전에 대한 염원 때문이었다고 할 수 있다. 유도요노 대통령은 2009년 7월 8일 실시된 대통령선거에서 인도네시아 역사상 처음으로 재선되어 그 해 10월 20일 제2기 정부를 출범시켰다. 이 모두가 헌법이 민주적인 내용으로 개정된 결과라고 할 수 있다.

3차 헌법 개정 전에 국가의 권력구조는 실질적인 삼권분립 없이 국민협의회(MPR / Majelis Permusyawaratan Rakyat)가 국가최고기관으로 국민주권을 대행하고, 국민협의회 밑에 국회(DPR / Dewan Pertwakilan Rakyat), 대통령(Presiden), 감사원(BPK / Badan Pengawas Keuangan), 국정자문회(DPA / Dewan Pertimbangan Agung)와 대법원(MA / Mahkamah Agung) 등 5개 국가기관이 동등한 위치에 있었다.[9]

그러나 현행 4차 헌법은 국가권력을 입법부, 행정부, 사법부 및 감사원 등 4개로 분립시키고, 입법부는 국민협의회(MPR), 국회(DPR) 및 지역대표협의회(DPD)로, 행정부는 대통령과 부통령으로, 사법부는 대법원(MA), 사법위원회(KY / Komisi Yudisial) 및 헌법재판소로 구성시켰다. 아울러 2004년부터는 국정최고기관인 국민협의회에서 막강한 권한을 행사해온 군 및 경찰의 당연직 국민협의회 의원직을 없애고, 권력의 시녀로 앞장서왔다고 비판받은 직능 대표의 당연직 국민협의회 의원도 없앰으로써 입법부는 국민이 직접 선출한 의원만으로 구성되어 있다.

최근 인도네시아에서는 제5차 수정 헌법이 만들어져야 한다는 의견이 심심치 않게 대두된다. 반세기 전에 제정된 헌법이 급변하는 국내외 정세와 국제화 시대에 효과적으로 대응하는 것에는 근본적인 한계가 있다는 것이다. 종전 네 차례의 헌법 개정이 사실상 독재

정치를 방지하는 것에 중점이 두어졌다면 이제는 진정한 민주주의를 구현하고 국제화시대에 미래 발전적인 국가 운영을 할 수 있는 토대가 마련되어야 한다는 것이다.

이번에 개정할 경우에는 그 범위가 정치 영역뿐만 아니라 경제 분야까지 광범위하게 망라되어야 한다고 한다. 일반적으로 제기되는 개정사항은 입법-행정-사법부 간 견제와 균형의 재정립이다. 특히 입법부의 대(對) 행정부 견제가 과도하다는 문제가 제기되어왔다. 국회통과 법안이 정부로 이송된 후 대통령이 법안에 서명하지 않을 경우에도 30일이 지나면 법으로 자동효력이 발생하는 제도, 외국에 대사 파견 시 입법부가 적격심사를 하도록 되어 있는 제도 등등은 개정사항으로 지적되고 있다. 대통령중심제와 내각제 중 인도네시아에 적합한 정부 형태는 어떤 것인지, 또한 양원제나 삼원제 중 어느 것이 인도네시아에 더 적합한지도 검토가 필요하다고 지적한다.

인도네시아에서 헌법 개정 발의는 국민협의회(MPR) 제적 의원 1/3 이상으로 가능하며, 제적의원 2/3 이상 출석한 총회에서 제적의원 과반수 이상의 찬성으로 헌법을 개정할 수 있다. 그리고 인도네시아 단일국가 형태에 대한 헌법 개정은 불가하다고 헌법에 명시되어 있다. 그러나 1만 7,000여 개 섬과 300여 부족으로 구성되어 다양한 지리적 문화적 배경을 가진 인도네시아가 단일국가 형태를 계속 유지하는 게 좋을지 아니면 연방국가 형태가 좋을지, 여러 가능성을 고려해볼 수 있을 것이다.

18

직선제로 풀뿌리 민주주의를 다지다

인도네시아는 대통령을 국가원수로 하는 민주공화국이다. 1945년 독립 당시의 최초헌법과 그 이후 총 네 차례에 걸친 헌법 개정을 통해 인도네시아의 권력구조는 삼권분립 원칙에 입각해 행정부, 입법부, 사법부의 체제를 구축했다.

대통령은 국가원수 겸 행정수반으로서 국민직접투표로 선출되며, 부통령도 러닝메이트로 함께 선출된다. 임기는 5년이다. 수실로 밤방 유도요노(Susilo Bambang Yudhoyono) 대통령은 2009년 7월 8일 실시된 대통령 선거에서 인도네시아 역사상 최초로 재선되어 10월 20일 취임식과 함께 집권 2기(2009년 10월~2014년 10월)에 들어갔다. 부통령으로는 1기 정부(2004년 10월~2009년 10월)에서 경제조정부 장관 및 인도네시아 중앙은행 총재를 역임한 부디오노(Boediono)가 선출되었다.

유도요노 대통령은 2004년 8월 인도네시아 역사상 최초로 국민직접선거로 선출되어 그 해 10월 취임했었다. 1기 정부에서 부통령으로는 당시 인도네시아 최대 정당인 골카르(Golkar)당의 당수인 유숩 칼라(Jusuf Kallar)가 선출되었는데 그는 메가와티 수카르노푸트리(Soekarnoputri) 대통령 정부에서 복지조정장관을 역임한 인물이었다.

대통령과 부통령의 선거 절차는 1차 투표에서 전국적으로 50% 이상, 모든 주에서 최소한 20% 이상 득표해야 당선된다. 1차 투표에서 해당자가 없을 때는 2차 투표에서 다득표한 정·부통령팀이 선출된다. 2009년 7월 대선에서 유도요노 대통령은 1차 투표에서 과반수 득표에 성공함으로써 2차 결선투표를 거치지 않고 대통령 당선으로 최종 확정되었다. 대선에 참여한 골카르당의 칼라(전 부통령) 후보는 위란토(Wiranto) 하누라당 당수를, 메가와티 전 대통령 겸 투쟁민주당 당수는 프라보워(Prabowo) 그린드라당 당수를 부통령 후보로 지명해 함께 출마했다.

유도요노 대통령 이전, 즉 2004년 이전까지의 역대 대통령-수카르노,수하르토, 와히드,하비비, 메가와티 대통령-은 인도네시아 헌정사에서 막강한 권한을 행사했던 국민협의회에서 간접으로 선출되었다. 입법부의 한 축인 임기 5년의 국민협의회(MPR : People's Consultative Assembly / 위원 692명)는 국회(DPR: The House of Representatives / 국회의원 560명)와 지역대표 협의회(DPD : Regional Representative Council / 지역대표 의원 132명)로 구성된다. 국민협의회는 헌법 제정 및 개정, 주요 국가 정책방향 결정, 대통령 및 부통령 탄핵 등을 담당하고 있다.

수하르토 대통령 정부에서 국민협의회 구성원은 1,000명이었으며, 이 중 400명은 선거로 선출되었고 600명은 대통령이 임명했다. 2002년 8월 제4차 헌법 개정으로 국민협의회 구성원은 전원 국민 직선제로 선출되며, 사회직능 그룹의 대표, 군부, 경찰에 할당된

일체의 비선출의원은 폐지되고, 대통령 선출도 국민직접선거로 바뀌었다.

2009년 4월 실시된 총선에서는 유도요노 대통령의 민주당이 국회 총 의석 560석 중 150석(27%)을 획득해 1기 정부의 제4당에서 일약 1당으로 급부상했다. 칼라 전 부통령의 골카르당이 107석으로 그 뒤를 이었고, 메가와티 전 대통령의 투쟁민주당이 95석으로 그 다음을 이었다.

유도요노 대통령은 집권 1기(2004년 10월~2009년 10월) 동안 국회 다수당인 골카르당과의 제휴로 인해 부통령인 칼라 골카르당 총재와 권력분점 논쟁에 휩쓸리기도 했지만 이번 국회 및 대통령 선거를 통해 자신의 정치입지를 탄탄히 다진 그는 집권 2기(2009년 10월~2014년 10월) 동안 보다 과감하게 개혁정책을 추진하게 될 것으로 보인다.

2009년 10월 20일 출범한 2기 정부 내각은 총 37명의 장관(급)으로 구성되어 있다. 정치 · 법률 · 안보 조정장관, 경제 조정장관, 복지 조정장관 등 3명과 부처 장관(급) 34명(검찰총장, 국무조정실장, 내각 비서실장 등도 장관급이며 이들을 모두 포함한 것임)이다. 조정장관은 유관 부처의 업무 조정 및 효율성 제고 등을 위해 유사한 기능의 부처를 그룹으로 통괄하는 것이다.

유도요노 대통령의 새 정부는 1기 정부와 마찬가지로 연합내각으로 출범했다. 전 정부와 새 정부 내각이 서로 다른 점은 1기는 대통령 소속 민주당이 원내 4당의 소수정당이었기 때문에 당시 칼라 부통령 소속인 최대 정당 골카르당 출신을 중심으로 한 연합내각이었다면, 2기는 대통령의 민주당을 중심으로 하면서 민족주의 성향의 골카르당과 이슬람계 정당인 복지정의당 등과 제휴를 했다는 점이다. 내각에는 민주당 출신 6명, 복지정의당 출신 4명, 골카르당 및 국민수권당 출신 각 3명, 국민계몽당과 통일개발당 출신 각 2명씩 총 20명의 정치인이 대거 진입했다.

그리고 인도네시아 정부는 지방자치제를 실시하고 있다. 헌법 제·개정을 담당하는 국민협의회는 2000년 8월 단행된 제2차 헌법개정 시 지방자치의 기본원칙을 반영했다. 그리고 주지사와 시장, 군수 등 지방행정 책임자 선출과 지방정부가 갖게 될 권한은 각 지역의 특성을 고려한다는 점과 지역사회의 관습법을 존중할 것이라는 점을 명시했다. 이에 따라 2001년에 지방자치제가 실시되었고 지방자치단체장을 주민들이 직접 선출하게 되었다.

인도네시아 정부는 주(Province / Propinsi)로 구성되고 주는 군(District 또는 Regency / Kabupaten)과 시(Kota)로 구성되어 있다. 지방자치는 주, 군 및 시 단위로 실시하고 있다. 2009년 2월 현재 전국은 33개 주(아래표)로 구분되는데, 이 중 수도인 자카르타와 족자카르타, 아체(Ache)는 특별주다. 주 예하에 327개 군, 55개 시(Municipality), 3,841개 면(Subdistrict)으로 구성된다. 인도네시아는 지자제가 활성화되면서 현재 정치, 지역경제 이권 등 여러 복합적 이유로 계속해서 행정구역이 분할되어가는 상황이다.

지방자치의 입법기관으로는 주 의회, 군 의회, 시 의회가 있는데, 이들 의원들은 모두 직접선거로 선출된다. 이들 입법기관은 지방조례제정권과 지자체에 대한 감독권을 행사한다. 지자제의 중심은 군과 시라고 할 수 있다. 종전에 중앙정부가 행사하던 인허가권의 상당부분이 지자체로 이양되어 있고, 현재는 민선군수와 시장이 막강한 권한을 행사하고 있는 것이다.

인도네시아 33개 주 현황

지역 구분	주(Province) 명
수마트라 섬 육지	아체(특별자치주), 북부 수마트라, 남부 수마트라, 서부 수마트라, 잠비, 벙클루, 리아우, 람풍 (8개)
수마트라 섬 도서	리아우 군도, 방카 벌리퉁 (2개)
자바 섬	자카르타(수도 특별주), 족자카르타(특별주), 반텐, 서부 자바, 중부 자바, 동부 자바 (6개)
칼리만탄 섬	서부 칼리만탄, 중부 칼리만탄, 남부 칼리만탄, 동부 칼리만탄 (4개)
술라웨시 섬	북부 술라웨시, 중부 술라웨시, 서부 술라웨시, 남부 술라웨시, 남동부 술라웨시, 고론딸로 (6개)
발리 섬	발리(1개)
발리 섬 동쪽 열도	동부 누사뜽가라, 서부 누사뜽가라 (2개)
말루쿠 제도	말루쿠, 북부 말루쿠 (2개)
파푸아 섬(구 이리안자야)	파푸아, 서부 파푸아(2개)

19
옥상옥처럼 보이는 입법부

인도네시아의 입법부는 국민협의회(MPR), 국회(DPR), 그리고 지역대표협의회(DPD)로 구성된다. 국민협의회는 692명으로서 국회의원 560명과 지역대표의원 132명으로 구성되는데 이들의 임기는 5년이다. 이들 국회의원과 지역 대표 의원들은 2009년 4월 9일에 국민 직접선거로 선출되었다. 국민협의회 의원은 국회의원 전원과 지역대표의원 전원으로 구성되므로 별도로 선출되지 않는다.

국민협의회의 주요 임무는 헌법 제정 및 개정, 대통령(부통령을 포함하며 이하 같다)의 취임선서 수취, 대통령 궐위 시 대통령 임명, 국회 제의와 헌법재판소 의견에 따라 대통령 탄핵 등의 권한을 행사한다. 역사적으로 국민협의회는 인도네시아의 정치 및 권력구조에서 가장 중요한 역할을 했고 그에 따른 권한도 막강했다고 해도 과언이 아니다. 인도네시아 건국의 아버지인 수카르노 초대 대통령과 제4대 압둘 라흐만 와히드 대통령을 탄핵한 기록을 가지고 있다.

국민협의회의 막강한 권한은 2002년 8월 개정된 4차 헌법에서 조정 축소되었다. 국민협의회 권한축소 문제는 사실상 1999년 1차 헌법 개정 이후부터 꾸준히 제기되어왔던 것이다. 그러나 국민협의회의 권한이 많이 축소된 것은 사실이지만 상징적으로는 아직까지 인도네시아의 최고 권력기관으로서의 지위를 계속 보유하고 있다.

국회는 정당명부식 비례대표제로 선출되는 560명의 의원으로 구성된다. 주요 기능은 입법권, 예산결정 및 예산집행 감독권, 행정부 견제 등을 수행하는 것이다. 그러나 국회의 대(對) 정부 불신임권은 없다.

올해 4월 9일 실시된 총선에서는 유도요노 대통령이 소속되어 있는 민주당이 150석을 획득해 총 국회 의석수(560명)의 27%를 차지하며 제1당으로 약진했다. 유도요노 대통령의 1기 정부(2004년 10월~2009년 10월)에서 민주당은 56석으로 원내 4위 규모였다. 반면 지난 정부에서 최대 정당이었던 골카르당은 2위 정당으로 추락했다. 유도요노 대통령은 1기 정부 때 자신의 기반인 민주당이 소규모이다보니 최대 정당인 골카르당과 연립내각을 구성했는데 집권기간 동안 골카르당 당수인 유숩칼라 부통령과 권력분점 등의 논란에 휩싸이기도 했다.

현 정부의 정당별 국회의석수와 지난 정부에서의 정당별 국회 의석수는 다음과 같다.

현 정부(2009~2014)에서의 정당별 국회 의석수(총 560석)

정 당	국회 의석	정 당	국회 의석
민주당(PD)	150석	통일개방당(PPP)	37석
골카르당(Golkar)	107석	국민계몽당(PKB)	27석
투쟁민주당(PDI −P)	95석	그린드라당 (GIMP)	26석
복지정의당(PKS)	57석	하누라당(PCP)	18석
국민수권당(PAN)	43석		

지난정부(2004~2009)에서의 정당별 국회 의석수(총 550석)

정 당	국회 의석	정 당	국회 의석
골까르당(Golkar)	127석	개혁성당(PBR)	14석
투쟁민주당(PDI −P)	109석	평화정의당(PDS)	13석
통일개발당(PPP)	58석	월성당(PBB)	11석
민주당(PD)	56석	연합민주국가당(PPDK)	4석
국민수권당(PAN)	53석	선구자당	3석
국민계몽당(PKB)	52석	국민기능중심당(PKPB)	2석
복지정의당(PKS)	45석	기타	3석

한편 지역대표협의회(DPD)는 33개 주에서 각 4명씩 선출된 의원 132명으로 구성된다. 상원(上院)과 유사한 것으로서 국회(DPR)의 기능을 보완하고 지역대표성을 강화하기 위해 2004년에 신설되었다. 즉 국회의원이 민선이지만 당의 공천을 받아 선출되었기 때문에 지역 주민의 이익을 충분히 대변하는 데는 한계가 있다고 보고, 무소속의 순수한 지방 대표를 뽑아 중앙 입법부에서 지역주민의 이익을 대변하게 하자는 취지다. 의원수는 국회(DPR)의원 수의 1/3을 초과

인도네시아 대통령궁(Istana)은 머르데까(Merdeka, '독립' 의미/위 사진)궁과 느가라(Negara, '국가' 의미)궁 2개로 이루어져있다. 머르데까궁은 1949년 12월 인도네시아와 네덜란드간 자치인정조약이 체결된 장소로 유명하다.

하지 못한다. 지역대표 협의회 기능은 지방행정, 지자체 관련사업, 정책심의 및 입법권, 지방분권관련사항 입법권, 지자체 관련 예산 심의 등이다.

입법부의 실질적 권한이 강화된 것은 2000년 8월 제2차 헌법 개정 때부터라고 할 수 있다. 국회의 입법권 강화와 함께 대통령을 포함한 행정부 각료들에 대한 대정부 질의권, 국정조사 발동권 등을 갖게 되었다. 대통령의 권한을 제한하는 내용으로 국회가 새로 입법한 법률안에 대통령이 30일 이내에 서명하지 않을 경우에도 해당 법률은 자동적으로 효력이 발생하게 된다.

입법부는 대통령에 대한 탄핵 권한을 갖고 있으나 대통령은 입법부에 대한 해산 혹은 업무 정지 권한이 없다. 대통령 유고 시에는 부통령이 대통령직을 승계하며, 그 임기는 전임자의 잔여임기로 한다. 부통령 유고시에는 대통령이 부통령 후보 두 명을 국민협의회에 추천하고 이 협의회가 부통령을 선출한다.

인도네시아에서 법령 및 법규는 제정자에 따라 위계질서가 있다. 실정법의 우선순위는 헌법, 법률, 비상조치령, 정부령, 대통령령, 대통령 지시, 장관령, 청장규칙의 순위다. 그러나 불문법이라고 할 수 있는 건국 5대 이념인 빤짜실라를 최상위법 혹은 최상위법의 근원으로 두기도 한다.[10]

20

민주화 개혁조치에 진통하는 군(軍)

인도네시아의 건국과 건국 이후 국가체제를 정비하는 과정에서 주도적 역할을 해왔던 군이 민주화라는 변혁의 흐름 속에서 진통을 겪고 있다. 반세기 이상을 인도네시아의 정치 및 사회 전반에 깊숙이 관여해온 군으로서는 그동안 형성된 체질을 불과 몇 년 안에 바꾸는 게 쉽지 않아 보인다.

2004년에 인도네시아 역사상 최초로 국민직접선거로 선출된 수실로 밤방 유도요노 대통령은 그동안 군 개혁을 위해 많은 조치를 단행해왔다. 이에 따라 군은 정치활동 중단을 선언하는 등 나름대로 개혁적 조치를 취해오고 있으나, 정부 및 사회가 요구하는 개혁을 완전히 이행하기까지에는 많은 진통을 겪어야 하는 상황이다.

인도네시아 군부는 건국 과정과 수카르노 초대 대통령 정부에서 공산주의 단체, 분리독립 단체, 내부반란 단체 등 국내 무력 단체들을 제거하는 등 군 본연의 임무를 성공적으로 수행하면서 위상을 높여나갔다. 그러나 수하르토 대통령 정부에서는 군의 역할이 변질되

었다. 과거 군부는 소위 '이중적 기능(Dwi Fungsi)' 즉 국가 안보기능
과 함께 사회·정치적 기능을 갖고 있었다. 1965년 공산당 쿠데타를
진압하고 정권을 잡은 수하르토 대통령은 군의 정치기능을 강화시
켰다. 이에 따라 군부는 정치·경제·사회 등 여러 분야에서 영향
력을 행사해오면서 결과적으로 군은 최대 정당인 골카르당 조직과
함께 32년간 수하르토 정권의 권력기반이 되었다. 이와 함께 군은
부정, 부패, 밀실, 정실주의 오명도 뒤집어쓰게 되었다.

1998년 수하르토 정부가 붕괴된 이후 군 개혁문제가 전면에 부상
되었고, 그동안 네 차례의 헌법 개정을 통해 군 개혁이 이루어졌다.
군부에게 주어졌던 각종 특권, 특히 정치적 역할을 폐지한 것이다.
2000년에는 그동안 군 지휘에 통합되었던 경찰이 군으로부터 분리
되면서 군은 외부 위협에, 경찰은 국내의 안전문제에 대처하는 것으
로 각각의 영역을 재조정했다. 2004년에는 그동안 군부에게 배정된
국회 의석수를 폐지함으로써 군은 정치활동에서 손을 떼는 개혁조
치를 단행함을 상징적으로 보여주었다. 수하르토 정부에서 군은 국
회 총 550석 중 100석을 배정받았는데 이는 인도네시아의 군이 정치
에 깊숙이 개입하게 된 직접적인 계기가 된 것이다. 군은 또한 2009
년 4월 총선에서 선거권을 행사하지 않기로 했다.

인도네시아 군은 이와 같이 '정치활동으로부터의 분리'라는 개혁조
치를 단행하면서 일부 긍정적 평가를 받아왔으나, 그 외 분야에서는
지지부진하다는 지적을 받고 있다. 군이 이행해야 할 개혁 분야는 군
이 경영 및 운영하는 각종 사업권의 이양, 지방의 군 지휘소 운영 폐지,
군사 재판소 운영, 군이 개입한 인권침해 사건과 관련된 군 관계자의

기소 중지 문제 등이다. 이러한 문제가 제대로 진전되지 않은 데 대해 전문가들은 군이 개혁적 마인드가 부족하고 또한 군 개혁과 관련된 민간측이 주도적으로 개혁을 이끌지 못하고 있다고 비난하고 있다.

'2004년 34호' 인도네시아 통합군(TNI) 관련법에 따르면, 인도네시아 군은 각종 사업체와 경영권을 차기 대통령 취임 전인 2009년 10월 16일까지 국가에 이양해야 한다. 이를 위해 인도네시아 정부는 2005년에 소위 '통합군 사업 이양팀'을 설치했다. 이 팀은 군이 소유한 모든 사업체 관련 정보 수집 및 이양 감독 업무 등을 담당하는데, 설립 6개월 후 국회에 제출한 보고서에서 인도네시아 군의 사업체는 협동조합 1,071개, 재단 25개 등 총 1,520개이고 자산 가치는 약 1조 루피아(약 1,000억 원)라고 밝혔다. 그리고 이 중 실제 이양가치가 있는 사업체는 12개, 자산가치는 500억 루피아(약 50억 원) 미만인 것으로 분석했다.

인도네시아 군이 비즈니스를 하게 된 역사적 배경은 독립전쟁 당시 고무, 대마의 밀수출로 자금을 확보한 이후 정부, 민간의 감시에서 자유로운 자력조달 체제를 확립하는 것으로부터 시작된다. 군은 국민주권을 수호하는 유일한 조직이라는 이미지를 구축해 국민의 지지를 얻으면서 이러한 사업을 운영했다. 수카르노 정권기에 네덜란드의 자산이 환수되면서 국영기업화가 진행되는 가운데 화교 실업인과의 유착, 군대의 필요물자를 공급하는 협동조합 설립, 주주회사의 기능을 담당하는 재단 설립 등을 추진하는 과정에서 군 간부가 회사경영자로 취임했다.

2008년 5월 22일자 「자카르타 포스트」에 따르면 현재 인도네시아 군의 규모는 약 39만 8,000명(육군 30만 명, 해군 6만 9,000명, 공군 2만 9,000명)이고 2008년도 국방예산은 약 40억 4,000만 달러다. 이 국방 예산의 약 70%가 군이 시행하는 각종 사업활동의 수익금으로 충당된다는 것이다. 군 전체 인원 중 약 절반의 한 달 보수가 약 110달러 내지 165달러밖에 안 되며 복지수준도 낮아 군 사업의 수익금으로 다양한 복지를 제공한다는 것이다. 인도네시아 군은 이러한 군 내 여러 어려운 사정을 안고 있지만 사회적 변화와 민주화라는 변혁의 물결 속에서 반세기 이상 젖어든 체질을 탈바꿈해야 하는 숙명에 처해 있다. 역사적으로 볼 때 군을 기반으로 한 독재체제로부터 진정한 민주체제로 변환되는 국가에서 군의 개혁이 이루어질 때에야 비로소 진정한 개혁과 민주화가 단행된 것으로 평가된다. 지도자의 강력한 민주화 실천의지로 쉽지 않은 개혁을 단행하고 있는 현 시점에서 인도네시아 군이 국민의 진정한 사랑을 받으면서 국가발전에 기여하는 군으로 다시 태어나기를 기대해본다.

21

실질적 군 통수권자는
국방부 장관이 아닌 통합군 사령관

인도네시아 군의 최고 통수권자는 대통령이다. 그러나 대통령 다음으로 인도네시아의 육·해·공군 약 40만 명을 실질적으로 통수하는 권한은 국방부 장관이 아닌 통합군 사령관에게 있다. 임명 과정에서도 통합군 사령관은 국회 인준을 거쳐야 하는 등 국방부 장관보다 더 까다로운 절차를 거치게 된다. 국방부 장관은 군 통수권이나 군정(軍政)권에서 담당역할이 상당히 제한적이기 때문이다. 인도네시아는 지원병제다.

대통령을 정점으로 한 인도네시아 군의 조직체계는 다음 그림(표)과 같이 국방부 장관과 통합군 사령관의 2중 지휘체계로 되어 있다. 국방부 장관은 단지 대통령 참모일 뿐이며 군 통수권 계통에서는 배제되어 있다. 따라서 국방부 장관은 대통령의 권한에 따라 임명하면 되지만 전군의 최고 지휘관인 통합군 사령관은 국회 인준을 받아 임명하고 있다.

인도네시아 군의 지휘조직 체계

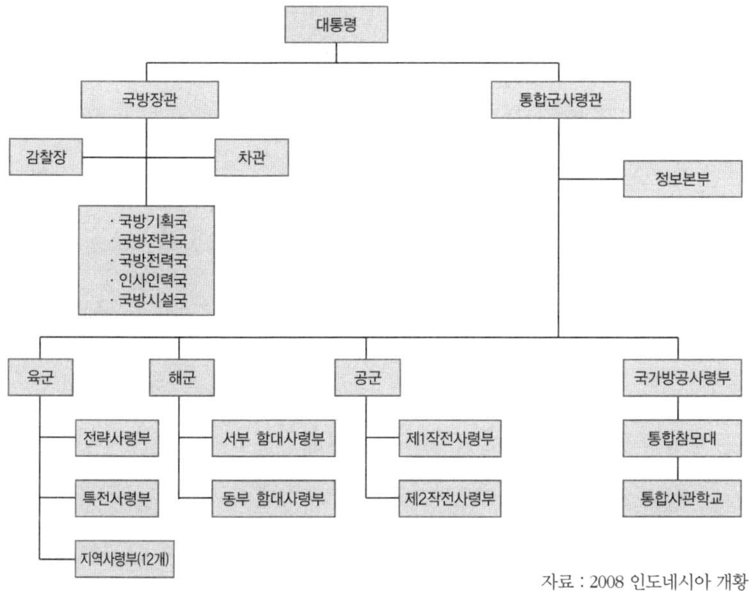

자료 : 2008 인도네시아 개황

　통합군 사령관은 전군에 대한 작전통제권은 물론 인사권과 예산권을 갖고 있다. 수하르토 대통령 정부 등 과거 정부에서는 국가통치체제에서 군이 차지하는 비중을 고려할 때 인도네시아의 2인자라 할 수 있는 위치다. 반면 국방부 장관은 국방 분야에 대한 대통령의 참모로서 국방 분야에 대한 정부 행정기능과 군사력 건설 기능을 포함한 군정 분야의 일부만을 수행한다. 군의 교육 및 훈련 등을 포함한 양병기능이 통합군 사령관에게 있기 때문이다. 이러한 군 조직의 특성은 인도네시아의 건국과정과 국가 통합·통치 과정이 군을 중심으로 이루어졌기 때문이다.

　인도네시아 육군은 대부분의 나라에서와 마찬가지로 3군 중 최대

규모이며 가장 중요한 위치에 있다. 이는 독립투쟁과 인도네시아 건국과정에서 육군만이 존재했고, 독립 이후에도 군의 역할이 육군 중심으로 이루어져왔기 때문이다. 2009년 2월 현재 역대 통합군 사령관을 보더라도 타군 출신은 해군출신 한 명과 현재의 공군 출신 통합군 사령관인 조코 수얀토(Djoko Suyanto) 대장(전 공군 참모총장)을 제외하고는 모두가 육군 출신 통합군 사령관이었다. 육군 참모총장은 항상 가장 유력한 차기 통합군 사령관 후보감이었다.

군 병력 약 39만 8,000명 중 육군은 전체의 약 75%인 30만 명(「자카르타 포스트」 2008년 5월 22일자)으로, 전략사령부 및 특전사령부와 12개의 지역사령부로 편성되어 있다. 인도네시아는 광대한 영토를 보유하고 있음에도 섬나라 특성상 육상의 국경을 마주하고 있는 국가는 말레이시아와 파푸아뉴기니, 그리고 1999년 독립한 동티모르 3개 국가뿐이다.

인도네시아는 1945년 독립 이후 타국과의 전쟁을 경험해보지 않은 반면, 동티모르 사태를 비롯해 아체(Ache), 파푸아(Papua), 암본(Ambon) 등 많은 지역에서의 분리 독립 무장 세력에 대한 작전을 끊임없이 수행해왔다. 따라서 육군의 최우선 작전목표는 국내 반란세력 진압이라고 할 수 있다.

전략사령부는 2개 보병사단으로 구성되어 있으며 인도네시아 육군의 핵심전력이라 할 수 있다. 대부분의 장병들이 특수 훈련으로 단련된 정예부대로서 기동군 개념으로 운영되고 있다. 본부는 자카르타에 있다. 특전사령부는 예하에 5개 그룹으로 구성되며, 역시 엄선된 정예 병력이다. 이들은 대테러 작전과 특수전을 담당한다. 본부는 역시 자카르타에 있다.

지역사령부는 인도네시아의 12개 주요 지역에 위치해 있다. 이들은 군 안보 차원에서의 지역관리와 치안유지를 담당하며 이를 위해 작은 마을에 이르기까지 군 조직이 구성되어 있다. 이러한 이유로 3군 중 유일하게 육군본부에만 대민(對民) 업무를 담당하는 민사참모부가 편성되어 있다.

해군은 약 6만 9,000명으로서 동부와 서부 2개 함대사령부와 해병대 사령부로 구성되어 있다. 동부 함대사령부는 수라바야(자바 섬 남부)에 본부를 두고, 인도네시아 동쪽 끝의 파푸아로부터 칼리만탄 동부에 이르기까지 광대한 지역을 담당하고 있다. 서부 함대사령부는 자카르타에 본부를 두고 있고, 수마트라 섬과 칼리만탄 서부를 담당하고 있다. 해병대 사령부는 2개 여단 규모이며, 각 여단 본부는 함대사령부와 같은 수라바야와 자카르타에 위치해 있다.

공군은 3군 중 가장 규모가 작은 약 2만 9,000명으로서 예하에 2개의 작전사령부를 두고 있다. 제1작전사령부는 자카르타에, 제2작전사령부는 술라웨시 섬 마카사르(Makasar)에 본부를 두고 있다. 다른 국가와 달리 공군의 임무가 영공방위와는 다소 거리가 있는 전력을 유지 관리하고 있다. 섬으로 구성된 광대한 지역의 국토 특성상 긴급공수에 필요한 수송기가 전체 전력에서 차지하는 비중이 높다.

22

풍부한 자원은 무한한 성장 잠재력

세계 최대의 이슬람국가이자 세계 4위의 인구대국(약 2억 3000만 명) 인도네시아에 대해 최근 세계 경제 및 언론계는 '포스트 BRICs(신흥 경제국가로 브라질·러시아·인도·중국)의 선두주자', '포스트 친디아(신흥 경제국 중국과 인도)'로 불러오다가 이제는 아예 신흥 경제국을 인도네시아를 포함시켜 BRIICs로 해야 한다고 주장하고 있다. 우리 정부는 녹색성장을 위한 중요한 파트너 국가로 보고 있다.

세계가 인도네시아를 이렇게 보는 것은 인도네시아가 시현한 안정적 성장과 앞으로의 가능성 때문이다. 2004년 최초의 민선정부인 수실로 밤방 유도요노 대통령 정부가 들어선 이후 정치, 사회적 안정을 바탕으로 2006년 경제는 5.5% 성장했고, 2007년에는 6.3% 성장률을 달성, 지난 1990년대 후반 아시아 금융위기 이후 처음으로 연간 성장률이 6%를 넘어섰다. 2008년에는 미국의 서브프라임모기지 사건으로 인한 국제금융 불안, 유가 및 원자재 가격 상승, 인플레이션 압력에 따른 지속적 금리인상에도 불구하고 6.2%의 견고한 성장률을 달성했다. 2009년에도 4% 내외의 성장률을 달성할 수 있을 것으로 전망하고 있다. 다른 선진국들이 0% 내외의 성장률을 예상하는 것에 비하면 대단한 기록이 아닐 수 없다. 국민 1인당 GDP도 2007년까지 1,900달러대였으나 2008년에 2,180달러를 기록했다. 인도네시아의 2004년 이후 연도별 주요경제지표 추이는 아래 표와 같다.

인도네시아의 연도별 주요경제지표 추이

구분	2004년	2005년	2006년	2007년	2008년
GDP(억 달러)	2,558	2,875	3,643	4,329	4,968
GDP 성장률(%)	5.1	5.6	5.5	6.3	6.2
1인당 GDP(달러)	1,115	1,308	1,640	1,924	2,180
실업률(%)	9.86	11.24	10.28	9.11	8.3
물가 상승률	6.4	17.11	6.6	6.59	11.1
이자율(3개월 국채)	7.3	12.75	9.75	8	9.3
수출(억 달러)	697	840	1,007	1,141	1,367
수입(억 달러)	461	580	610	745	1,287
외환보유고(억 달러)	355	347	425	569	516
환율(달러 : 루피아)	9,300	9,830	9,140	9,376	10,950

자료 : 주인니 한국대사관

인도네시아의 안정적 성장은 무엇보다도 유도요노 대통령의 정치 사회 분야에서의 개혁정책과 경제정책 방향에 대한 국내외의 긍정적인 평가에 기인하는 바가 크다. 2004년 10월 취임 이후 정치적인 위험에도 불구하고 세 차례에 걸쳐 유가를 150% 이상 인상함으로써 정부의 유류보조금을 대폭 축소시킨 점, 외국인 투자에 장애요인이 되는 투자환경개선과 부정부패 축소를 위해 노력하고 있는 점 등에 대해 투자가들은 긍정적으로 평가하고 있다. 2009년 7월 대선에서 유도요노 대통령이 재선된 것도 정치개혁과 부정부패 척결 노력, 그리고 안정적 경제성장이 인정을 받은 결과라고 할 수 있다.

인도네시아 경제는 석탄, 석유, 가스, 팜오일 등 풍부한 에너지 자원 및 인구 2억 3,000만 명이 떠받치고 있는 탄탄한 내수시장이 경제성장의 기본 바탕이 되고 있다. 그러나 국내자본 축적이 부족해 외국자본에 의존할 수밖에 없기 때문에 외국으로부터의 투자를 적극 유치하고 있다. 1980~1990년대 수많은 규제완화가 실시되었으며 1994년과 1998년의 투자규정으로 일부 제한업종을 제외하고는 100% 외자회사 설립도 가능해졌다. 인도네시아의 2008년 외국인 투자 실현은 1,138건의 투자프로젝트에 148억 7,100만 달러를 기록해 2007년의 983건 103억 4,700만 달러보다 155건 늘고 금액으로는 43.7% 증가했다. 2006년~2008년간 외국인 투자 실적과 주요 국가별 투자동향은 아래표와 같다.

대(對) 인도네시아 외국인 투자 실현실적

구분	2006년		2007년		2008년	
	건수	금액(백만 달러)	건수	금액(백만 달러)	건수	금액(백만 달러)
투자실현	867	5,997	983	10,347	1,138	14,871
투자승인	1,718	15,659	1,976	40,145		

주 : 금융 및 석유가스분야 투자통계 제외 / 2008년부터 투자승인 통계는 공식 발표되지 않음
자료 : 인도네시아 투자조정원(BKPM)

대(對) 인도네시아 주요 국가별 투자실현 동향(2007~2008년)

순위	국가	2007년		2008년	
		건수	금액(백만 달러)	건수	금액(백만 달러)
1	모리셔스	7	223.9	5	6,477.9
2	싱가포르	124	3,748.0	184	1,487.3
3	일본	113	618.2	130	1,365.4
4	영국	63	1,685.8	57	513.4
5	말레이시아	56	217.3	74	363.3
6	한국	164	627.7	182	301.1

자료 : 인도네시아 투자조정원(BKPM)

세계 주요강대국들은 인도네시아의 자원 확보를 위해 발빠른 움직임을 보였다. 에너지 자원 확보를 위해 불꽃 튀는 전쟁이 이미 시작된 것이다. 2006년 11월 20일에는 미국 부시 대통령이 인도네시아를 방문해 탄광 및 석유개발에 관한 MOU를 체결했다. 2007년 9월 6일에는 러시아 푸틴 대통령이 방문해 에너지 통신 분야에 100억 달러의 투자를 약속했다. 2007년 8월 19일에는 일본 아베 수상이 방문해 액화천연가스의 안정적 공급, 양국간 에너지 협력 등에 합의했다. 우리나라도 2006년 12월에 노무현 대통령이 방문해 전략적 동반자 관계를 구축하고 2007년에 한·인니 경제협력TF를 가동하면서 한국기업들의 에너지자원 확보에 관심이 증가했다. 특히 2009년 3월 이명박 대통령의 인도네시아 국빈 방문 시에는 에너지 등 자원확보와 관련해 집중 논의했다.

인도네시아의 천연자원은 가히 세계적 수준이라고 할 수 있다. 인도네시아는 44억 배럴의 석유매장량을 보유하고 있는데 세계 25위

(2007년 말 기준/ 2008년 9월 국가개발기획부 BP 발표) 규모다. 이는 전 세계 매장량 1조 2,000억 배럴의 0.4%에 해당한다. 국가별 석유매장량 규모 순위는 1위 사우디아라비아(2,642억 배럴), 2위 이란(1,348억 배럴), 3위 이라크(1,150억 배럴)이다. 반면 인도네시아의 석유생산량은 1일 110만 배럴(2008. 8월)로 세계 21위 규모다. 국가별 1일 생산량은 1위 사우디아라비아(1,090만 배럴), 2위 러시아(970만 배럴), 3위 미국(680만 배럴) 순이다.

인도네시아에서 석유생산은 상위 10개사(1위 미국 체브론 퍼시픽, 2위 인도네시아 뻬르따미나)가 인도네시아 국내 총생산량의 93%를 생산하고 있다. 인도네시아는 아시아에서 유일한 OPEC(석유수출국 기구) 회원국이었으나, 원유 생산량이 신규 유전 개발부진으로 1995년부터 본격 감소세를 보인 이래 2004년부터 석유 순수입국으로 전락했고 결국 2008년에 OPEC 회원국을 탈퇴했다.

가스 산업 부문(2007년 말 기준, BP)에서는 인도네시아의 가스 매장량은 106조 CF(Cubic Feet, 입방피트)로 세계 11위다. 이는 전 세계 매장량 6,263조 CF의 1.7%에 해당한다. 가스매장량 국가별 순위는 1위 러시아(1,577조 CF), 2위 이란(982조 CF), 3위 카타르(904조 CF)다. 인도네시아의 1일 가스 생산량은 71억 CF(2008년 8월)로써 세계 11위다. 국가별 1일 생산량 순위는 1위 러시아(588억 CF), 2위 미국(528억 CF), 3위 캐나다(178억 CF)다. 인도네시아에서 상위 10개사(1위 프랑스 토탈, 2위 미국 코노코, 3위 인도네시아 뻬르따미나)가 인도네시아 국내 총 생산량의 94%를 생산한다.

석탄 및 광물산업(2007년 말 기준, BP) 분야와 관련해 인도네시아는 주석(세계 3위), 동(3위), 금(6위), 니켈(8위), 석탄(15위) 등에 있어서 세계적 규모를 보유하고 있다. 주요 생산 광종은 석탄, 동, 니켈, 주석, 금, 보크사이트 등이며, 광물 및 관련 제품이 인도네시아 총 수출액의 19%를 차지한다. 석탄은 생산량의 70%를 수출하는데 석탄 수출은 호주에 이어 세계 2위며 꾸준히 증가 추세다. 인도네시아의 석탄 확인 매장량은 49억 톤으로 세계 15위다. 국가별 매장량 순위는 1위 미국(2,470억 톤), 2위 러시아(1,570억 톤), 3위 중국(1,140억 톤)이다.

인도네시아의 또 하나의 천혜자원은 산림자원이다. 현재 약 1억 2천만ha 규모를 가진 산림 대국으로 열대우림으로는 브라질에 이어 전 세계 2위 규모다. 1960년대 말에는 1억 4,300만 헥타르의 산림이 있었지만 그동안 산림개발과 함께 불법화전, 엘니뇨 현상에 따른 대형 산불, 도·남벌, 대규모 팜 오일 농장조성에 따른 산림해체 등의 이유로 2천3백만 헥타르가 사라졌다.

인도네시아는 미래 에너지 개발에 주력하고 있다. 인도네시아는 국가에너지계획에 관해 2006년 대통령령을 발표한 바 있는데, 2025년까지 석유사용은 20% 줄이고 석탄사용은 30% 이상 늘리며, 바이오 연료 등 신 대체에너지 사용은 5% 이상 안정적으로 공급한다는 것이 주요 내용이다. 바이오 연료개발을 위해 자트로파나 팜 오일 재배에 박차를 가하고 있으며, 광활한 산림에 바이오에너지 조림을 위해 한국 등으로부터 투자자를 유치하고 있다.

천연자원 외 저임금의 풍부한 노동력은 외국기업 투자에 중요한 유인책이다. 세계 제4위 2억 3,000만 명의 인구는 풍부한 노동력을 제공하는 것이다. 수도인 자카르타 인근의 최저임금은 약 100달러

수준이다. 베트남(약 50달러)에 비하면 다소 비싼 편이지만 지방의 경우 60달러 정도도 가능하다. 또한 평균수명이 선진국에 비해 짧은 반면, 출산율이 높아서 인구의 50% 이상이 25세 이하의 젊은 층으로 구성되어 있는 등 생산가능 인구가 지속적으로 증가되고 있다.

하지만 풍부한 자원이 외국인 투자에 장밋빛 유인책이 되고는 있으나 부정적 요소도 무시할 수 없다. 투자를 결정할 때 신중히 검토해야 할 부분이다. 첫째, 인프라 부족이다. 천연자원을 개발 및 이용하는 데 필요한 도로, 항만 등 인프라 설비가 부족하고 낙후되어 컨테이너 운송비용이나 하역비용 등 물류비용이 높은 편이다. 또한 전력이 부족해 전기의 안정적 공급에 차질이 있다. 둘째, 부정부패와 관료주의, 비효율적인 경제시스템이다. 투자 인ㆍ허가 과정에서 복잡한 절차와 시간이 필요하고, 비공식적 비용이 많이 발생한다. 관세나 부가세 환급, 법인세 선납 등 세금 선납후 사후정산 및 환급 시 부조리가 있고, 밀수 만연으로 정상적인 수출입에 장애가 많다. 또한 외국인 투자에 대한 기본적인 지원 및 보호의식이 부족하다 할 수 있다.

셋째, 안전에 대한 불안이다. 2002년부터 2005년까지 매년, 그리고 2009년에 발리 및 자카르타에서의 폭탄테러 발생으로 민생치안에 불안감이 존재하며, 지진의 빈발, 화산폭발, 조류독감, 기타 풍토병 등으로 선진국가들에게 위험한 지역으로 인식되고 있다.

마지막으로 노동유연성 부족 및 인건비 상승문제가 있다. 해고 시 높은 해고비용을 감당해야 하고 매년 인건비와 초과근무수당 등이 상승하고 있는 것이다.[11]

23

유도요노 정부의 여걸 3인방

유도요노 대통령 정부에서 언론의 주목과 국민들의 관심을 가장 많이 받는 여걸 세 명을 뽑는다면 스리 물리야니 인드라와티(Sri Mulyani Indrawati) 재무부 장관, 마리 엘카 빵에스뚜(Mari Elka Pangestu) 무역부 장관, 그리고 국무위원은 아니지만 리따 수보워(Rita Subowo) 체육회장 겸 IOC 위원을 들 수 있다. 유도요노 대통령의 1기 정부(2004년 10월~2009년 10월)와 2009년 10월 출범한 2기 정부에서 이들은 모두 각자의 분야에서 해박한 전문지식과 탁월한 리더쉽을 바탕으로 인도네시아 경제개혁 및 발전과 체육진흥에서 주역을 맡고 있는 인물들이다.

스리 재무부 장관은 유도요노 대통령 1기 정부에 이어 2기 정부에서도 연임하고 있다. 스리 장관이 재무부 장관에 발탁된 것은 2005년 12월 개각 때였다. 유도요노 1기 정부가 출범하면서 맡아온 국가개발기획부 장관에서 영전한 것이다. 그리고 2008년 6월에는 경제조정 장관을 겸했고 2009년 10월 출범한 2기 정부에서 또다시 재무부 장관으로 발탁되었다. 경제조정 장관은 유도요노 정부의 세 명의 조정 장관(기타 두 명은 정치, 법률 및 안보조정 장관, 국민복지조정 장관임) 중 한 명으로서 재무부, 에너지 및 광업자원부, 산업부, 무역부, 농업부, 정통부 등 경제관련 아홉 개 부처의 업무를 조율하는 중요한 자리다.

스리 장관이 재무부 업무도 과중한데 2008년 6월에 경제조정 장관까지 겸직하게 된 것은 유도요노 대통령이 역점을 두고 추진해온 경제개혁과 재무부 내 최악의 부패 오명을 갖고 있는 국세청과 관세청에 대한 개혁을 강도 높게 추진하는 등 그의 당차고 탁월한 업무수행이 높이 평가되었기 때문이다.

그가 경제조정 장관에 임명된 직접적 원인은 2008년 5월 부디오노(현 2기 정부의 부통령임) 경제조정 장관이 인도네시아 중앙은행 총재 자리로 옮기면서 그 자리가 공석이 되었기 때문이다. 유도요노 대통령은 정부의 임기(2009년 10월까지)가 일 년 조금 넘게 남은 상태에서 경제조정 장관을 새로 뽑기에는 어려움이 있고 또한 향후 정치일정 등 여러 측면을 고려해 그를 선택했다. 하지만 유도요노 대통령의 그러한 조치는 당연히 정가에 일대 파문을 일으켰으며 긍정과 우려의 시각이 분분했다.

경제조정 장관은 재무부 업무와는 달리 정치인 출신 경제부처 장관들을 상대해야 하는데 정치적 배경이 없고 나이(1963년생)도 각료의 평균나이보다 상대적으로 적은 순수한 전문 관료가 그들을 상대하기에는 다소 벅찰 것이라는 게 우려의 목소리였다. 이는 베테랑인 부디오노 전 장관도 이들을 상대하는 데 어려움이 있었다는 점을 감안한 것이다. 그러나 한편으론 스리 장관이 대통령의 신임을 전적으로 등에 업고 있어 업무 추진에 별 어려움이 없을 것이며, 특히 2009년 4월과 7월에 계획된 총선과 대선의 양대 선거에서 다른 정치인 출신 장관과 달리 경제개혁을 지속적으로 실시할 수 있다는 점에서 긍정적으로 평가하기도 했다.

인도네시아는 메가와티 수카르노푸트리 전 여성 대통령(1999~2004년)이 탄생하는 등 국가적으로나 사회적으로 많은 지도급 여성들이 있었다. 그러나 스리 장관은 인도네시아 역사상 권력이 있는 여성으로는 새로운 기록을 세운 인물이다. 유도요노 1기 정부에 입각한 이후 중요한 자리 세 곳을 거쳤기 때문이다. 스리 장관은 2008년 8월 29일자 경제전문 주간지 『포브스』가 선정한 '세계에서 영향력이 큰 여성 100인' 중 세계에서 스물세 번째, 아시아에서 세 번째로 영향력이 큰 여성으로 선정된 바 있다.

그가 국가의 경제 담당 수장으로 선발된 것은 그의 전문성과 경력이 일찍부터 점지했는지도 모른다. 그는 지식인 집안 출신이다. 그의 부친인 사트모코(Satmoko)는 동부 자바 스마랑의 국립대 강사였다. 스리 장관은 미국 일리노이 주 석사 및 박사 출신이다. 그는 인도네시아가 1997년 경제위기를 당하자 당시의 젊은 경제학자들과 함께 인도네시아 경제 살리기 선언문을 제출했다. 그가 함께한 열세 명 중에는 현재 무역부 장관인 마리 장관, 1기 정부에서의 미란다(Miranda) 인도네시아 중앙은행 부총재, 앙기토(Anggito) 재무부 회계정책국장 등이 포함되어 있다. 와히드 대통령 경제자문팀으로 일하다가 2001년 메가와티 정부 때 미국으로 건너가 미국 국제개발처(US Agency for Int'l Development) 컨설턴트, 그리고 인도네시아 여성으로는 처음으로 IMF의 동남아 13개 국가 담당 이사 등을 역임했다.

유도요노 대통령의 1기 정부에 이어 현 2기 정부에서도 무역부 장관을 담당하고 있는 마리 장관은 1957년생으로, 인도네시아 내 한국 기업인들에게는 매우 낯이 익고 친근한 사람이다. 한국과의 무역 및 경제협력에 적극적일 뿐만 아니라 현지에서 활동하고 있는 한국기업들의 애로사항을 경청해오고 있는 인물이기 때문이다. 그의 부친은 유명한 경제학자인 유숩 팡레이킴(Jusuf Panglaykim)이다. 인도네시아 국제전략문제연구소(CSIS : Center for Strategic & International Studies) 연구원을 역임한 그는 2007년 4월 30일~5월 2일에 개최된 한·인니 경제협력 TF 합동회의의 인니 측 부회장으로서 한국 기업인들에게 널리 알려졌다.

그는 특히 창조적 산업이 인도네시아의 미래를 보장하는 산업이라 판단하고 이를 적극 개발 발전시킬 것을 주장해오고 있다. 한국의 다양한 창조 산업을 높게 평가하고, 한국문화콘텐츠 진흥원(현 한국콘텐츠 진흥원의 전신)의 역할을 중시하고 있다. 그는 무역부 장관이지만 무역을 위한 상품 개발은 창의성이 가장 중요하다고 믿기 때문에 자신의 업무는 문화부와 밀접한 관련이 있다는 주장을 하곤 했다. 그의 주장을 대변하는 일화를 두 가지 소개하겠다.

2007년 7월 23~26일간 유도요노 대통령이 한국을 국빈 방문하기 약 2주 전쯤 오후 6시경에 필자는 무역부 장관 비서관으로부터 전화를 받았다. 필자의 카운터파트 부서가 아니었기 때문에 담당자를 잘못 찾은 게 아닌가 생각했는데 나중에 알고보니 대통령 방한 일정에 한국 문화콘텐츠 진흥원 원장 간담회 일정을 마련하기 위한 것이었다. 당시 비서관은 문화콘텐츠 진흥원의 역할 및 기능에 대한 설명과 진흥원의 위치, 교통상황 등을 물어와 이를 설명해주었다. 최근 한국이 문화콘텐츠를 적극 개발, 해외수출에 톡톡히 기여해오고 있다는 것을 알고 한국 방문 시 노하우를 배우기 위한 것이었다. 문화부 장관이 아닌 무역부 장관이 문화콘텐츠 진흥원장 간담회 일정을 수립하는 것이 한편으론 궁금했으나 평소 무역부 장관의 창조산업 중시 정책을 이해하는 터라 수긍이 갔다.

두 번째 일화는 2007년 11월 1일 오후 7시 30분, 인도네시아 정부(문화관광부) 주관으로 그해 11월 1~30일간 개최된 인도네시아 최고의 현대공연예술축제(Art Summit Indonesia, 1995년 이후 3년마다 개최) 개막식장에서의 일이다. 개막식에서 주무부 장관인 제로 와칙(Jero Wacik) 문화부 장관이 축사를 한 뒤 이어서 마리 무역부 장관이 무대에 나와 축사를 했다. 필자를 포함한 많은 사람들이 의아해한 것은 너무나 당연했다. 그는 문화행사에 무역부 장관인 자신이 참석한 데 대해 많은 사람들이 의구심을 갖는 것을 의식이라도 한 듯 자신의 참석이유를 설명했다. 이번 개최된 현대공연예술축제는 행사 취지상 철저히 현대적 작품이고 창의적일 것이기 때문에 창의적인 문화와 산업이 결합되어야 자신이 맡고 있는 무역업무가 발전할 것이라고 판단, 비록 주관부처가 아니지만 관심을 갖지 않을 수 없다고 했다.

이번에 소개하는 여걸은 인도네시아 최초의 여성 체육회장이며 인도네시아의 IOC위원인 리따 수보워 여사다. 리따 체육회장은 2007년 3월 중순 선임되었다. 인도네시아 체육계 역사상 첫 여성회장이자, 체육 전문가가 회장으로 선임된 것이다. 그 전임자는 대체로 체육전문가가 아닌 군 출신 내지는 정치인 출신이었다. 회장 선임 당시 그는 체육회 사무총장이었다. 학창시절부터 국가대표 배구선수였던 그는 국제 배구협회장 등을 맡아와 국제 체육계에서도 많은 네트워크를 구축하고 있는 인물이다.

2007년 5월에는 과테말라 올림픽 총회에서 IOC 위원으로 선임되었는데, 이는 인도네시아 역사상 처음 선출된 여성 IOC 위원인 것이다. 그의 전임 IOC 위원은 수뢰혐의로 구속되면서 IOC 위원직을 박탈당했었다.

그는 체육회장 취임 직후 신진 체육인 적극 발굴 육성, 전문·과학적 체육훈련 방법 도입, 체육 인프라 보강, 학교 및 생활체육 강화 등을 통해 인도네시아 체육수준을 한 차원 끌어올리고, 한때 왕좌를 자랑하던 SEA(동남아시안)게임, 아시안게임 등 각종국제대회에서 성과 제고, 제1회 아시안비치게임(Asian Beach Games)의 성공적 개최 등 비전과 목표 등을 내놓았다. 그가 취임하던 해인 2007년 12월에 개최된 SEA게임(상세내용은 33장 참조)에서는 소기의 목표를 달성했고 2008년 10월 발리에서 개최된 제1회 아시안비치게임(상세내용은 34장 참조)은 성공적으로 개최된 것으로 평가받았다.

리따 체육회장 겸 IOC 위원은 한국과의 체육교류협력에도 큰 관심을 갖고 있으며, 국제무대에서 한국지지에 우호적인 편이다. 2007년 1월 말, 2014년 인천 아시안게임 유치에 인도네시아 측 지지를 확보하기 위해 필자가 본격적으로 그를 접촉할 당시 그는 체육회 사무총장이었다. 필자는 그 해 2월 7일 인도네시아 교육부 강당에서 개최되는 '한국주제 에세이 콘테스트' 시상식에 초청장을 보냈다. 에

세이 콘테스트는 필자가 인도네시아 젊은 층 특히 고교 및 대학생들의 한국에 대한 관심과 이해를 제고시키고 나아가 한류확산에 기여하기 위해 약 10개월간에 걸쳐 실시하는 프로젝트다. 시상식은 문화나 교육 분야이지 체육 분야의 일이 아니기 때문에 그의 참석에 큰 기대를 하지 않았는데, 시상식에 그는 모습을 나타냈다. 그 뒤 1개월 후쯤 그는 체육회장으로 취임했고, 인천 아시안게임 유치 지지와 관련 당시 이선진 대사, 3월에 인도네시아를 방문한 안상수 인천시장, 신용석 유치위원회 위원장 등을 접촉하면서 우호적 입장을 표명했다. 그 뒤 6월, 국민체육진흥공단 이사장과 대한체육회 사무총장의 인도네시아 방문을 계기로 인도네시아 양궁과 태권도 팀의 2개월간 한국전지훈련 등 체육교류 협력, 제2회 대사배 전국 태권도대회(2007년 9월 6~8일) 개최 등에서 양국의 협조가 활발히 이루어졌다.

한국에 대한 그의 관심은 그의 사무실에서도 또 한 번 확인되었다. 2009년 1월 13일 필자가 김호영 대사를 수행하고 예방했을 때 그는 필자가 2008년 말 연하장과 함께 보낸, 당시 국정홍보처 해외문화홍보원에서 제작한 2009년 책상용 포토다이어리(한국문화 등 사진을 중심으로 만든 책상용 메모 수첩)를 그의 책상에 두고 사용하고 있었던 것이다. 표지 부분이 세워지게 되어 있고 상대방이 바라보는 쪽에는 'Welcome to Dynamic Korea'라고 쓰여 있는데 필자의 눈에 확 띄었던 것이다. 필자가 그에게 포토다이어리를 사용해준 데 대해 감사의 말을 전하자 그는 "(한국모습) 사진이 아름답고 사용하기 편리하게 잘 만들어서 쓰고 있다"고 답하면서 활짝 웃었다. 그의 말과 표정에서 진정 한국에 관심이 많음을 확인할 수 있었다.

24

언론 자유신장과 신문읽기 운동

인도네시아의 언론은 언론사 설립이나 취재 및 보도 등에 있어 크게 자유로워졌다. 1998년 5월 수하르토 대통령 하야 이후 국가 및 사회 전 부문에 걸쳐 이루어진 대대적 변화 중에 가장 주목되는 것이 바로 언론 자유의 신장이라고 해도 과언이 아니다. 이제는 언론 자유의 향상과 함께 이에 수반하는 책임과 의무에 대한 시대적 요구가 높아지고 있으며, 또한 국민의 신문읽기 운동 전개 필요성도 제기되고 있다.

인도네시아에서 언론 자유의 신장은 1998년 와히드(Wahid) 대통령이 정부조직 개편 시, 수하르토 대통령 정부에서 언론사의 설립허가 및 보도 등에 막강한 영향력을 행사한 공보부를 폐지함으로써 본격적으로 추진되었다. 현재 인도네시아에서 언론정책을 담당하는 정부부처는 사실상 없는 셈이다. 정보통신부가 언론법(Press Law)을 관장하고 있지만 이는 주로 정부의 정보공개, 국민의 정보접근 등에 관한 내용이다. 신문 등 출판물 발행 시 사전허가를 받지 않으며, 다

1983년 4월 창간된 영자지 자카르타 포스트는 끊임없는 자기혁신을 통해 독자서비스를 증대해오고 있다. 사진은 2008년4월 입주한 신축 사옥이며, 우측인사는 편집장 엔디 바유니(Endy M. Bayuni)임.

만 방송 분야는 기술 및 전파관리 측면에서 정보통신부가 방송사 설립 관련 허가업무 일부를 담당하고 있을 뿐이다.

인도네시아 언론의 자유가 급격히 신장된 만큼 신문사 수는 파악하기가 불가능할 정도로 크게 증대되었다. 신문발행이 정부 허가제였던 수하르토 정부의 몰락 전인 1998년 당시 신문은 전국적으로 총 289개였으나 2008년 전국 신문은 신문발행인협회(SPS)에 따르면 총 800개 이상이다. 10년 동안에 약 세 배 가까이 급증한 것이다. 허가제가 아닌 만큼 정확한 수치 파악이 곤란한 게 현실이다. 처음에는 요란하게 발행되다가 소리 없이 사라지거나, 사라졌다가 다른 이름으로 발간되는 신문도 있다. 신문 발행 시 모든 신문사는 1948년에 설립된 인도네시아 기자협회(PWI)에 등록해야 하는데 이도 잘 지켜지지 않는다고 한다. 2006년 10월 필자가 만난 타르만 아잠(Tarman Azzam) 기자협회장은 정확한 수치는 오직 신(God)만이 알 수 있다고 하면서 이는 단적으로 언론의 자유가 최대로 신장되었음을 의미한다고 덧붙였다.

인도네시아 신문시장의 특징은 몇 개의 언론그룹이 영향력을 행사하고 있다는 점이다. 콤파스 그라메디아(Kompas Gramedia) 그룹은 인도네시아 최대 발행부수인 「콤파스」지(약 55만부), 경제지인 「콘탄(Kontan)」(약 20만 부)을 비롯해 다양한 출판물을 발행하고 있다. 메디아(Media) 그룹은 두 번째로 영향력이 큰 신문인 「메디아 인도네시아」(약 35만 부)를 중앙지로 발간하고 람풍과 칼리만탄에서 각각 「람풍 포스트」와 「보르네오 뉴스」라는 지방지를 발간하고 있다. 뿐만 아니라 이 그룹은 3대 TV 중 하나인 메트로 TV도 운영하고 있다. 동부 자바에서는 자바포스(Jawa Pos) 그룹이 몇 개의 지방지를 발행하고 있다. 일부 언론이나 언론 그룹은 순수한 언론사업 외에 다양한 비즈니스를 하고 있으며 정치권과도 연계되어 영향력을 행사하고 있다.

자카르타에서 발행되는 중앙 일간지는 2008년 기준 약 42개로 파악되는데 그중 주요 일간지는 10~15개라고 할수 있다. 영자지가 2개, 석간지가 2개(Sinar Harapam, Suara Pembaruan) 이며 나머지는 모두 현지어 조간지로 파악된다. 인도네시아 신문의 특징은 발행부수가 매우 적다는 것이다. 앞서 언급한 바와 같이 최대 발행부수인 콤파스지가 약 55만 부이고 기타 신문은 30~40만 부에서 2~3만 부에 이르며 지방에서는 수천 부 발행되는 신문도 많다.

중앙일간지 중 실질적인 전국지는 현지어 신문으로는 콤파스지

정도라고 할 수 있다. 이는 인도네시아 국가가 약 1만 7,000개의 도서로 구성되어 있고 통신 등 인프라 기반이 약하기 때문이다. 따라서 지방에는 별도의 지방지가 발달되어 있다. 콤파스는 55만 부 중약 35만 부는 자카르타 일원에 나머지 약 20만 부는 전국에 배포된다. 다른 일부 신문도 전국지로 발행은 되지만 사실상 전국 인구에 비해 지방에 보급되는 신문이 매우 적기 때문에 실질적인 전국지라고 하기에는 조금 무리라 할 수 있다.

영자지로는 1983년 4월 창간되어 25년의 역사를 가진 「자카르타 포스트(Jakarta Post)」와 2008년 11월 중순 창간된 「자카르타 글로브(Jakarta Globe)」가 있다. 한동안은 영자지 시장 파이를 나누기 위해 새로운 영자지가 요란하게 탄생했다가 말없이 사라진 예가 계속되었다. 2006년 11월 「포인트(Point)」라는 영자지가 「자카르타 포스트」의 독점적 아성에 도전하려는 듯 야심차게 발간되었으나 약 2년여를 버티다가 말없이 사라졌다. 「자카르타 포스트」는 약 5만 부밖에 발행되지 않지만 독자에 다가가는 양질의 신문을 발행하기 위해 끊임없이 자기혁신을 해오고 있다. 2008년 4월에는 창간 25주년을 맞았으며, 2009년 1월에는 종래 2개 섹션 24페이지에서 3개 섹션 32페이지로 증면을 단행하면서 다양한 정보와 전문가 의견을 확대했다. 독자들의 가독성 증대를 위해 활자체 크기 및 지면 디자인도 대폭 변경했다.

수십 종의 시사잡지 중 주간지인 『가트라(Gatra)』와 『템포(Tempo)』지는 대표적인 시사정론지다. 주간지 『템포』는 템포 그룹에서 일간지 「코란 템포(Koran Tempo)」와 함께 발간되는데 일간지보다는 주간지가 훨씬 더 큰 명성을 얻고 있다. 템포 주간지는 현지어와 영문 2

개 언어로 발행된다.

인도네시아 신문의 총 발행부수는 2억 3,000만 명이라는 대규모 인구에 비하면 크게 부족하다. 발행부수가 적은 이유는 전국 인프라 부족으로 전국 동시 발행 및 보급이 어려운 점, 극빈자가 전구 인구의 10%를 차지해 신문 구입이 쉽지 않은 점, 종래의 신문 독자층이 TV나 인터넷으로 전환된 점 등 여러 이유가 있지만 인도네시아인의 독서습관이 낮기 때문이라는 점도 언론인 및 일부 식자층은 이구동성으로 지적하고 있다.

일부 현지인들은 우리나라 지하철이나 버스에서 승객들이 신문 읽는 것에 열중하는 것을 매우 특이한 현상으로 높게 평가한다. 2008년 2월 기준으로 인도네시아에서 신문의 열독율은 약 15%로 추산된다. 인도네시아에서 매일 발행되는 전 신문의 발행부수는 대략 6~700만 부로 추산되며, 한 부당 다섯 명이 돌려가며 읽는다고 할 경우 총 3,500만 부가 매일 읽히는 셈이다. 이는 전체 인구 2억 3,000만 명의 약 15%에 불과하다.

2월 10일은 언론의 날(National Press Day)이다. 1985년에 창설되었는데 실질적으로는 1946년 기자협회 창립을 기념하기 위한 것이다. 이날은 언론 발전에 기여한 언론인에게 시상 등이 거행된다. 2008년도 언론의 날 기념식은 중부 자바 수도인 스마랑에서 유도요노 대통령 참석하에 개최되었는데, 그는 축사에서 언론의 정확하고 공정한 보도를 위해 언론이 자기검열을 강화해줄 것을 주문했다. 또한 언론계가 사업운영이나 정치적 이해관계를 청산하고 독립해야 한다고 강조했다.

또한 젊은이들의 신문읽기 운동도 전개할 것을 제안하고 약 1만 명의 학생들과 함께 신문읽기 운동에 동참했다. 유도요노 대통령은 자기개발과 함께 국가발전에 기여하는 하나의 방편으로 신문 읽는 습관을 길러야 한다고 강조했다.

한편 인도네시아의 주요 공중파 TV 방송사는 12개다. 국영은 'TVRI' 1개이며, 나머지 11개는 민영이다. 2009년 2월 기준 방송사는 아래 표와 같다.

방송사	설립년월	비고	방송사	설립년월	비고
TVRI	1962. 8	국영	Global TV	2000. 10	
RCTI	1989. 8		Metro TV	2000. 11	뉴스전문
SCTV	1989. 8		Trans TV	2001. 12	
TPI	1990. 8		Jak TV	2005. 8	
ANTV	1993. 3		Trans 7	2006. 8	
Indosiar	1995. 11		TV One	2008. 2	

방송시장의 특징은 모든 방송사가 자카르타 일대를 중심으로 발달해 있다는 것이다. 그리고 2000년 이후 설립된 방송사가 전체 12개 중 절반이다. 이는 1998년 수하르토 정부 붕괴 이후 언론자유가 신장되면서 우후죽순 식으로 설립된 것이다. 방송계 전문가들은 인도네시아 경제규모나 방송시장 특성 등을 고려할 때 12개는 너무 많다고 비판한다. 방송광고시장의 파이는 일정한데 방송사가 많다보니 프로그램 질적 향상이 제대로 이루어지지 못하고 있다는 지적이다. 방송사 간 M&A가 필요하다는 주장이 높다.

'Jak TV' 외에 대부분이 전국방송이라 한다. 그러나 1만 7,000개의 섬으로 구성된 광대한 인도네시아에서 가장 광범한 시청권역을 보유한 채널은 TVRI다. 이는 전국 80% 이상 지역에서 시청가능한 것으로 파악된다. 방송사마다 특징이 있고 프로그램에 따라 평가가 다르기 때문에 방송사의 서열을 매기기는 쉽지 않지만 현지사회에서는 일반적으로 메트로 TV, RCTI , SCTV, TVRI 등을 상위그룹으로 평가하고 있다. 인도시아르 TV는 2002년 중반 이후부터, 2003년을 제외하고, 2009년 현재까지 한국 드라마를 지속적으로 방영하여 인도네시아 내 한류 확산에 기여하고 있다.

인도네시아 기자협회(PWI)는 수하르토 정부에서 유일하게 공인된 기자클럽으로 사실상 정부 시녀 역할을 했으며 출판물 발행 허가 시 동 기자협회의 추천 없이는 허가 자체가 불가능하도록 했다. 인도네시아 기자협회는 당초 정부에 대항하는 독립단체로 1946년도에 설립되었다. 그러나 수하르토 정부는 1965년 공산당 쿠데타 기도 사건 후 친공산계 일소 명목으로 이 협회 회원의 일부를 제명하고, 1971년 수하르토 정권하에서 실시된 최초의 협회 회장 선거 이후 회장 선임에 정부의 추천인사가 당선되도록 막대한 영향력을 행사했다.

특히 1973~83년간 기자협회 회장을 역임한 하르모코(Harmoko)를 1983~93년간 공보부 장관으로 임명하고 기자협회가 계속적으로 정부의 영향력 아래 있도록 했다. 한편 정부측과 밀접한 관계를 계속 유지해온 기자협회에 대해 언론계의 반발이 고조되면서 기자협회 대항조직으로 독립기자연맹(AJI)이 1994년 12월 결성되었다. 이 연맹은 이듬해인 1995년 10월 국제언론인연맹(IFJ)에 정식 가입했다. 그 이후 사회의 전반적인 민주화 가운데 언론자유 분위기가 고조되면서 다양한 형태의 언론인 단체가 탄생 · 활동하고 있다.

25

인도네시아의 대(對)화교 유화정책

인도네시아에서 살고 있는 화교들이 법과 제도적으로는 과거 어느 때보다 큰 자유와 평등을 누리면서 살아가고 있다. 과거 40여년간 인도네시아 정부의 화교에 대한 억압정책이 지난 1998년 이후 점차 바뀌어왔지만, 특히 현 유도요노 대통령 정부(2004~2009년 1기정부를 말함) 들어 실질적으로 크게 개선되면서 나타난 결과다. 이제 화교들은 자국의 정체성 있는 문화 활동을 함에 있어 더 이상 거리낌 없이 당당하고 자랑스럽게 할 수 있게 되었다.

인도네시아의 화교가 현 정부 들어 특별히 자유와 자긍심을 갖게 된 것은 2006년 12월 개정된 신(新)국적법이 직접적 계기가 되었다. 신국적법은 종전의 것과 달리 토박이 인도네시아 시민에 대한 개념을 인도네시아에서 태어난 사람으로 규정하고, 또한 국적신청에 대한 법적 처리시한을 설정하는 등 국적취득과 관련한 불명확한 조항을 개정했다.

이로써 국적 불명의 많은 화교들이 국적을 갖게 되고 토박이 인도네시아인과 같은 수준의 시민권을 향유할 수 있게 되었다. 다른 법률들도 은행대출이나 정부계약서 등에서 토박이를 의미하는 '프리부미'에 대한 특혜를 없앴다. 지난 1960년대 중반부터 1990년대 후반까지의 수하르토 정부 하에서 어떤 식으로든 중국인을 차별하려 했던 것과는 근본적으로 다른 접근 방법이었다.

인도네시아에서 임렉(Imlek)이라 불리는 중국 명절인 춘절(春節, 우리의 구정)과 연계해 2007년 2월 28일 자카르타 북부 크마요란에 있는 국제박람회장에서 개최된 '인니·중국 문화관계 50주년' 기념행사에는 유도요노 대통령이 1시간 30분간의 행사에 처음부터 끝까지 참가함으로써, 현 정부의 화교에 대한 호의를 직접 보여주었다. 대통령은 축하연설에서 인도네시아에는 더 이상 화교에 대한 차별이 있을 수 없다고 천명했다.

이 기념행사장에는 유도요노 대통령을 비롯해 락스노 국회의장, 종교부 장관, 문화부 장관, 주중 인도네시아 대사, 주인니 중국대사 등 정(政)·관(官)·재(財)계, 외교계 유력인사와 일반인 등 약 6,000여 명이 참석한 가운데 대규모 문화행사가 개최되었다. 중국에서 약 40명의 문화예술인이, 인도네시아에서 약 100명의 내로라하는 문화예술계 인사가 출연해 화해와 협력을 다짐하는 다채로운 행사를 펼쳤다. 이 행사는 메트로 TV 등을 통해 전국에 생방송되었다.

인도네시아 정부가 대화교 억제정책을 쓴 것은 1958년으로까지 거슬러 올라간다. 당시 중국이 전 세계 화교들에게 중국 국적을 인정한 데 대해 인도네시아 정부도 그 해에 귀화법을 제정해 화교들에게 중국이나 인도네시아 국적 중 하나를 선택하도록 하고 이듬해인

1959년부터 중국정부와 약 14만 명의 화교들을 본국으로 송출하기로 했다.

그러나 이행과정에서 예기치 않은 문제로 송출선박이 한 번만 운행되어 결국 중국 국적을 가진 대부분의 화교가 인도네시아에 불가피하게 남게 되었다. 특히 1965년에는 수카르노 대통령 정부에 대한 군 내부의 쿠데타 기도가 있었고 이 쿠데타의 배후에 중국정부가 연루됐다는 의혹이 제기되면서 인도네시아는 1967년에 중국과의 외교관계까지 단절했다.

쿠데타를 진압하면서 정권을 잡은 수하르토 대통령 정부에서 대화교 탄압 및 억제정책은 더욱 강화되었다. 중국문화의 표출이나 소개 등이 일체 금지되었고, 인도네시아 시민권 획득을 위해서는 중국 이름을 인도네시아 이름으로 개명하기까지 해야 했다. 학교에서의 중국어 교육은 물론 중국어로 된 신문발행이나 출판 등도 모두 금지되었다.

1998년 5월 인도네시아에서 발생한 대규모 폭동 때는 화교들이 표적이 되었다. 화교 1,200여 명이 살해되었고 이후 800억 달러에 이르는 화교자본이 싱가포르 등 해외로 빠져나가게 되었다. 1950년대 이후 인도네시아 전체 인구의 5%에 불과하면서도 국부(國富) 전체의 80% 이상을 장악한 화교는 항상 인도네시아 정부와 국민의 경계대상이 되었다.

이러한 인도네시아의 대화교 정책이 변화를 갖게 된 것은 1998년 5월 폭동으로 수하르토 대통령 정부가 붕괴하고 뒤이어 집권한 와히드 대통령 정부 때부터였다. 그는 1999년 10월 취임 후 처음으로 중국을 방문해 화교의 지위 향상을 약속하고 또한 중국과 경제협력을 확대하기로 합의했다. 1998년 5월 폭동 이후 싱가포르와 홍콩 등으로 빠져나간 대규모 화교자본을 다시 끌어들이기 위한 노력의 일환으로 30여 년간 금지된 만다린어 사용을 허용하고 춘절 임렉을 비롯한 중국 전통문화를 2000년부터 허용하기 시작했다.

2001년 등장한 메가와티 대통령 정부에서는 화교 사회의 오랜 염원을 수용하고 국제사회에서 초강대국으로 급부상하는 중국의 발전을 활용하기 위해 2003년부터 임렉을 국가공휴일로 지정했다. 2005년에는 인도네시아 정부가 헌법에 명시된 종교의 자유로서 선택을 권장한 이슬람교, 기독교, 가톨릭교, 힌두교, 불교 등 5개 종교에 유교를 포함시켰다.

최근 수년간 이러한 변화 조치에 명실상부한 실질적 변화를 가져온 것이 2006년 말 발표된 국적법 개정이다. 이는 대 화교 차별정책을 해소하는 데 실질적인 조치가 된 것으로 평가되었다. 이러한 변화의 배경에는 동남아시아에서 경제적 영향력을 확대하고자 하는 중국의 전략과 경제발전을 위해 외국인 투자 유치, 특히 중국인 자본의 투자가 절실히 필요한 인도네시아의 전략이 맞아떨어진 것으로 보인다.

그러나 인도네시아 화교들은 법과 제도상으로는 과거 어느 때보다도 실질적 변화와 개선이 많이 이루어졌음을 인정하면서도 사회 곳곳에는 차별적 요소가 아직 많이 남아 있다고 보고 있다. 법규를 제도화하고 집행하는 과정에서 화교에 대한 차별적 인식이나 보이지 않는 불평등 관행이 아직 사라지지 않았기 때문이라고 한다. 인도네시아 측은 화교들이 마치 특권을 요구하고 있는 것으로 보고, 화교 측은 특권이 아닌 실질적 평등을 요구할 뿐이라는 인식상의 기본적 간극이 존재하고 있는 것으로 보인다.

변화와 발전에 중요한 것이 지도자의 의지와 이를 뒷받침하는 법과 제도의 정비라고 볼 때 화교에 대한 정책은 과거 어느 때보다 최선의 상태로 들어선 것은 틀림없는 것 같다. 다만 사회적 인식과 관습까지 변화하는 데는 그동안의 차별정책이 40여 년이나 오래된 일인 만큼 어느 정도 시간이 필요할 것으로 보인다.[12]

26

멀기만 한 청렴 인도네시아, 한 발짝부터

인도네시아에 대한 여러 부정적 이미지 중 하나는 부정부패가 심한 국가라는 것이다. 행정부, 군, 경찰 등은 말할 것도 없고 부정부패 퇴치의 최후 보루가 되어야 할 사법부까지 부패 오염은 심하다고 한다. 2001년 지방자치제 실시 이후 자치단체장이 선출되면서 지방정부에서의 부패는 더욱 심화되어 외국기업들이 투자를 위한 인허가 과정뿐만 아니라 기업 운영 중에도 많은 어려움을 겪는다고 한다. 우리나라도 한때는 이런 오명을 받았었다. 대부분의 후진국이나 개발도상국에서는 정도 차이는 있을지언정 부정부패가 많은 것은 사실이다.

세계 각국의 부패를 감시하는 비정부기구(NGO)인 국제투명성기구(Transparency International / TI)가 발표한 부패인식지수(Corruption Perception Index / CPI, 0~10점으로 나타내며 점수가 낮을수로 부패 정도가 심함을 나타냄)에 따르면 인도네시아는 여전히 하위그룹에 머물고 있어 부패가 심한 나라로 인식되고 있으나 최근 매년 조금씩 개선되고 있다.

2009년 11월 발표된 2009년 부패인식지수에 따르면 인도네시아는 10점 만점 중 2.8점을 얻어 총 180개국 중 111위를 기록했다. 이집트, 토고, 알제리 등 다른 8개국과 공동순위다. 2008년은 2.6점으로 조사 대상 180개국 중 126위를 기록했다. 이디오피아, 온두라스, 모잠비크 등 다른 7개국과 공동 순위였다. 2007년은 2.3점으로 180개국 중 143위를, 2006년은 163개국 중 130위였다. 우리나라는 2009년에는 5.5점으로 39위, 2008년은 5.6점으로 40위이며 2007년은 5.1점으로 43위였다. 2009년에 가장 청렴한 국가 순위는 1위 뉴질랜드(9.4점), 2위 덴마크(9.3점), 3위 싱가포르 및 스웨덴(9.2점)이다. 맨 꼴찌인 180위는 소말리아(1.1점)다. 2008년에 가장 청렴한 국가는 9.3점을 받은 덴마크, 뉴진랜드, 스웨덴이다. 맨 꼴찌인 180위는 역시 소말리아이며 이라크와 미얀마가 공동 178위를 기록했다.

부패인식지수(CPI)는 기업인과 국가 분석 전문가들이 세계 각국의 공공부문 부패 정도에 대한 인식을 평가하는 것으로서 공공부문의 투명성을 0~10점 간의 수치로 나타낸다. 전 세계 12개 독립기관이 14종류의 조사를 실시해 점수를 산출하는데 점수가 낮을수록 부패 정도가 심하다. 국제투명성기구(TI)에 따르면 부패인식지수 3점대 이하의 점수는 전반적인 부패 상태를, 7점대 이상은 전반적으로 투명한 상태를 나타낸다.

인도네시아의 부패인식지수가 미미하지만 조금씩이나마 개선되는 이유는 현 정부 지도자의 강한 부패척결 의지의 결과라고 할 수 있다. 유도요노 대통령은 2004년 10월 정권 출범 때부터 부패척결에 강한 신념을 보였다. 국가발전의 가장 큰 걸림돌로 부패를 꼽고 부패와의 전쟁을 선포했다. 지위고하를 막론하고 부패척결을 위해 부패방지위원회(KPK)를 설치해 사실상 무소불위의 권한을 부여했고 대형 부패사건의 재판은 부패 특별 법정에서 다루도록 했다. 사회 곳곳에 도사리고 있는 부패를 척결하겠다는 결연한 의지를 보인 것이다. 전ㆍ현직 장관, 주지사, 고위정부기관 수장, 국영기업 사장, 군 출신 및 검찰 등 권력기관의 고위인사 등을 수사하고 줄줄이 감옥에 보내기도 했다.

2008년 하반기에는 국회 농림수산위원회 의원 네 명을 산림보호지역 개발관련 뇌물수수혐의로 20년형을 구형했다. 심지어 대통령의 사돈(장남의 장인)인 올리아 포한(Aulia T. Pohan) 전 인도네시아 은행(BI) 부총재까지 횡령혐의로 구속했다. 부패스캔들은 연일 언론의 단골메뉴가 되었고 구속 수감된 사람이 너무 많아 별도 특별 감옥을 설립해야 할 상황에까지 이르기도 했다.

유도요노 대통령은 강력한 반부패 정책을 추진함에 있어 우리나라를 주시해왔다. 우리나라 역시 과거에 많은 부정부패가 있었던 게 사실이고 2008~2009년에 국제투명성기구(TI)가 발표한 부패인식지수(CPI)에서 40위 정도 밖에 안 되는 상황이다. 하지만 인도네시아 입장에서는 한국이 전직 대통령(전두환, 노태우 전 대통령)까지 재직 중 잘못을 이유로 감옥형을 치르게 한 사건을 높이 평가하고 또한 역대 정부를 거치면서 강력한 반부패 정책을 추진해 상당히 성공한 것으로 평가한 것이다. 그야말로 한국이 자기네만큼 못살았을 때 부패도 그만큼 심한 국가였는데 경제도 발전하고 부패도 상당히 일소된 것은 인도네시아 입장에서 본받을 만한 모델이 될 수 있다고 판단한 것이다.

2006년 12월 4일 자카르타에서 개최된 한·인니 정상회담에서 유도요노 대통령은 한국의 반부패 정책과 기법 연수, 상호협력 확대 내용 등을 제안했고 이에 따라 양국 부패방지위원장은 한·인니 부패방지 양해각서(MOU)를 체결했다. 양해각서의 주요내용은 △ 양국 간 부패방지 정책 및 경험, 인적자원의 교류 △ 공동연구, 심포지엄, 세미나 개최지원 △ 교육훈련 프로그램 개발 △ MOU 이행관련사항 협의를 위한 협력조정위원회(Cooperation and Coordinating Committee) 정기개최 등이다.

이듬해인 2007년 5월 22일에는 따우피꾸라츠만 루키 인도네시아 부패방지위원장 일행이 양해각서 이행에 관한 실행계획 조정 및 상호협력방안 협의를 위해 방한해 한국이 개발한 '청렴도 평가시스템'을 조속히 도입하기로 하고, 또한 부패영향평가제도, 내부 신고자 보호·보상제도 등 다양한 제도를 연차별로 지원받는 문제 등에 협의했다. 청렴도평가시스템은 행정서비스를 직접 경험한 민원인을 대상으로 측정하는 것으로서 공공기관의 자율적인 개선노력을 유도하는 청렴도 제고 시스템인데 국제사회에서 주목받고 있는 부패방지제도다.

그런데 부패방지위원회는 이제 공공의 적이 되고 있다. 2008년 12월 8일자 『자카르타 포스트』는 칼럼에서 세간의 반응을 종합해 부패방지위원회를 '공공의 적 1호'라고 표현했다. 막강한 권한을 자랑하는 국회의원이나 많은 고위인사들이 부패방지위원회를 두려워하고 권한을 축소하려 하고 있는 것이다. 부패방지위원회 관련 사업 및 예산을 해당 국회상임위원회에서 승인하지 않으려 했는데, 이는 사업 및 예산을 승인할 경우 부패방지위원회의 칼날이 자신들에게 비수가 되어 돌아올 것을 두려워했기 때문이다. 부방위의 활동이 점점 활발해지고 부정부패에 연루된 전·현직 고위인사들이 많이 걸려들자, 2009년 7월 대통령선거에 출마할 유도요노 대통령이 부패방지위원회를 정략적으로 이용하고 있다고 비난하기까지 했다.

그러나 부정부패 척결은 인도네시아가 발전하기 위해서는 반드시 해결해야 할 숙명적 과제이다. 2009년 7월 선거에서 인도네시아 역사상 처음으로 재선된 유도요노 대통령은 그 해 10월 제2기 정부를 출범시키면서 역점 과제로 지속적인 경제발전 및 번영, 실질적 민주주의 정착, 정의구현 등과 함께 부패척결을 강력히 추진할 것임을 다시 한 번 천명했다.

사실상 청렴 인도네시아로 가는 길은 아직은 요원한 것 같다. 그러나 지도자의 강력한 의지로 매년 조금씩 나아가면 언젠가는 성과가 있지 않을까 생각한다.

27

인도네시아 교육제도

인도네시아 헌법은 국가의 국민교육 책임을 명문화하고 모든 국민은 국가에서 정한 기본교육을 받을 의무가 있는 것으로 규정하고 있다. 교육에 관한 구체내용은 교육법에서 정하고 있는데, 현재의 교육 체계 등 교육에 관한 전반적인 내용은 2003년 공포된 '국가교육시스템에 관한 법'에서 정하고 있다.

인도네시아에서 의무교육은 초등학교 6년과 중학교 3년 총 9년으로 되어 있는데 이는 1994년부터 확립되었다. 교육제도는 1~2년의 유치원 과정에 이어 초등학교 6년(7~12세), 중학교 3년(13~15세), 고등학교 3년(16~18세), 대학교 4년(19~22세)제다. 각 학제는 8월 하순~9월 초에 시작한다. 공교육은 유치원 과정은 제외되고 초등학교부터 시작된다.

인도네시아의 초등학교는 SD(Sekolah Dasar), 중학교는 SMP(Sekolah Menengah Pertama), 고등학교는 SMA(Sekolah Menengah Atas) 또는 SMU(Sekolah Menengah Utama)라 불린다. 각급 학교는 공립, 사립, 이슬람학교가 있으며, 각 학교에는 SD1, SMP2, SMA3 등과 같이 번호를 부여하고 있다. 고교는 일반고, 실업고, 서비스 전문고(Service-related school) 등이 있다. 모든 학교는 당연히 교육부 소관으로 되어 있으나 이슬람학교는 종교부 관할로 되어 있다.

매년 4~6월이 되면 인도네시아 교육계는 고교생들의 졸업고사 때문에 홍역을 치른다. 이 시기는 졸업고사를 시행하고 합격자가 발표되는 기간이다. 고교생은 졸업 전 정부가 실시하는 졸업고사를 합격해야 졸업할 수 있다. 고등학교에서는 약 13개 과목을 공부하지만 졸업고사의 시험과목은 국어(인도네시아어), 영어, 수학 세 과목이다. 고교 졸업을 앞두고 대학 등 상급학교 진학을 준비 중이거나 직업전선에 뛰어들 준비를 하는 학생들에게 졸업고사는 부담이 되지 않을 수 없다. 졸업고사 합격률은 지역교육청별로 편차가 있지만 92~94% 정도 되는 것으로 보도된다. 불합격자에게는 재시험의 기회가 주어지긴 하지만 이들은 학교 기물을 파괴하거나 범죄행위 등을 저지르는 등 사회문제를 일으킨다. 이 때문에 졸업고사가 원래 정한 목적 및 취지를 충족시키지 못하고 오히려 병폐가 많다고 하면서 폐지 등 근본적 개선을 주장하는 목소리가 높다.

고교 이후의 고등교육과정은 3년 과정의 준학사(Diploma / D1~3) 과정이나 4년 과정의 학사과정(S1 : Sarjana 1)을 운영한다. 석사과정(S2)은 2년, 박사과정(S3)은 3년이다. 대학을 졸업하려면 국가고사를 전부 통과하고 졸업논문을 제출해야 하므로 상당히 어려운 편이다. 학사학위의 명칭은 전공 분야별로 다른데, 인도네시아인들은 이를 명함 등에 새기고 있다. 인문계열은 독또란두스(Doktorandus : Drs.), 공대와 농대는 인시뉴르(Insinjur : Ir.), 의대는 독뜨르(Dokter : Dr.), 수의대는 독뜨르 헤완(Dokter Hewan)으로 구분된다. 이들 학위 구분은 인도네시아를 약 340년간 식민 지배했던 네덜란드 식에서 비롯된 것이다.

　인도네시아 학생들의 고등교육기관 진학률은 매우 낮다. 19~24세 연령대 중 대학 진학률은 약 17.26%(2007년 기준) 밖에 안 된다. 이는 경쟁국인 필리핀(약 28%), 말레이시아(약 40%)보다 훨씬 낮은 수치다. 2008년 4월 현재 대학 학생 수는 약 430만 명인데 이 중 230만 명은 사립 종합대학, 90만 명은 국립 종합대학, 약 60만 명이 종교관련 대학, 약 45만 명은 개방대학, 그리고 5만 명은 회계 연구원 등 특수전문교육기관에 재학 중이다. 인도네시아의 고등교육기관은 총 2,638개(2007년 기준)가 있는데 그 중 4년제 국립대학은 48개, 사립대학은 371개가 있다. 대학원 과정이 개설된 대학은 약 10여 곳이다. 고등교육기관 대부분은 인도네시아에서 가장 인구밀도가 높은 자바 주에 집중되어 있다. 명문대도 자바 주의 주요 도시, 즉 자카르타 및 인근의 데폭, 반둥, 족자카르타, 스마랑 등에 집중되어 있다.

　고등교육기관 수를 종류별로 정리하면 다음과 같다.

구분	국립	사립	계
종합대학(4년)	48	371	419
연구원	6	37	43
고등연수학교	2	1,164	1,166
아카데미	0	869	869
기술전문학교	26	115	141
계	82	2,556	2,638

자료 : 인도네시아 교육부

　인도네시아 헌법에는 정부예산의 최소 20%를 교육예산에 배정하도록 되어 있다. 2007년까지만 해도 교육예산은 정부예산의 약 12.4%에 불과했는데, 이는 매년 교육계와 정부 간의 커다란 논쟁거리가 되었고, 2007년에는 교사연맹이 헌법재판소에 위헌제소하는 일까지 있었다. 그러나 정부는 2008년 상반기에 교육법을 개정해 예산체계상 일반 공무원 인건비에 편성되어 있던 전국 220만 명에 이르는 교사의 보수를 교육비로 변경시켰으며, 그 결과 교육예산은 정부예산의 17.5%에 이르게 되었다. 220만 명 교사 중 약 80%는 초등학교 및 중학교 소속 교사다.

인도네시아의 공교육은 지난 10여 년 동안 양적으로는 많은 성장을 해온 것으로 평가되지만 질적으로는 크게 부족한 것으로 분석된다. 유엔개발계획(UNDP)이 교육의 질적 수준을 가늠하는 2007년도 인간개발지수(Human Development Index) 조사 보고서에 따르면 인도네시아는 평점 0.728점으로 107번째를 기록했다. 동남아의 경쟁국인 싱가포르(0.894점, 25위), 말레이시아(0.811점, 63위), 태국(0.781점, 78위) 등에 비해 훨씬 저조한 기록이다. 인간개발지수(HDI)는 한 국가의 삶의 질, 적정한 교육을 받을 수 있는 여건, 기대수명, 생활수준, 문맹수준 등을 측정하는 지표다.

한편 인도네시아는 국립대학교에 대한 재정 지원 부담을 줄이고 대학의 자율성을 통한 경쟁력 증대 등을 위해 2005년부터 국립대학을 법인화해오고 있다. 이미 인도네시아 대학, 가자마다 대학, 보고르 농대, 반둥 공과대 등을 법인으로 전환하고 있다. 다음 후속 전환 대상은 메단의 북부 수마트라 대학, 수라바야의 아이르랑가 대학, 반둥의 교육대학 등이다.

28

인도네시아 우수대학 베스트 10

국립 인도네시아 대학이나 가자마다 대학, 반둥 공과대학, 보고르 농과대학, 트리삭티 대학 등은 모두 인도네시아 발전에 중추적 역할을 한 전통 명문대학들이다. 국가 지도자나 사회 지도층의 많은 인사들이 이들 대학을 졸업했고 지금도 많은 졸업생들이 정·재계, 학계 등 다양한 분야에서 국가와 사회발전을 위해 공헌하고 있다. 이들 대학은 인도네시아의 공공기관이나 언론 등에서 대학 순위 평가를 할 때 빠짐없이 등장하며, 우수 대학 순위도 평가중점이나 평가 요소별 비중에 따라 약간의 차이는 있을 수 있겠으나 대체로 앞에 언급된 순서와 같다.

대학별 순위는 앞서 말한 바와 같이 평가기관이나 평가방식 등 여러 요인에 따라 차이가 있을 수 있기 때문에 절대적인 것이 아님을 강조하면서 2007년과 2008년에 각각 성격이 다른 인도네시아의 유력 잡지가 발표한 내용을 정리해 소개한다. 그리고 주요 대학의 특징을 간략히 설명하겠다.

먼저 인도네시아의 유력 시사주간지 『템포』(매주 화요일 인도네시아어와 영어판으로 발행된다)는 2007년 6월 11일자에 '인도네시아 대학 베스트 10'을 특집으로 게재했다. 이는 주간지를 발간하는 템포 그룹의 자료분석연구소가 인도네시아 각계의 고용주들을 대상으로 설문조사한 결과다.

10개 우수대학은 인도네시아 대학교(UI / Univ. of Indonesia), 반둥 공과대학(ITB / Institute of Technology Bandung), 가자마다 대학교(UGM / Univ. of Gajah Mada), 보고르 농과대학(IPB / Bogor Institute of Agriculture), 11월 10일 수라바야 공과대학(ITS / November 10 Institute of Technology Surabaya), 아이랑가 대학교(UNAIR / Airlangga University), 트리삭티 대학교(Trisakti University), 파자자란 대학교(UNPAD / Padjajaran University), 아트마자야 대학교(Atmajaya University), 디포네고로 대학교(UNDIP / Univ. of Diponegoro) 순이다.

한편 비즈니스 월간지인 『글로벌 아시아(Globe Asia)』는 2008년 2월호에 인도네시아 국립과 사립별 우수대학 베스트 10을 선정 발표했다. 이 잡지는 표준화된 평가기준으로 대분류 기준을 설정해 대학우수성, 학생들의 학업열정과 캠퍼스 역동성, 대학의 사회영향력 항목 3개를 정하고 각각에 대해 중분류 기준과 세부 평가요소를 적용했다. 그리고 최고점수로 총 440점을 부여했다. 이 발표에서 인도네시아의 전통적 최고명문대학인 인도네시아 대학교(UI)가 총 만점 440점 중 366점을 획득, 최고 국립대학이면서 20개 전체 대학 중 최고 명문임이 다시 한 번 입증되었다. 반면 사립대학 최우수 대학은 총 356점을 획득한 페리타하라판 대학이 선정되었다. 국립대와 사립대 측면에서는 국립대학이 사립대학보다 전체적으로 높은 점수를 받았다.

　우수 국립대학 10개는 인도네시아 대학교, 가자마다 대학교, 반둥 공과대학, 보고르 농과대학, 파자자란 대학교, 아이랑가 대학교, 하사누딘 대학교(UNHAS / Univ. of Hasanuddin), 11월 10일 수라바야 공과대학, 디포네고로 대학교, 북수마트라 대학교(Univ. of North Sumatera) 순이다.

　우수 사립대학 10개는 페리타하라판 대학교(PelitaHarapan University), 트리삭티 대학교, 타루마나가라 대학교(Tarumanagara University), 파라양안 대학교(Parahyangan University), 비나 누산타라 대학교(Bina Nusantara University), 무하마디야 말랑 대학교(Muhamadiyah Malang University), 마라나타 대학교(Maranatha University), 사티야 왁사나 대학교(Satya Waxana University), 페트라 대학교(Petra University) 순이다.

　『글로벌 아시아』의 상기와 같은 대학 순위 발표에 대해 「콤파스」, 「자카르타 포스트」 등 주요언론, 교육계 인사 등은 여러 상반된 반응을 보이면서 논란이 되었다. 모두들 대학 역사상 어느 정도 체계 있는 조사 평가가 없었는데 처음으로 대학 서열을 시도했다는 점에서는 긍정적 평가를 했다. 그러나 평가기준이나 적용방법 등의 객관성이나 공정성, 각 대학이 제출했을 자료의 신빙성 등에는 의문을 제기했다. 특히 설립 10여 년밖에 안 된 페리타하라판 대학이 사립대학 10개 중 최상위로, 국립대학을 포함한 전 20개 대학 중 종합 3위로 선정된 데 대해 날카로운 비판이 제기되었다. 『글로벌 아시아』는 금융과 부동산을 주력 업종으로 하는 리뽀(Lippo) 그룹에서 발간되는 잡지이며, 페리타하라판 대학은 리뽀 그룹이 운영하는 대학이기 때문이다.

인도네시아 명문 대학 중 하나인 반둥 공과대학 전경. 가운데는 이 대학 출신인 수카르노 초대 대통령 기념 탑이다.

아무튼 인도네시아 대학(UI)은 명실공히 인도네시아에서 최고의 대학이다. 세계 유수의 고등교육기관 평가기관에서도 이 대학의 우수성을 인정한다. 2007년 영국의 『The Times Higher Education Supplement(THES)』는 가을호에서 세계 우수대학 520개 중 UI를 250위로 소개했다. 이 대학은 특히 경제학부가 우수하다. 지난정부와 현정부에서 줄곧 재무부 장관을 맡고 있는 스리 물리야니 인드라와티(Sri Mulyani Indrawati) 외에 차티바 바스리(Chatiba Basri), 파이잘 바스리(Faisal Basri), 시야흐리(Syahrir) 등 유명한 경제계 인사들이 이 대학 출신이다. 또한 인도네시아 대학은 비즈니스와 경영(Management) 영역에서 최고의 명성을 얻고 있다. 인도네시아 대학의

12개 학부 중 신입생이 많은 인기학부 5개는 경제학부를 포함해 의학부, 법학부, 인문학부, 사회정치학부다. 이 대학의 인문학부에는 2008년 8월부터 인도네시아 최초로 4년 학위과정의 한국학과를 개설 운영하고 있다.

반둥 공과대학은 정보과학, 광산, 석유, 지리학, 화학 분야에서 타 대학과 비교를 거부하고 있다. 이 대학은 20세기 중반 인도네시아의 독립이나 건국 시기의 위대한 지도자를 많이 배출했는데 그 중 대표적인 예가 수카르노 초대 대통령과 하비비 전(前) 대통령이다. 이들은 건축학과를 졸업했다. 또한 이 대학은 이공계 분야뿐만 아니라 문화예술 분야에서도 유명하다. 인도네시아 최고의 도자기 예술가 위다얀토(Widayanto), 대표적인 조각가 니오만 누아르트(Nyoman Nuart) 등 많은 문화예술인들을 배출했다.

반둥 공과대학이 건축학과로 유명하긴 하지만 현재 건축에 관해서는 반둥의 파라양안(Parahyangan) 대학과 족자카르타의 가자마다 대학이 타 대학과 비교할 수 없을 정도로 성장했다. 가자마다 대학은 건축 이외에 법학부로서도 인도네시아 최고 대학 중 하나로 선정되었다. 가자마다 대학의 대학 본관건물은 우아한 상아탑의 분위기를 자아내는데 반둥 공과대학 건축학과를 졸업한 수카르노 전 대통령이 직접 설계했다고 한다. 한편 가자마다 대학 인문학부에는 한국어과가 3년 준학위 과정(디플로마 과정)으로 개설되어 있고 2007년 8월부터는 4년 학위 과정도 함께 개설되었다.

보고르 농과대학은 의심할 여지 없이 농과대학 중 독보적인 존재다. 농업부 장관(유도요노 대통령 1기정부) 안톤 아프리안토노(Anton

Apriantono), 전 농업부 장관 붕아란 사라기(Bungaran Saragih), 전 해양 수산부 장관 로크민 바유이(Rokhmin Bahyui)가 이 대학 출신이다. 유도요노 대통령은 이 대학에서 박사학위를 받았다.

트리삭티 대학은 약학부가 유명하다. 정원 300명 중 50명은 말레이시아 학생들로 채워진다. 그리고 모든 대학 가운데 가장 활발한 학생단체 활동을 보여 가장 역동적인 대학으로 평가받고 있다.

수라바야에 있는 아이랑가 대학 역시 약학부로 유명하다. 1954년 설립된 이 대학은 당초 인도네시아 대학이 운영했던 의과 및 치과 대학이 1948년 동부 자바로 이전된 이후 발전했다. 현재 총 11개 학부가 있는 이 대학은 열대병 연구 분야에서는 동남아 대학 중 최고로 뽑힌다.

커뮤니케이션 연구에서는 반둥의 파자자란 대학이 인도네시아 대학 다음으로 꼽힌다. 과거 10년 동안 파자자란 대학 졸업생들은 세계 저널리즘과 홍보에 큰 영향을 주었다.

그리고 간호학부는 중부 자바 스마랑에 있는 디포네고로 대학이 최고로 꼽힌다. 매해 2,000여 명의 졸업생들이 사우디아라비아 정부의 요청으로 근무를 떠난다. 또한 디포네고로 대학은 수산과 해양지질 학부에서 인도네시아 최고의 학부로 명성이 높다. 대학 명칭은 19세기 중반 중부 자바 일대에서 독립전쟁을 한 디포네고로 왕자의 이름을 딴 것이다.

수라바야에 있는 11월 10일 공과대학은 1957년 11월 10일 수카르노 초대 대통령이 창립했으며 대학의 명칭은 개교기념일에서 비롯된 것이다. 건립 역사가 타 유수 대학에 비해 짧은 만큼 교수진의 연령도 타 대학보다 젊은 게 특징이다. 석·박사 학위를 가진 교수진의 약 60%가 40~50대다. 이 대학은 대중 또는 통속적 과학학문에 중점을 두므로 다양한 창의력 및 혁신적 연구 분야에서 강점을 구축하고 있다. 로봇 경연대회나 소프트웨어 개발에서 타 대학의 추종을 불허한다. 조선 및 해양공학으로 구성되는 해양기술학부가 우수한 것으로 평가되고 있다.

페리타하라판 대학은 대학 규모와 학과의 다양성, 연구개발 시설, 학업 열정도, 국제프로그램과 이와 관련된 캠퍼스 시설 등에서 사립대학 중 최고의 평가를 받았다.

29

인도네시아를 방문해주세요

인도네시아 정부가 관광객 유치 증대 및 관광산업 진흥을 위해 팔을 걷어붙였다. 2008년을 '인도네시아 방문의 해(Visit Indonesia Year 2008)'로 정하고 관광홍보 슬로건으로 '국민 자각의 역사 100년을 축하하며(Celebrating 100 years of National awakening)'를 내건 것이다. 제로 와칙(Jero Wacik) 문화관광부 장관은 2007년 12월 26일 야심찬 출발을 다짐하는 출정식을 거행했다.

문화관광부는 2008년 관광객 700만 명 유치, 관광수입 64억 달러 획득을 목표로 설정했다. 이를 위해 해외 주요 TV매체 관광광고, 연중 전국적으로 100개 이상의 다양한 국제행사(문화, 스포츠, 학술행사 등) 개최, 각종 홍보물 및 기념품 제작 배포, 국적기 '가루다(Garuda)' 항공기 동체 외부에 홍보슬로건 부착, 관광 웹사이트(www.my-indonesia.com) 구축 운영, 주요 공공건물에 홍보슬로건 배너 게시 등의 사업을 추진하게 된다. 관광홍보 예산도 전년보다 약 50%를 증액 편성했다.

인도네시아 정부가 2008년을 인도네시아 방문의 해로 설정해 관광산업 진흥에 주력하기로 한 것은 몇 가지 국내외적 상황을 고려한 것으로 분석된다. 우선 최근 수년간 하향세를 지속해온 관광산업을 그대로 둘 경우 더 이상 만회할 수 없는 상황에까지 이르게 될지도 모른다는 우려가 절박하게 작용했던 것으로 보인다.

2007년까지 최근 3~4년 동안 인도네시아를 찾은 외국인은 매년 목표치를 밑돈데다가 해가 갈수록 감소하는 상황이었다. 인도네시아를 방문한 외국인 관광객은 2004년 약 540만 명, 2005년 약 500만 명, 2006년 약 480만 명으로 계속 감소했다. 2007년도는 유치 목표가 600만 명이었는데 약 550만 명이 방문한 것으로 예상된다고 2007년 12월 중순 인도네시아 정부는 밝혔다.

인도네시아 중앙통계청(Central Statistics Agency / BPS) 등의 자료에 따르면 인도네시아의 관광정책은 1997년 금융위기 이후 거의 정체상태였던 것으로 분석된다. 지난 10년간 인근 경쟁 국가인 태국, 말레이시아, 싱가포르 등이 매년 외국인 관광객 1,000만 명 유치에 성공한 것에 비하면 인도네시아의 관광객 유치는 크게 저조한 수치다.

둘째로, 인도네시아는 2007년 12월 3일~14일간 발리에서 개최된 매머드급 국제회의인 '제13차 UN 기후변화회의'로 전 세계에 언론을 통해 알려진, 휴양지로서의 발리 이미지와 주최국 인도네시아의 국가 이미지를 관광객 유치의 동력으로 최대한 활용해보겠다는 것이다.

발리의 'UN 기후변화회의'는 지구온난화 방지를 위한 기후변화 억제를 위해 교토의정서(Kyoto Protocol) 기간이 만료되는 2012년 이후 기후 변화 대응책을 마련하기 위한 것이다. 전 인류의 운명에 관한 회의였기 때문에 선·후진국을 막론하고 지구상의 대부분 국가인

발리는 국제적 휴양 리조트로 유명하며, 발리를 찾는 외국인 관광객은 인도네시아 전체 외국인 관광객의 약 30%를 차지한다.

190개국 대표 약 1만여 명이 집결했다. 전 세계의 언론은 초미의 관심이 된 기후변화회의를 사실상 회의 개최 이전부터 종료될 때까지 집중 조명했고, 이 과정에서 발리와 인도네시아는 자연스럽게 전 세계에 알려지게 된 것이다.

셋째로, 2008년 8월 8일부터 24일까지 개최되는 중국 베이징의 하계올림픽이라는 특수를 최대한 이용해보겠다는 것이다. 올림픽을 계기로 선수 및 임원, 언론인 그리고 관광객 등 수십만 명이 중국을 방문할 것으로 예상한 것이다. 베이징과 아시아를 찾는 관광객을 인도네시아 방문으로 연계해보겠다는 전략이다.

인도네시아는 다양하고 풍부한 관광자원을 많이 갖고 있는 나라
다. 열대기후로 육지에서나 바다에서나 다양한 생활을 즐길 수 있
고, 구석기 시대부터 현대에 이르기까지 풍부한 문화유산이 있으며,
친근감 있는 다양한 종족의 국민들이 있다. 이러한 이유로 인도네시
아는 20세기 중반까지만 해도 국제적으로 유명한 관광지였다.

관광전문지 『여가와 여행(Travel & Leisure)』이 2007년 초 발표한
'2006 세계 최고(World Best)'에서 가장 가보고 싶은 섬으로 발리 섬이
선정된 것을 보더라도 인도네시아는 여전히 매력적인 관광자원을
갖고 있다. 발리 섬의 관광객은 인도네시아 방문 총 관광객의 약
30% 이상을 차지할 정도로 발리는 관광산업에서 매우 중요한 지역
이다.

2008년 인도네시아 방문의 해는 1991년에 이어 두 번째로 기획되
었는데, 처음 실시한 방문의 해는 실패한 것으로 분석된다. 당시 45
만 명이 유치 목표였는데 42만 명밖에 유치하지 못했다는 것이다.

2008년은 1991년과 국내외 상황은 많이 다르지만, 최근 수년간 빈
번하게 발생된 항공기 추락사고나 테러 등 인위적 사건 그리고 쓰나
미, 지진 등 자연재난, 비자 발급 현장 및 세관에서의 부정부패 문제
등으로 관광객들의 인도네시아에 대한 부정적 이미지는 만만치 않
다. 또한 관광 수용시설 및 교통시설 등 각종 인프라 등이 '인도네시
아 방문의 해'를 성공시키는 데 충분치 않다는 점을 들어 2008년에도
성공 여부에 대해서는 조심스러웠다.

국제 신용카드 회사인 비자카드가 국제적으로 유명한 아 · 태 여
행협회인 파타(PATA : Pacific Asia Travel Association)와 공동으로 조사해

2007년 6월 발표한 '아시아국 여행선호 국가 조사결과'에서 인도네시아는 여행 선호국가 중 10위권 밖으로 밀려난 것으로 나타났다.

조사에서 응답한 10개국(미국, 캐나다, 영국, 호주, 독일, 스웨덴, 중국, 인도, 일본, 한국) 국민 5,050명은 아시아국 중 여행선호국가로 태국(21%), 일본(13%), 중국(12%)을 상위 3개국으로 선정했다. 인도네시아에 대해서는 3%만이 선호해 베트남(5%), 말레이시아(4%), 한국(4%)에 이어 11위권을 기록했다.

또한 같은 조사에서 인도네시아 방문에 장애가 되는 것은, 잦은 자연재난, 테러 사건, 자국으로부터의 여행자제 경고 등으로 나타났다. 비자회사의 폴 윌크(Paul Wilke) 아·태 담당은 응답자의 약 56%가 인도네시아는 안전하지 않고 아직도 쓰나미나 다른 자연재난의 영향을 크게 받고 있는 국가라는 인식을 갖고 있다고 밝혔다.

인도네시아에서는 2002년 12월 발리 폭탄테러사건을 비롯해, 2003년 10월 자카르타 시내 매리어트호텔 폭탄테러, 2004년 12월 아체지역 쓰나미, 2005년 10월 호주대사관 폭탄테러, 2006년 5월 족자카르타 지진, 2006년 7월 자바 남부해안의 쓰나미, 2007년 1월 국내선 항공기 실종, 2월 자카르타 대홍수, 3월 대표 국적기 가루다 착륙시 전소사건 등 국제적 우려를 낳는 일련의 사건이 끊임없이 발생했다고 해도 과언이 아니다.

유럽연합이 2007년 6월 25일 총회에서 인도네시아의 대표적 국적기 가루다 항공을 비롯해 51개 인도네시아 국적기 모두를 항공안전이 취약하다는 이유로 7월부터 EU 역내 국가 취항을 금지하기로 결정한 것도 인도네시아 관광산업에 결정적 타격을 미치는 것이다.

2008년 관광홍보 슬로건에 대해서도 「자카르타 포스트」 등 일부 언론 및 지식인층은 관광객 유치 슬로건으로 적합치 않다고 비난했었다. '국민 자각의 역사 100년'은 사실 인도네시아가 1908년 5월 20일에 당시 식민정부인 네덜란드 정부를 대상으로 처음 독립운동을 했던 역사적 사건을 배경으로 하기 때문에, 분명히 외국인 관광객 유치용이 아닐 뿐더러, 국내용으로도 맞지 않다는 것이다.

그리고 모름지기 홍보 슬로건이라면 태국의 '깜짝 놀랄 만한 국가 태국(Amazing Thailand)', '진정한 아시아국가 말레이시아(Truly Asia Malaysia)' 등과 같이 외국인에게 인도네시아의 특성을 한마디로 각인시킬 수 있는 간결한 메시지가 되어야 한다는 것이다.

인도네시아는 최근 유도요노 정부의 꾸준한 개혁정치로 정치가 안정화되었고, 경제성장도 6% 이상을 실현하고 있다. 부패국가라는 오명을 씻기 위해 외국인 접촉이 많은 세관, 국세청 등에 대한 부조리 근절 조치와 대민원 서비스 향상에도 노력하고 있다.

관광산업은 굴뚝 없는 산업으로 국가재정수입에도 크게 기여할 수 있기 때문에 어느 국가에서나 중요시하고 있다. '인도네시아 방문의 해' 성공여부는 대대적인 홍보나 슬로건으로만 달성되는 것은 아닐 것이다. 인도네시아에 대한 각종 부정적 이미지 관리문제와 방문하는 외국인에 대한 서비스 향상이 관건이 될 것이다.[13]

* * * * *

인도네시아 정부는 '2008년 인도네시아 방문의 해' 개최 결과 당초 목표인 700만에 약 57만 명 부족한 643만 명을 유치하고 관광수입은 목표액 64억 달러를 약 11억 달러 초과한 약 75억 달러를 획득했다고 밝혔다. 인도네시아를 가장 많이 찾은 국가는 싱가포르로 약 119만 8천 명이고, 다음이 말레이시아로 약 101만 명, 그리고 세 번째는 일본이 약 56만 명이다. 싱가포르는 주로 자국 가까운 곳에 위치한 신흥경제특구인 바탐(Batam)을, 말레이시아는 주로 자카르타를, 일본은 주로 발리를 많이 찾은 것으로 분석되었다. 외국인 관광객들의 1회 방문 시 지출규모는 2008년에 1,179달러, 2007년에는 971달러, 2006년에는 913달러였던 것으로 분석되었다.

관광객 유치에서 효자 역할을 하는 발리를 찾은 관광객은 총 약 486만 7,000명(외국인 196만 9,000명, 내국인 289만 8,000명)으로서, 국가별로는 일본이 35만 5,000명, 한국이 13만 3,000명, 중국이 12만 9,000명인 것으로 분석되었다. 인도네시아 정부는 유치 인원이 당초 목표를 달성하지는 못했지만, 2008년 하반기에 전 세계를 강타한 미국발 금융위기로 각국의 해외여행이 급격히 줄어든 상황에서 이 정도 달성한 것은 대단한 성과라고 평가했다. 문화관광부는 이를 인도네시아 자체의 매력과 함께 정부가 다양한 문화예술축제를 계획해 추진한 결과로 분석하고 있다.

인도네시아 정부는 관광산업을 계속 발전시키기 위해 2009년도 또한 인도네시아 방문의 해로 설정하고 유치관광객을 650만 명으로 하향조정해 설정했다.

관광객 유치 증대 일환으로 외국인 관광객이 물건을 구입하고 그 부가세가 일정액(약 50달러) 이상이 되면 부가세 환급을 신청할 수 있도록 하는 제도를 마련해 2010년 4월부터 실시할 예정이다. 인도네시아 정부는 관광객 유치 중점 타깃 국가 15개국을 선정했는데, 이는 싱가포르, 일본, 한국, 말레이시아, 호주, 중국, 영국, 독일, 네덜란드, 프랑스, 사우디아라비아, 아랍에미리트 등 12개국과 필리핀, 인도, 러시아 등 3개국이다. 후자 3개국은 애초 마케팅 대상국이 아니었으나 관광객유치 잠재성이 큰 국가로 추가되었다.

2009년 인도네시아 방문의 해를 의욕적으로 추진해온 인도네시아는 2009년 7월 9일 자카르타 시내의 오성(五星)급 고급호텔인 JW 매리어트호텔과 리츠칼튼호텔이 폭탄테러를 당해 60명 이상의 사상자가 발생한 사건이 나면서 관광객 유치에 심대한 타격을 입었다. 사건 직후 예약관광이 줄줄이 취소되는 사태가 발생한 것이다. 인도네시아 정부는 위험한 국가라는 부정적 대외 이미지가 관광객 유치에 심각한 영향을 미칠 것임을 고려해 그 어느 때보다도 이미지 관리에 발빠른 대응을 보였다.

유도요노 대통령이 직접 나서 테러 검거와 철저한 대응조치로 인도네시아가 안전한 국가라는 것을 천명했고, 제로 와칙 문화관광부 장관도 국내외 관광 관련 조직을 통해 비록 테러 사태는 있었지만 관광하는 데는 이상이 없고 당시 계획된 국제골프대회, 문화축제 등도 이상 없이 진행된다는 것을 홍보했다. 자카르타에 소재한 현지 및 외신 등을 초청해 이와 같은 정부의 대응 등을 설명하고, 인도네시아 국회는 이러한 대외 이미지관리 등에 필요한 예산 9,700만 달러를 긴급승인, 지원하기까지 했다.

30

가요음반 낸 유도요노 대통령

유도요노 대통령이 2007년 10월 중순, 자신이 직접 작곡한 가요 열 편을 수록한 음반을 내 한때 화제가 되었다. 평소 음악이나 시작(詩作) 등 예술적 재능이 풍부하고 기타도 즐겨 치는 그였기에 어떤 면에서는 당연한 일일 수도 있지만 대통령이 직접 음반까지 낸 것은 처음이었고, 더욱이 2년여 후에 있을 대통령 선거 후보자가 한창 거론되는 시기여서 정치적으로 해석되었기 때문이다. 영자신문「자카르타 포스트」, 현지어 신문「콤파스」 등 주요 언론은 일제히 이를 관심기사로 다루었고, 시사주간지 『템포』는 대통령 인터뷰기사와 그가 대통령 관저에서 기타 치는 사진을 약 네 쪽에 걸쳐 큼지막하게 게재하기도 하였다.

유도요노 대통령이 낸 음반의 타이틀은 '너를 그리며(Rinduku Padamu)'다. 음반 앞면에는 점퍼 차림의 유도요노 대통령이 기타를 치는 모습과 가수들이 포즈를 취한 사진이 실렸다. 왼쪽 상단에는 저작권을 표시하는 SBY(Susilo Bambang Yudhoyono 대통령의 이니셜)라고 쓰인 문양이 새겨 있다. 앨범에 수록된 가요는 드아 미렐라(Dea Mirela), 크리스파티(Kerispatih), 에비엣 아데(Ebiet Ade) 등 인도네시아 유명 가수들이 불렀다. 가요들은 모두 유도요노 대통령 자신이 직접 말한 것처럼 '사랑을 나누는 젊은이들에 관한 노래'다.

음반 제목이나 노래 제목이 너무 로맨틱하다는 지적이 있었는데, 이에 대해 대통령은 이들 노래는 단순한 남녀 간 애정에 관한 것이 아니고 인도네시아인 모두에 대한 상념(想念)으로서 도덕적인 메시지가 담겨 있다고 했다. 각각의 노래를 자세히 들어보면 교민애, 배려, 평화, 화합, 희망, 통일, 공동체 등의 메시지가 담겨 있다는 것이다.

유도요노 대통령이 작곡을 하게 된 최초의 동기는 2006년 연휴기간 중 어느 날 국가와 국민들에게 간절히 말하고 싶은 자신의 여러 생각과 소망 등을 어떻게 잘 전달할 수 있을까를 고민하다가 나온 것이라고 한다. 기대와 희망, 그리고 국가의 화합과 평화 등을 염원하는 자신의 간절한 기도를 노래로 표현하고 싶었다는 것이다. 음반이 출시된 당시 필자도 자카르타 시내 유명 쇼핑몰인 발라이 사르비니(Balai Sarbini)에서 음반 한 개를 구입, 그의 작곡 동기와 내용 등을 음미하면서 즐겨 들은 적이 있다.

그런데 대통령의 음반발매를 정치적으로 해석하는 시각이 있었다. 당시는 2009년 7월 실시되는 인도네시아 대통령 선거가 2년여나 남았음에도 불구하고 정치권과 언론에서는 벌써부터 유도요노 대통령을 포함해 대통령후보 출마가 예상되는 여러 전·현직 정치인들이 거명되고 그들의 모든 행보가 대선을 향한 것으로 주목받는 상황이었기 때문이다. 따라서 그의 음반발매는 장기적으로 대선을 염두에 둔 것이 아니냐는 호기심을 낳기도 했다. 유도요노 대통령이 앞으로 있을 대선 캠페인 때 부를 노래를 연습하고 있다는 것이다. 그는 지난 2004년 대통령 선거운동 기간에도 노래를 불렀던 적이 있어 이러한 추측도 무리는 아닌 것 같았다.

노래를 음반으로 내고 판매까지 하게 된 것은 유도요노 대통령이 처음부터 계획한 것은 아니라고 한다. 노래를 작곡한 지 일 년쯤 지난 후 다르마 오랏망운(Darma Oratmangun)이라는 인도네시아 작곡가 협회 회장이 대통령궁의 관계 비서관을 만나, 대통령의 간절한 마음을 국민이 자연스럽게 공감할 수 있도록 하기 위해 음반으로 낼 것을 제안했다고 한다. 또한 인도네시아 정부가 불법 저작물과의 전쟁을 치르고 있는 상황이었기 때문에 음반발매도 제안했다는 것이다.

유도요노 대통령은 예술에 조예가 깊다. 어렸을 때부터 시를 쓰고 노래 부르는 취미생활을 해왔다. 그는 초등학교 시절부터 리더십이 강했고, 중학교 재학 시에는 시와 단편소설을 창작했으며, 고교 및 육사(그는 육사를 수석으로 졸업했다) 재학 시절 밴드부에서 활동하면서 베이스 기타를 연주했다. 시사주간지 『템포』와 인터뷰할 때 대통령은 한 곡은 직접 기타를 치면서 그리고 다른 한 곡은 키보드를 치면서 노래를 불렀다. 그는 때론 자정 가까운 늦은 밤에도 기타를 치고 노래를 작곡하기도 하는데, 노래 한 곡을 작곡하는 데 한 시간에서 두 시간 반 정도 걸린다고 한다.

한편 인도네시아의 정치인들이 대중에게 친근하게 다가서기 위해 예술적 재능을 보인 예는 이전에도 드물게 있었다. 2000년도에 위란토 전(前) 통합군 사령관이 '그대, 인도네시아를 위하여'라는 음악앨

범을 내고 난민돕기 모금운동에 나서 눈길을 끈 일이 있다. 위란토 전 사령관은 2007년 당시 2009년 대선후보로 거론되었다. 역시 군 장성 출신으로 대선 후보자로 거론된 수티요소 전 자카르타 주지사 (1997~2007년)도 주지사 퇴임 후인 2007년 10월, 고향인 중부 자바 주 도(州都) 스마랑의 디포네고로 대학에서 공연한 자바 전통 오페레타 「마자파힛 왕국의 태동」에서 주연인 락스미타 왕자 역을 연기했다. 수티요소 전 지사는 대중 앞에서 노래하는 것을 즐기고, 한 케이블 방송에서 자신의 이름을 딴 토크쇼 프로그램을 진행하는 등 엔터테이너의 모습으로도 국민에게 다가가고자 노력했다.

아무튼 인도네시아의 역대 대통령들이 대체로 낚시나 승마를 하거나 등산을 하면서 취미생활을 한 데 비해, 유도요노 대통령은 음악 등 예술활동으로 취미를 즐기는 것만은 확실한 것 같다.

31

인도네시아 영화시장 뒤집어보기

최근 인도네시아 영화산업이 호황을 맞고 있다. 2007년 자국영화는 큰 성장세를 이루며 70편이 제작되었는데, 2008년은 16편이나 많은 86편이 제작, 개봉되었다. 장르 면에서도 이제까지 독보적인 위치를 차지한 공포(Horror)영화 상승세가 꺾이고 그 틈새에 로맨스 영화가 파고들어 관객들의 취향을 다양화시키고 있다.

2008년도 개봉편수 86편은 2000년대 초반의 약 10여 편에 비하면 비약적인 발전이다. 인도네시아에는 할리우드 영화 외에도 홍콩, 인도, 이란, 그리고 일부 유럽국가의 영화들이 상영되고 있는데, 상영관에서 자국영화의 상영비율은 점차 확대되는 추세다. 2008년 자국영화의 상영관 점유율은 약 55% 이상이 될 것으로 영화업계는 추산했으며, 이는 불과 5년 전만 해도 상상할 수 없었던 일이다. 그리고 새로운 자국영화가 개봉될 때마다 대박을 터뜨리고 있다.

인도네시아의 영화는 전통적으로 공포영화가 가장 높은비율을 차지하고 다음이 성인 코미디물이나 액션영화가 인기였다. 인도네시아 제작영화 중 공포영화는 2007년 70편 중 21편이고, 2008년은 80편 중 20편이다. 해외에서 수입 상영되는 영화도 이러한 장르가 주류를 차지한다. 그런데 공포영화 상승세가 2008년 2월에 개봉된 「사랑의 찬가(Ayat ayat Cinta)」로 꺾이고, 9월 하순 인도네시아 최대 명절인 르바란 무렵에 개봉된 「무지개 전사(Laskar Pelangi)」로 하락세로 돌아선 것이다.

「사랑의 찬가」는 32세의 신세대 작가 하비브라흐만(Habibrahman)의 베스트셀러 소설을 하눙 브라만티오 감독이 동일한 이름의 영화로 각색한 것이다. 이집트 유학 중인 인도네시아 무슬림 대학생 파흐리(Fahri)가 자신을 둘러싼 네 명의 연인과 종교와 사랑 사이에서

2008년 상반기에 상영, 400만 명 관람의 대기록을 올린 로맨스 영화 「아얏 아얏 친타」. 이슬람의 일부다처제를 다룬 영화로서 유도요노 대통령, 칼라 부통령 등 고위층까지 관람했다.

갈등을 겪는 내용으로서, 인도네시아 사회에서 논란이 되고 있는 일부다처제(Polygamy)에 대한 의미를 되새기게 한 영화다. 수실로 밤방 유도요노 대통령, 유숩 칼라 부통령을 비롯한 정부 지도층, 사회 유명인사들이 대거 관람하는 등 400만 명의 관람객 기록으로 인도네시아 영화계에 하나의 센세이션을 불러일으켰다.

「무지개 전사」 역시 동일 이름의 베스트소설을 리리 리자(Riri Riza)가 감독하고, 미라 레즈마나(Mira Lesmana)가 연출한 영화로서, 수마트라 주 베리퉁 섬의 무슬림 초등생 10여 명이 극심한 가난에도 불구하고 학교교육을 계속해나가는 의지와 노력을 그린 것이다. 이 영화는 450만 명 관객 유치로 「사랑의 찬가」의 박스오피스 기록을 깨면서 영화팬들에게 자국영화 인기의 절정을 구축했다. 이러한 영화의 성공에 힘입어 「시야하닷 친타(Syahadat Cinta)」, 「쿤 파야쿤(Kun Fayakuun)」, 「멍아쿠 라술(Mengaku Rasul)」 등 베스트셀러를 각색한 영화, 종교 주제의 영화, 사랑 이야기를 다룬 영화들이 제작 상영되면서 상영관에서 인도네시아 영화의 점유율이 증가한 것이다.

그럼에도 불구하고 공포영화의 높은 비율은 여전하다. 영화제작자나 영화상영업자는 전통적 인기장르인 공포영화나 코미디물이 그래도 수지를 맞추는 데 안정적인데다가 비교적 적은 투자비로 수익을 빨리 거둘 수 있는 분야로 변함없이 믿고 있는 것 같다. 이러한 인식으로 영화나 드라마 수입업자 역시 이런 장르를 많이 수입, 상영하고 있다. 인도네시아 관객들이 공포나 코미디, 액션 영화를 좋아하는 이유는 여러 가지가 있겠으나, 기본적으로는 이런 영화들이 깊이 생각하지 않고 스릴을 즐길 수 있기 때문이다. 또한 영화관을 찾는 이들이 주로 젊은 청춘들이기 때문에 영화관에서 자기들만의 시간과 공간을 즐기면서 서로간에 짜릿한 순간을 맛볼 수 있기 때문이란다.

인도네시아 영화팬들의 이러한 독특한 취향은 인도네시아에서 한국영화가 쉽게 관심을 끌지 못하는 이유 중의 하나가 되고 있다. 구성이 복잡한 로맨스 영화나 심오한 철학 및 사상이 내재된 영화 등은 대체로 영화 수입업자들의 관심 목록에서 제외되는 것이다. 또한 액션영화는 이미 인도네시아 사회에 뿌리 내린 할리우드 영화나 홍콩영화 세력에 밀려 발을 붙이기가 어렵다.

인도네시아에 수입 상영된 한국영화 중 흥행에 가장 성공했던 영화는 2003년에 수입 상영된 「조폭 마누라(My wife is gangster)」인 것 같다. 영화배급업자나 이 영화를 본 사람들이라면 빠짐없이 이 영화에 대해 재미있게 말한다. 약간 코믹하면서도 가부장적 사회에서 권위의 상징인 남자가 여자에게 사정없이 당하는 줄거리가 이곳 사회의 분위기나 종교적 가치관에서 볼 때 크게 충격적이고 인상적이었을 것이다.

그리고 인도네시아에서 영화 상영과 관련해서는 그 전반적 과정이 투명하지 못하거나, 영화수입업자나 영화제작업자들이 이해할 수 없는 부분이 많다. 우선 믿을 만한 영화관객 현황이 제대로 공개되지 않는다고 한다. 관객 수는 영화상영자 또는 영화관 운영업자(Exhibitor) 측에서 제공해야 하는데 세금문제 등 여러 이유로 제대로 공개되지 않고 있다는 것이다.

또한 인도네시아의 군소 영화 수입업자들은 미국영화를 독점 수입하는 업체인 '그룹 21'이 영화 상영업계에서 독점적 전횡을 행사한다고 불만이 많다. 그룹 21은 자회사인 'SPE'와 'Camila'를 통해 미국 영화배급업체인 미 영화협회(Motion Picture Association of America / MPAA)로부터 미국영화를 독점 수입하고, 그룹 21이 전국에 걸쳐 운영하는 영화관을 통해 배급, 상영한다.

그룹 21은 2007년에 '시네플렉스 21'이라는 타이틀을 만들어 전국에 복합영화관(Cinemas) 84개, 상영실(Screen) 348개를 보유하고 있다. 2002년에 상영실이 102개였던 것에 비하면 200% 이상의 비약적 발전을 한 것이다. 반면 그룹 21이 아닌 영화 상영업자가 보유한 영사실은 복합영화관 164개, 상영실 333개이다.

MPX, 수리아 그룹(Surya Group), 브리츠 메가플렉스(Blitz Megaplex) 등 30여 개의 영화 수입 및 배급업자들은 미국 외의 인도, 중국, 유럽, 한국 등 제3국에서 영화를 수입하고 이들을 그룹 21을 포함한 영화관에 배급한다. 그러나 그룹 21 산하 영화관에서는 자신의 그룹의 배급회사가 유통시킨 미국영화 등을 우선적으로 상영해야 하기 때문에 제3국의 영화들은 대기 순서에서 밀려, 사실상 상영되기가 쉽지 않다고 한다.

그러다보니 결국 한국 등의 영화는 수입에서 우선순위가 낮고, 수입이 되는 경우에도 영화상영 순서를 기다리지 못해 TV 상영으로 전락되는 경우가 많다. 이는 이전에 한국영화를 수입했던 업자나, 인도네시아 내 한류 확산상황을 감지하고 한국영화 아홉 편을 구입해 2004년 4월 한국대사관과 협력하에 한국영화주간을 개최한 바 있는 브리츠 메가플렉스가 필자의 계속적인 추가 구입, 상영 요청에도 한국영화 구입을 주저하는 근본적 이유였다.

그룹 21의 독점적 운영과 영화관객 관련 정확한 통계자료 미공개 등은 사업체의 공정경쟁이나 시청자들의 다양한 영화관람 선택의 제한, 세금포탈, 영화산업 발전 등에 많은 걸림돌이 되고 있다. 관련 주무기관인 기업경쟁감독위원회(KPPU), 재무부, 문화관광부 등도 이를 알고 있으나 제대로 규제할 수 있는 법규가 없거나 이해 관계자의 대립이 심해 새로운 법규를 제정할 수 없어 고민에 빠져 있다. 이래저래 군소업자나 국민, 선의의 제3자만 피해를 보고 있는 것 같다.

32

인도네시아의 오스카상과 국제영화제

인도네시아에는 정기적으로 개최되는 크고 작은 영화제가 10여 개 정도 있는데, 그 중 어느 정도 역사가 있고 규모 있는 영화제는 인도네시아 정부(문화관광부)가 주관하는 '인도네시아 영화제(FFI/Film Festival Indonesia)'와 민간단체가 주관하는 '자카르타 국제영화제(JiFFest/ Jakarta International Film Festival)'라고 할 수 있다.

인도네시아 영화제(FFI)는 인도네시아 정부가 자국 영화산업의 발전 및 진흥을 위해 1955년부터 개최해온 것으로서, 우수영화에는 영화제 최고의 상인 치트라(Citra)상을 시상한다. 이는 미국의 아카데미 상인 오스카상이나 한국의 대종상에 해당하는 것으로서 매년 12월에 그 해의 영화를 심사해 우수작품상, 감독상, 주연상, 녹음상, 촬영상 등 약 15개 부문의 상을 시상한다.

인도네시아 영화업계는 미국, 홍콩, 인도 등으로부터 수입한 외국영화가 압도적이었으나 최근 3~4년간 매년 약 50여 편 이상의 자국영화가 제작되어 꾸준한 성장세를 기록하고 있다.

FFI는 1955년 처음 개최된 이후 1993~2003년간 약 10년 동안은 행사가 중단되었다. 선정될 만한 우수영화가 없었다는 게 그 이유다. 2007년 시상식은 22년 역사상 처음으로 자카르타가 아닌 지방도시 쁘깐바루(Pekanbaru)에서 개최되었는데 이는 자카르타를 중심으로 형성된 영화산업을 지방으로 확산시키려는 의도로 기획된 것이었다. 2008년 시상식은 12월에 문화, 교육 그리고 패션의 도시인 반둥에서 개최되었다.

2006년 FFI 시상식에서는 젊은 신진그룹 영화인 수상자들이 우수상패 모두를 수여자인 제로 와칙 문화관광부 장관에게 반납하는 이변이 벌어지기도 했는데, 최우수작품상을 수상한 영화 「엑스쿨(Eksul)」이 한국영화를 표절한 것이라고 심사결과 무효를 주장한 것이다. 이들은 최우수작품상 외에도 작품감독인 나야토 피오누알라가 수상한 최우수감독상, 이 작품을 제작한 인디카 엔터테인먼트사가 수상한 최우수촬영상, 최우수녹음상도 취소했다.

이들 상의 반납에 대해 인도네시아 영화평가기관(BP2N)은 이 사건이 벌어진 이듬해인 2007년 6월 수상 박탈을 최종 결정했고 또한 이들에 대한 대체상은 선정하지 않기로 했다. 집단 항의한 신진작가들로 조직된 인도네시아 영화협의회는, 수상 취소는 국내영화산업의 발전으로 연결된다고 언급하면서 영화평가기관의 결정은 뒤늦은 대응이긴 하지만 환영한다고 발표했다.

한편 자카르타 국제영화제(JiFFest)는 민간부문에서 개최되는 영화제 중 가장 규모가 큰 국제영화제로서, 1999년에 다른 나라들과 같이 규모 있는 국제영화제를 양성하고자 한 젊은 두 명의 영화업자가 만든 것이다. 샨티 하르마인(Shanty Harmayn)과 나타차 드빌러(Natacha Devillers)가 그들이다.

영화제 설립 당시는 싱가포르 영화제(Singapore Film Festival / SIFF)나 부산 국제영화제(Pusan Int' l Film Festival) 등 신생영화제들이 국제적으로 서서히 주목받고 위상을 구축하기 시작할 때였다. 인근 국가인 태국이 1998년 9월에 방콕 국제영화제(Bangkok Int' l Film Festival)를, 필리핀이 1999년 7월에 마닐라 영화제(Cinemanila)를 태동시킬 때였다. 두 명의 설립주동자들은 이러한 주변 상황에 자극받아 절박한 심정을 가졌을 것임에 틀림없다.

1999년 11월 20~28일간 개최된 제1회 자카르타 국제영화제에는 25개국에서 65개 영화가 상영되었으며 1만 8,000명이 관람했다고 영화제 사무국측은 밝혔다. 2004년 6회까지는 10~11월 중에 개최되다가 그 이후부터는 12월 중에 약 10일 정도로 개최되었다. 그동안 참가영화 편수나 관중의 질적 측면에서 꾸준히 발전을 거듭해 2006년 8회에서는 213편 상영에 6만 3,000명의 관중이 참관했고, 2007년 9회(12월 6~16일)에는 총 25개국에서 183편이 상영되고 5만 4,000명 이상의 관객이 참관했다.

영화는 자카르타 시내의 21 FX, 브리츠 메가플렉스, TIM 갤러리 3 등 주요 상업영화관, 그리고 일본, 독일, 프랑스, 이탈리아 등 영화를 출품한 국가의 자카르타 소재 문화원에서 상영된다. 2008년 영화제 시 영화 관람료는 한 편에 2,000루피아(약 200원)였는데 이는 일반 영화 관람료 2,500~3,000루피아(250~300원)보다 저렴한 것이다. 영화관람 티켓은 한 편 단위나 하루 단위 또는 기간 중 전 영화 관람 패키지로 구분 판매된다.

자카르타 국제영화제가 겉으로는 해가 갈수록 양적 질적으로 성장한 것으로 보이나 영화제의 여정은 결코 순탄하지만은 않았다. 영화제에 대한 정부 지원이 극히 적고 대부분의 재원이 공공 및 민간업계 후원으로 이루어진데다가 국내정치 및 치안 상황 등의 영향을 받다보니 행사 개최가 사실상 안정적이지 못했다. 2003년 5회는 발리 폭탄테러 사건으로 가까스로, 역대 가장 짧은 6일간(10월 14일~19일)만 겨우 개최되었다. 참관객도 7,400명으로 매우 적은 기록이었다. 2003년 발리 폭탄테러사건을 비롯해 몇몇 도시에서 폭탄위협이 발생하자 모두가 군중집회장소에 가는 것을 두려워하고 그 결과 운영기금을 충분히 확보할 수 없었기 때문이다.

자카르타 국제영화제가 설립 10년째를 맞은 2008년 행사(12월 5~9일)는 초라하기 그지없었다. 그 해 하반기에 발생한 미국발 금융위기로 전 세계 경제가 어려워지다보니 참가 국가도 엔트리(Entry)를 취소하는 사태가 벌어지고, 인도네시아 내에서는 후원금을 제대로 모금할 수 없었다. 결국 24개국 130편이 참가했고 관객도 2만 8,000명밖에 되지 않아 전년도인 2007년에 비하면 우선 양적으로 크게 줄어든 상황이었다. 외국 영화도 엄밀히 들여다보면 자카르타에 문화원을 두고 있는 일본, 독일, 프랑스, 이탈리아 대사관 등이 출품한 것이 대부분을 차지했다.

2004년 6회 행사에는 한국의 이창동 감독 작품 3편(「초록 물고기」, 「박하사탕」, 「오아시스」)이 상영되었다. 이창동 감독은 문화관광부 장관직을 마친 뒤였기 때문에 많은 관심을 갖고 참석해 인도네시아 영화 제작자들과 한국 영화산업의 부흥에 대한 경험을 공유했다. 우리나라는 거의 매년 2~3편 참가했으나 2007년과 2008년에는 참가하지 않았다. 영화진흥위원회에 이러한 행사를 사전에 알리고 국내영화업자의 참가를 적극 요청했지만 결과는 항상 만족스럽지 않았다. 국내 영화업자들이 비슷한 시기에 개최되는 다른 지역 영화제에 참가하기 때문에 사정이 여의치 않다는 등등의 이유였다.

최근 인도네시아 영화산업은 양적인 성장을 지속하지만 내부에서는 많은 어려움이 있는 것으로 보인다. 우선 인도네시아의 영화 장르가 다양치 못하다는 점이 있다. 공포영화가 단연 압도적이고 나머지는 10대의 사랑이야기 등을 담은 로맨스 영화가 대다수를 차지하는 불균형이 심한 것이다. 그리고 1992년에 제정된 영화법(Film Law)이 현 시대적 상황에 맞지 않다는 지적이 있다. 특히 현행 영화검열위원회(Film Censorship Board)의 영화 사전검열은 영화인들의 제작활동과 창의성을 제한하는 시대착오적 행위라는 것이다. 또한 영화인들은 인도네시아 영화산업 발전을 위해 영화제작 환경 및 인프라 향상, 정부의 영화산업 진흥 확대, 영화제작인력 교육 강화 등의 처방책을 제기하고 있다.

33

SEA게임에서 '스포츠강국 위상 되찾자'

　1990년대 중후반 동남아 스포츠 강국의 위상을 자랑하던 인도네시아가 과거 영광을 되찾기 위한 기지개를 폈다. 2007년 12월 6일부터 15일까지 태국 나컨라차시마에서 개최된 제24회 SEA(SouthEast Asian / 동남아시안)게임에서 인도네시아가 금메달 수에서는 당초 목표를 달성하지 못했지만 종합순위 4위 목표를 달성하면서 재도약의 가능성을 보여준 것이다.

　SEA게임은 1959년 태국, 말레이시아 등 동남아 6개국의 참여로 창설되어 매 2년마다 열리는 대회다. 인도네시아는 1977년 말레이시아 쿠알라룸푸르에서 개최된 9회 대회에 처음 출전한 이후부터 1997년까지 20여 년 동안 두 번을 제외하고 모든 경기에서 1위 왕좌를 굳힌 국가였다. 1위를 하지 못한 두 번의 대회는 1985년과 1995년에 태국이 주최한 대회다. 마지막으로 왕좌를 지킨 1997년 제10회 자카르타 대회에서는 금메달을 194개 획득, 82개로 2위인 태국을 엄청난 차이로 따돌리기도 했다.

하지만 그러한 인도네시아의 화려한 명성은 1999년 대회 이후부터 역사의 뒤안길로 사라졌다. 2005년 23회 대회에서는 5위라는 불명예까지 기록했다. 그러자 2007년 24회 대회에서 인도네시아는 종합순위 4위, 금메달 65개라는 수수한 목표를 설정했으며, 비록 금메달은 56개밖에 확보 못했지만 종합순위는 달성해 그동안의 하향세에 제동을 걸었다.

24회 대회에는 45개 종목에 동남아 11개 국가(인도네시아, 태국, 필리핀, 말레이시아, 싱가포르, 베트남, 미얀마, 라오스, 브루나이, 캄보디아, 동티모르)의 선수단 6,541명이 출전했다. 1959년 첫 개최 때 12개 종목에 6개국 657명이 출전한 것에 비하면 약 반세기를 거치면서 종목이나 출전인원 규모가 엄청나게 증가한 것이다.

경기종목은 올림픽이나 아시안게임의 주 종목 외에 잔디 볼링(Lawn Bowls), 보디빌딩, 페탕크(Petanque), 당구, 럭비 등이 있다. 무도로는 태권도 외에 유도, 가라데 등이 있고 또 세팍타크로(Sepak Takraw), 무에타이(Muaythai), 우슈(Wushu), 펜착 실랏(Pencak Silat), 용선경주(Dragonboat racing) 등과 같은 이 지역 특유의 종목들도 포함되어 있다.

인도네시아는 38개 종목에 542명이 출전, 선수단 규모로는 태국, 말레이시아, 필리핀, 베트남에 이어 다섯 번째 큰 규모였다. 4위 인도네시아는 금 56, 은 64, 동 83개를 획득했다. 1위는 주최국이면서 전통적 강국인 태국(금 183, 은 123, 동 103), 2위는 말레이시아(금 68, 은 52, 동 96), 3위는 베트남(금 64, 은 58, 동 82), 5위는 싱가포르(금 43, 은 43, 동 41)이고 가장 순위가 낮은 동티모르는 동메달만 3개를 확보했다.

2007년 SEA게임에서 인도네시아 선수의 선전을 격려하는 대형 배너. 'SEA게임에서 국가와 국민을 위해 최선을 다하자' 라는 구호와 함께 수실로 밤방 유도요노 대통령, 유숩 칼라 부통령, 아디악사 돌트 체육청소년부 장관 등의 격려 모습이 들어 있다.

SEA게임에서는 일부 종목에서 전통적인 라이벌국가가 있다. 복싱에는 태국과 필리핀이 강적이고, 배드민턴은 말레이시아와 인도네시아가 강적이다. 배드민턴에서 인도네시아는 금메달 7개 전부를 석권, 배드민턴에 관한 한 1인자의 위용을 자랑했다.

양궁과 태권도팀은 그 해 10~11월 2개월간 특별히 한국에서 전지훈련을 하고 출전했는데, 양궁팀은 금 3, 은 5, 동 1개를 확보해 2005년 대회(금 1, 은 2, 동 1)보다 훨씬 좋은 성과를 거두면서 전지훈련의 값어치를 보여줬다. 반면 한국대사관이 2006년부터 매년 대사배 전국 태권도대회를 개최하며 관심을 쏟아온 태권도는 2005년 대회(금 2, 은 3, 동 6)보다 적은 금, 은, 동메달 각 1개를 획득해 실망스런 결과를 보여줬다.

한국에서의 전지훈련은 2006년 12월 자카르타에서 개최된 한·인니 정상회담에서 유도요노 대통령이 제의한 체육교류협력 증대의 후속조치 일환으로 이뤄졌다. 2007년 6월 대한체육회 사무총장과 국민체육진흥공단 이사장이 인도네시아 체육회를 방문했고, 인도네시아 체육회는 한국의 강세종목인 이 두 종목에 대한 전지훈련 지원을 특별히 요청한 것이다.

SEA게임은 인도네시아를 포함한 동남아 국가에 매우 중요한 스포츠대회다. 동남아 국가의 대부분이 아시안게임이나 그 이상의 국제 스포츠대회를 유치하거나 대회에 참가해 어느 정도의 메달을 획득하고 순위를 내는 것이 쉽지 않기 때문에, SEA게임은 이들 국가들이 나름대로 역량을 발휘할 수 있는 가치 있는 대회가 되었고 결국 자존심 대결의 장(場)이 되었다. 또한 이 게임은 아시안게임과 올림픽을 향한 디딤돌이 되기도 한다.

2007년 3월 중순 인도네시아 체육회(KONI) 역사상 처음으로 여성 회장으로 선출된 리따 수보워(Rita Subowo) 회장(상세 내용은 23장 참조)은 침체되어가는 인도네시아 체육을 활성화하겠다는 포부를 밝히면서, 그 해 12월의 SEA게임을 첫 시험대로 정했다. SEA게임의 종합순위 목표를 종전 대회보다 한 단계 위인 4위로 설정한 것이다.

대회 결과에 대해 주재국 언론이나 체육계 일각에서는 4위 목표달성이 인도네시아 스포츠의 하향세를 멈추고 재도약의 가능성을 보여준 것이라고 긍정 평가했다. 그러면서도 금메달 목표는 달성하지 못해 명실상부한 진전이 없다고 비난하면서 정부의 체육계 지원확대, 과학적 체육훈련 도입, 현재의 구세대 선수를 신진으로 과감히 교체할 것, 국제대회 우승자에 대한 안정적 생활보장책 등을 주문했다. 이번 대회에서 인도네시아 선수들의 약 70%는 종전대회에 참가한 구인물이다. 인도네시아 체육회는 우선 메달확보가 급하기 때문에 이들 선수들에 의존할 수밖에 없고, 그러다보니 이들이 퇴진할 경우 후속 신세대가 많이 부족한 상황이다.

차기 대회인 제25회 SEA게임은 2009년 라오스의 수도 비안티안에서 개최된다. 인도네시아는 2011년에 네 번째 SEA게임을 개최한다. 인도네시아가 과거의 스포츠 강국 명예를 되찾기를 기대해본다.[14]

34

제1회 아시안 비치게임 성공의 여세를 몰다

최근 수년간 국제스포츠대회에서 변변치 않은 성적으로 침체되어 온 인도네시아가 2008년 10월 18~26일간 제1회 아시안 비치게임(Asian Beach Games)을 성공적으로 개최한 이후 자신감이 붙은 모습이다. 세계적인 관광지 발리에서 개최된 아시안 비치게임은 대회 특성상 참가규모, 종목 수 및 내용면에서 전통적인 다른 대회와 단순 비교할 수 있는 대회는 아니었다. 하지만 인도네시아가 오랜만에 개최한 국제대회였고, 아마도 홈그라운드라는 이점 등도 있었겠지만 어쨌든 종합 1위라는 근래 안아보지 못한 승리의 영예를 거머쥐어, 앞으로 있을 각종 국내외 국제대회에서 그 여세를 몰아가고자 하는 각오가 단단해 보인다.

'세계에 감동을(Inspire the World)'이라는 캐치프레이즈 아래 개최된 제1회 아시안 비치게임에는 아시아 올림픽평의회(OCA)회원국 45개국 중 41개국(예멘, 방글라데시, 부탄, 이라크 등 4개국은 불참)에서 4,000여 명의 선수 및 임원 등이 참가했다. 총 종목은 비치 배구(Beach Volleyball), 비치 농구(Beach Basketball), 수구(Water Polo), 서핑(Surfing), 세팍타크로 (Sepak Takraw), 레슬링, 그리고 인도네시아 전통무술인 펜착 실랏 (Pencak Silat) 등 17개이며 65개의 금메달이 걸려 있었다.

이번 게임은 인도네시아 입장에서는 몇 가지 점에서 매우 의미가 크다고 할 수 있다. 우선 아시아 수준의 종합스포츠 대회로서는 1962년 제2회 아시안게임 이후 두 번째로 큰 대회를 개최해 국제대회 개최에 대한 자신감을 갖게 되었다는 것이다. 하지만 전통적 라이벌 국가인 태국만 해도 아시안게임을 다섯 차례 유치한 점에 비하면 초라한 기록임에 틀림없다.

두 번째는 아시아의 스포츠 강국인 중국(3위, 금 6개), 한국(4위, 금 4개), 일본(5위, 금 3개)이 전 종목에 출전하지 않은 반사이익 등 여러 유리한 환경이 있었겠지만, 금메달 23개를 획득해 오랜만에 국제대회에서 종합 1위라는 영예를 안아 침체된 스포츠계에 하나의 희망을 불어넣었다는 점이다. 최근 인도네시아는 각종 국제대회에서 저조한 성적으로 침체국면을 벗어나지 못하고 있다. 1990년대 약 20여 년간 왕좌 자리를 지킨 SEA(동남아시안)게임에서도 2005년에 5위, 2007년에 4위라는 불명예를 안았다. 2006년 도하 아시안게임에서는 금메달 2개 확보로 22위까지 추락하기도 했다. 2008년 북경 올림픽에서는 금 1, 은 1, 동 3개를 확보했는데 역도에서 동 2개를 제외하고 모두 배드민턴 단일종목에서 건진 것이다.

셋째는 국제관광지인 발리와 인도네시아의 국가이미지를 알리는 데 크게 기여했다는 점이다. 발리는 2002년과 2005년 두 차례의 폭탄테러로 안전에 대한 부정적 이미지가 아직 남아 있어 인도네시아는 이를 개선하려는 노력을 많이 기울여왔다. 2007년 12월 전 세계적 이목이 집중된 세계기후변화 회의 개최나 주요 국제언론인포럼 등 크고 작은 다양한 국제행사를 발리에서 개최해왔다. 또한 인도네시아는 매 2년마다 최소한 전 아시아 대륙 언론의 스포트라이트를 받게 된다. OCA는 2010년 오만에서 개최되는 2회 대회부터 이번 1회 대회 성화 채화장소인 인도네시아의 므라펜(Mrapen, 중부 자바에 소재)에서 채화해서 봉송하도록 결정했기 때문이다.

인도네시아는 비치아시안게임에서 거둔 유무형의 성과를 앞으로 다가올 국내외 국제대회로 이어갈 계획이다. 당장 2009년 12월에 라오스에서 개최될 SEA게임, 2010년 중국 광조우 아시안게임, 2011년 인도네시아 자카르타에서 개최될 SEA게임, 그리고 2012년 런던 아시안게임 등을 염두에 두고 있다. 인도네시아 체육청소년부는 2008년 11월, 정예선수 훈련프로그램인 TAP(Top-tier Athletics Program)을 수립 본격 추진키로 했다. 이는 22종목 300명의 우수선수 및 코치 등을 선발, 스포츠 과학을 적용한 훈련 및 관리를 통해 여러 국제대회, 특히 2011년 자카르타 개최 SEA게임에서 메달 획득을 가일층 확대한다는 전략이다.

그러나 이 전략을 추진함에 있어 체육청소년부와 전통적으로 이러한 훈련 및 국제대회 파견 등의 업무를 관장해온 체육회(KONI)와의 불화가 예상된다. 사실 체육회는 이전에도 1997년에 가루다 에마스(Garuda Emas, '황금독수리'라는 뜻), 2003년에 인도네시아 방킷(Indonesia Bangkit, '인도네시아의 자각'이라는 뜻)이라는 명칭의 특별 훈련을 실시해왔는데 이번에는 체육청소년부가 직접 하겠다고 나섰기 때문이다.

이 훈련계획에서 선수들은 3개 그룹으로 선별되는데 A그룹은 지난 SEA게임에서 금메달 수상자, B그룹은 은메달 수상자, 그리고 C그룹은 20세 이하 선수 또는 전국체육대회 금메달리스트로 구성된다.

종래 체육회가 사실상 주도적으로 실시한 이 훈련 전략을 굳이 체육청소년부가 추진하겠다고 나선 데는 두 가지 이유가 있다. 하나는 2005년 체육법에서 국가체육 발전의 권한, 즉 스포츠 활동 촉진, 유망 선수 훈련, 관련 정책 수립 등의 업무를 체육청소년부에 부여하고 있다는 것이다. 게다가 체육청소년부는 앞으로 신인을 발굴, 지방 및 전국 대회에 출전시키는 사안들을 교육부와 협력 추진할 계획이다. 두 번째는 그동안 체육회 실적에 대한 불신이다. 즉 지난 10여 년간 체육회가 추진한 프로그램들이 제대로 효과를 보지 못하고 결국은 왕년의 스포츠 강국이 1998년 이후 쇠퇴일로를 걷고 있다고 보는 것이다.

그런데 체육청소년부의 처사에 체육회와 사전 협의도 없이 너무 성급하게 결정했다는 등 비난이 높다. 조코 프라모노(Djoko Pramono) 체육회 수석 부회장은 불과 2~3년 만에 스포츠 환경을 개선한다는 것에 의문을 표명하고, 체육전문가들은 체육청소년부 전략이 종래 체육회 프로그램을 재탕한 것에 불과하다고 비아냥거리고 있다. 국가체육 발전은 장기전략을 갖고 추진하는 게 중요할 것이다. 목표 달성을 위해 모든 체육 주체나 요소들이 힘을 합쳐나가는 것은 더욱 중요할 것이다. 아시안 비치게임이 대형 국제대회는 아니지만 오랜만에 얻은 소중한 자신감으로 인도네시아 체육계가 탄력을 받기를 기대해본다.

제3부

자카르타와 친형제 도시, 이복형제 도시 이모저모

35

역사 속의 자카르타

매년 6월이면 인도네시아 수도 자카르타 시(인도네시아 행정조직상으로는 자카르타 특별주이나 편의상 자카르타 시라고도 부른다)는 축제 분위기에 젖는다. 482년 전 6월 22일 자카르타 시 탄생을 기념하기 위해서다. 자카르타 시청 등 관광서는 물론이고 호텔, 쇼핑가 등 웬만한 공공 및 상업건물은 정도(定都) 481주년 기념 배너와 다양한 형태 및 문양으로 디자인한 적·백색의 인도네시아 국기 등으로 치장된다. 자카르타 시가 주최하거나 후원하는 다양한 장르의 크고 작은 행사가 6월 한 달간 여기저기서 개최된다.

자카르타의 정식 행정 명칭은 인도네시아어로 '다에라 쿠수스 이부코타 자카르타(Daerah Khusus Ibukota Jakarta)'인데 이는 '자카르타 특별시'라는 의미다. 현지인들은 이를 축약해서 '데까이 자카르타' 또는 '자카르타' 라고 부른다(데까이는 이니셜 DKI의 순 인도네시아 발음임). 오늘날의 자카르타 이름을 갖기까지 그리고 인도네시아 수도로 정착되기까지 자카르타에는 몇 차례의 역사적 변천이 있었다.

현재 자바 섬 서북쪽의 자바 해(Java Sea)에 연해 있는 자카르타는 '순다 클라파(Sunda Kelapa)'라는 조그만 항구도시로 출발했다. 이 항구는 향료 등 중요한 무역기지였는데 유럽인으로는 포르투갈인이 처음으로 1522년에 도착했을 때, 서부 자바를 지배한 힌두왕국의 마지막 왕조인 파자자란(Padjadjaran) 왕조 통치하에 있었다. 그러나 이후 인도네시아에 진입한 이슬람세력인 반탐(Bantam) 왕조가 1527년 6월 22일 이 조그만 항구를 점령하고 '승리의 도시'라는 자야카르타(Jayakarta)로 개명했다. 자카르타 시는 이날을 창립일로 정하고 기념해오고 있다.

1602년에 동인도회사를 설립하고 식민지 경영을 시작한 네덜란드는 1619년 이 항구도시 일대에 바타비아(Batavia)라는 도시를 건설하면서 자야카르타를 바타비아로 불렀다. 바타비아는 '동쪽의 여왕'이라는 의미다. 약 340년간의 네덜란드 통치기간 중 이 이름이 사용되면서 자카르타 토착민들은 '바타비아 사람들'이라는 뜻의 브타위(Betawi)로 불렸다.

그러나 1942년 3월 인도네시아를 점령한 일본군은 토착민들의 환심을 사기 위해 네덜란드 통치 이전의 지명인 자야카르타(DjajaKarta)를 채택했고 대신 줄여서 자카르타(Djakarta)로 불렀다. 현재의 영문 표기(Jakarta)는 수카르노 대통령 정부인 1972년에 철자법 변경으로 굳어진 것이다. 그리고 수도 자카르타는, 인도네시아 혁명정부가 마지막으로 네덜란드 세력을 몰아내기 위한 무력항쟁을 하던 중 1946년부터 1949년까지 약 3년간 족자카르타로 수도를 옮긴 기간을 제외하곤 인도네시아 공화국 수도로 자리를 지켜오고 있다.

　18세기 초 바타비아는 일종의 성장통을 겪었다. 돈과 재산을 얻을 수 있는 곳이라는 믿음 때문에 주변 지역에서 많은 사람들이 바타비아로 몰려든 것이다. 이에 정부는 특히 중국인들의 유입을 제한하고 심지어 추방까지 했는데 이러한 과정에서 사회적 긴장감과 소요사태가 발생했다. 1740년 10월 9일에는 바타비아인들이 폭동을 일으켜 중국인들 5,000여 명을 대량 학살하고, 그 일 년 뒤에는 중국인들을 자카르타의 남쪽 지역인 글로독(Glodok)으로 몰아냈다. 이것이 오늘날 글로독 지역에 차이나타운이 형성되고 중국인이 많이 몰려 살게 된 역사적 배경이다. 1735년부터 1780년까지는 심각한 전염병이 나돌아 바타비아인들은 계속해서 남쪽으로 이주하면서 삶의 터전을 찾았다.

　자카르타에는 정부기관, 외교기관 및 국제기구, 학교, 호텔 및 고급 쇼핑가, 문화예술기관, 거대한 경기장, 수많은 조형예술물 등이 집중되어 있다. 현재 자카르타 모습의 기본뼈대는 수카르노 대통령과 제7대 주시사인 알리 사디킨(Ali Sadikin)의 작품이라 할 수 있다.

　수카르노 대통령은 인도네시아 과학기술인재를 양성하는 명문 대학인 반둥 공과대학(ITB) 건축학과를 졸업했기 때문에 건축에 대해 남다른 식견과 애정을 가졌다. 그는 자카르타 시 건설을 하나의 거대한 건축물을 건립하는 일로 생각했던 것으로 보인다. 그의 지시하에 자카르타의 랜드마크인 137미터 높이의 독립기념탑이 있는 모나스 광장이나 동남아에서 가장 큰 이슬람사원인 이스띠끄랄 사원(모나스 독립기념탑보다 3일 빠른 8월 21일 착공했으나 여러 정치적 사건을 거치면서 제2대 수하르토 대통령 정부 시대인 1978년에 완공되었다)이 건축되었다.

1962년에는 제2회 아시안게임 개최를 위해 당시 동남아 최대 규모인 8만 8,000석 규모의 '글로라 붕 카르노('수카르노 대통령이여 영원하라'는 의미이며, 붕은 남자를 친근하게 부르는 호칭임)' 경기장이 건립되었다. 이와 함께 14층 높이의 '호텔 인도네시아'가 마천루로 들어섰는데 이는 한동안 동남아시아의 아이콘으로 명성을 날렸다.

자카르타는 거대도시로 발전하는 과정에서 주택, 인구, 일자리, 교통, 빈민, 범죄 등의 문제로 골머리를 앓았다. 제7대 자카르타 주지사인 알리 사디킨은 이러한 문제를 획기적으로 개선하고 오늘날 자카르타의 기초를 닦은 인물로 평가된다. 수카르노 대통령이 보고르 대통령궁(대통령 별장 중 하나임)에 가택연금 중이던 1966년 4월 28일, 마지막 인사발령에서 당시 해운부 장관으로 재직 중이던 약관 39세의 알리 사디킨 해병소장을 "골칫덩어리인 이 도시를 구해주시오"라는 한 마디 당부와 함께 제7대 자카르타 주지사에 임명했다고 한다.

알리 사디킨은 주택, 교육, 환경, 위생, 문화, 취수사업 등 모든 부문에서 획기적인 개선과 발전을 이룩했다. 어린이들에게 꿈을 주는 프로젝트도 개발하고 실현했다. 심지어 매춘부 정리까지 했다. 따라서 그에게는 진정한 민족주의자, 완벽한 군인, 살신성인의 국가지도자 등의 수식어가 항상 따라붙는다. 한동안 대통령 후보감으로 거론되기도 했던 그는 2008년 5월 지병인 암으로 타계했다.

자카르타 시는 현재 서울을 포함한 아시아, 유럽, 미주 등 주요국가 수도와 자매결연을 맺고 있다. 자카르타 시는 현재도 교통지옥, 배수 불안 및 홍수 대책, 빈민 문제, 위생 환경 등 여러 부문에서 심각한 문제를 안고 있다. 현재의 자카르타 주지사 파우지 보워는 2007년 10월에 자카르타 역사상 처음으로 시민 직선으로 취임한 인물이다(다음 장 참조). 자카르타의 복잡다기한 문제가 제대로 해결된다면 자카르타는 먼 훗날 새로운 역사의 장으로 기록될 것이다.

36

자카르타 주지사 역사상 처음 직선 취임

자카르타 특별주지사(편의상 자카르타 시장이라고도 부르나 정식명칭은 주지사임)가 2007년 10월 7일, 자카르타 정도(定都) 480년 역사상 처음으로 시민의 직접선거로 선출되어 취임했다. 그 해 8월 8일 실시된 주지사 선거에서, 선거 직전까지 자카르타 부지사를 지낸 파우지 보워(Fauzi Bowo, 1948년생) 후보가 부지사 러닝메이트인 프리얀토(Prijanto, 1951년생)와 함께 당선이 결정되었다.

파우지 주지사는 프리얀토 부지사와 함께 주 의회 본회의장에서 마르디얀토 내무장관 입회 하에 취임식을 거행했다. 그가 선거공약으로 내세운 '모두를 위한 자카르타(Jakarta for All)'로 거듭날 수 있도록 자카르타를 개혁하면서 2012년까지 5년간 약 1,200만 명의 거대 자카르타호(號)를 운항해나가게 된다.

주지사 선거에 출마한 후보자는 정당의 추천 및 지지를 받아야만 입후보가 가능하도록 한 지방자치단체장 선거법상 이번 선거 후보는 파우지 후보와 전 경찰청 부청장 출신인 아당 다라자툰(Adang

Daradjatun, 1949년생) 두 명뿐이었다. 파우지 후보는 당시 유도요노 대통령의 민주당과, 인도네시아의 최대정당이면서 유숩 칼라 부통령이 이끄는 골카르당을 비롯한 20개 정당의 지지를 업고 출마했다. 반면 아당 후보는 온건 이슬람 정당인 복지정의당의 지지만을 받았다.

이들 후보들은 7월 23일부터 8월 4일까지 2주간의 공식 선거 캠페인에 돌입했다. 거리 곳곳에 포스터 부착 및 배너 설치, 각종 유인물 배포, 선거운동원들을 통한 거리행진, 합동유세전 등으로 유권자들의 표심잡기에 올인한 것이다. 이들은 포춘 PR(Fortune PR)이나 핫라인 애드버타이징(Hotline Advertising) 등 유명 홍보전문 컨설팅사나 광고회사 등도 고용, 자신의 이미지메이킹이나 선거캠페인 구호 등을 포함한 다양한 홍보전략 등을 구사했다.

8월 4일에는 처음이자 마지막으로 합동 공개토론회가 개최되었으며 토론내용은 메트로 TV와 Jak TV를 통해 생중계되었다. 8월 5일부터는 시내 곳곳의 선거홍보물 등이 철거되고, 선거일인 8월 8일에는 그동안 선거 유세로 혼란스럽던 거리가 제법 정돈되고 차분해진 가운데 역사적인 첫 주민에 의한 직접선거가 실시되었다. 투표율 제고 등을 위해 선거일은 임시 공휴일로 선포되었고, 선거는 아침 7시부터 오후 1시까지 1만 1,256개 투표소에서 일제히 실시되었다. 자카르타 주 거주자 약 1,200만 명 중 약 573만 명의 유권자가 주 선관위에 등록했고 이 중 65.41%인 약 375만 9,000명이 투표한 것으로 집계되었다.

파우지 후보의 당선은 선거 이전부터 사실상 예견되었다고 해도 과언이 아니었다. 파우지 후보는 선거 전 여러 여론조사 결과에서도 아당 후보보다 앞섰고, 선거 당일 경제사회교육연구소(LP3ES) 등 여러 조사단체가 실시한 출구조사에서도 단연 앞섰다. 선거일 다음날 파우지 후보 측은 이미 승리를 확신하면서 자축했고, 아당 후보는 기자회견 등에서 자신의 패배를 시인했다.

파우지 후보의 승리요인에 대해서는 거대한 조직력과 풍부한 자금, 현직 부시장으로서의 지명도 등이 뒷받침된 당연한 결과라는 분석이 있다. 인도네시아 최대의 그리고 유력한 정당들을 포함한 무려 20개 정당의 지지를 받아 출마했기 때문에 당연한 분석일 수 있다.

그러나 파우지 후보의 당선은 그가 내세운 정책과 풍부한 행정경험, 지명도 등이 주효했던 것으로 보인다. 독일에서 건축학 분야 석ㆍ박사 학위를 획득한 파우지 후보는 30년 이상 자카르타 주에 근무하면서 충분한 인지도를 구축했고 오래전부터 전임자인 수티요소 주지사의 가장 유력한 후계자로 지목받아왔다. 「콤파스」나 「자카르타 포스트」 등 인도네시아의 주요 언론은 경제사회교육연구소가 출구조사를 분석한 결과를 인용, 주민들은 후보자의 정책들을 최우선적으로 평가해 투표했고, 파우지 후보를 지지한 주민의 약 67%는 그의 정책과 축적된 행정경험을 높이 평가했다고 보도했다.

'자카르타를 정비하자'라는 슬로건을 내걸고 출마한 아당 후보는 특히 저소득층과 젊은 층으로부터 많은 지지를 얻은 것으로 분석되었다. 그러나 아당 후보자의 패배는 짧은 선거기간에 낮은 지명도, 행정경험 부족, 그리고 홍수대책ㆍ교통문제ㆍ대기오염 등 주민생활 안전 및 복지와 관련된 이슈에서 파우지 후보에 경쟁할 정도의 정책을 명확히 제시하지 못했던 점에 기인한 것으로 분석된다.

인도네시아에서 지방자치단체장 직접선거는 이번 자카르타 주지사 선거가 처음은 아니다. 지방자치법에 따라 인도네시아에서는 2005년 지자체장 선거 이후 지금까지 약 100여 차례 이상의 직접선거가 있었다. 인도네시아 현대사에서 자카르타 주지사는 대통령 지명 등으로 선출되었다. 5년 임기를 1차 연임해 10년간 재직해온 수티요소(Sutiyoso) 주지사는 1997년에 수하르토 당시 대통령에게 지명되었고, 2차 임기는 2002년에 주 의회에서 선출되었다. 현직 주지사의 3차 연임은 법으로 금지되어 있다.

'모두를 위한 자카르타' 건설을 위해 새 주지사가 해결해나가야 할 과제는 산적해 있다. 자카르타 특별주가 안고 있는 도시빈부 격차 및 도시빈곤 문제 해결, 치안대책 마련, 교통 및 공해 지옥의 오명 불식, 불충분하고 부적합한 인프라 개선, 지속적인 홍수피해 극복, 연례적인 뎅귀병, 감염자 및 사망자가 세계 최대를 기록하고 있는 조류 인플루엔자 퇴치 등은 그가 풀어야 할 시급한 과제일 것이다. 새 당선자가 선거캠페인 기간에 내건 슬로건을 제대로 잘 실현해 자카르타가 한층 발전되기를 기대해본다.[15]

37
이제 자카르타에서 고급 쇼핑하세요

불과 몇 년 전까지만 해도 싱가포르 다운타운 오차드(Orchard) 거리의 고급 백화점이나 쇼핑몰의 주 고객 그룹 중 한 부류는 인도네시아인들이었다. 돈 있는 상류층들이 이 지역을 찾는 이유 중의 하나는 자카르타에는 그들의 높아진 구미에 맞는 쇼핑을 할 만한 고급 쇼핑센터가 많지 않았기 때문이다. 그러나 최근 들어 자카르타는 고급 쇼핑 마니아들을 유혹할 수 있는 곳으로 재빠르게 변신하고 있다.

자카르타 시내를 가로지르는 수디르만(Sudirman) 도로(국군의 아버지로 추앙받는 수디르만 장군 이름을 명명한 것임) 일대를 중심으로 플라자나 쇼핑몰 등 다양한 형태의 쇼핑센터가 우후죽순처럼 들어서고 있다. 몇 년 전부터 인도네시아 상류층의 쇼핑추세와 소비심리들을 분석한 인도네시아 국내외 개발업자들이 자카르타에 전략적인 투자를 한 결과다. 인도네시아를 잠깐 찾는 대부분의 한국인들이 이러한 초현대식 쇼핑몰 등을 둘러볼 때면 반드시 한마디씩 하는 말이 있다. 그것은 "이곳이 과연 1인당 GDP 2,180달러(2008년 기준) 국가 맞아?"라는 것이다. 상상을 초월할 정도로 화려하고 고급스런 시설과 분위기, 유명 브랜드 상품, 그리고 어디를 가도 북적대는 쇼핑객들을 보고 나면 이제까지 생각했던 인도네시아 이미지와는 전혀 맞지 않기 때문이다.

인도네시아 전통 제품들은 물론이고 유명 국제 브랜드 제품들도 자카르타에서 구입할 수 있다고 하는데, 사실 믿기지 않지만 유통업계 관계자에 따르면 자카르타에는 '소위 없는 게 없다'고 한다. 자카르타 시내의 유명 부동산 컨설턴트인 프로비스(Provis)에 따르면

자카르타 시내 중심도로인 수디르만 도로 일대의 빌딩숲 모습

2008년도에 유명 국제브랜드 모두가 자카르타에 지점을 개장했기 때문이라는 것이다.

고급 제품 쇼핑을 할 수 있는 곳은 초현대식 시설을 갖추고 있다. 플라자 인도네시아(Plaza Indonesia), 플라자 스나얀(Plaza Senayan), 스나얀 시티(Senayan City), 폰독 인다 몰(Pondok Indah Mall), 타만 앙그렉 몰(Taman Anggrek Mall), 푸리 인다 몰(Puri Indah Mall), 리뽀 카라와치 몰(Lippo Karawaci Mall), 클라파 가딩 몰(Kelapa Gading Mall), 퍼시픽 플레이스(Pacific Place), 그리고 최근 새로 들어선 그랜드 인도네시아(Grand Indonesia), FX 라이프스타일 등이 이러한 고급 쇼핑센터다. 이들 중 상당수가 수디르만 도로 일대에 위치해 있는 것이다.

이러한 쇼핑센터는 현대인의 취향에 맞게 쇼핑과 함께 여가를 즐기는 곳으로 디자인되어 있다. 쇼핑뿐만 아니라 라이프스타일과 엔터테인먼트를 함께 즐길 수 있는 곳이 되어야 소비자를 붙잡을 수 있기 때문일 것이다. 특히 자카르타 시내 중심이면서 수디르만 도로상에 있는 EX몰은 '플라자 인도네시아'의 한 파트로서 2004년 2월 14일 개장하면서부터 신세대 라이프스타일과 엔터테인먼트 전문 쇼핑몰로 브랜드를 구축해왔는데 이러한 마케팅 전략이 주효한 것으로 분석된다.

2008년 4월에 개장한 '그랜드 인도네시아'는 이러한 현대인의 구미에 더욱 맞게 가꾸어진 새로운 스타일의 쇼핑몰로 평가받고 있다. 이 몰은 고급 쇼핑 빌딩, 사무동 빌딩, 호텔 빌딩, 고급 아파트 빌딩 등 4개의 주요 빌딩으로 구성되어 있다.

현대식 쇼핑몰 외에 구형 쇼핑센터들도 쇼핑객들의 발걸음을 여전히 끌고 있다. 특히 전통 목재가구 등은 남부 자카르타의 크망

2000년대 초반이후부터 자카르타 시내 중심도로인 수디르만 도로를 연해서 엔터테인먼트 기능까지 갖춘 다양한 형태의 고급 쇼핑몰이 들어섰다.

(Kemang)과 남부 탕거랑(Tangerang) 지역의 치푸탓(Ciputat) 일대에서 찾을 수 있다. 뿐만 아니라 매우 다양한 종류의 보석류를 원하면 동부 자카르타의 자티느가라(Jatinegara) 시장을 찾아가면 된다.

한편 현대식 쇼핑센터에서는 쉽사리 찾을 수 없는 소위 골동품들은 자카르타 시내 중심부에 있는 수라바야(Surabaya) 거리의 중고시장(Flea market)에서 찾을 수 있다. 40여 년의 역사를 지닌 이곳은 한때는 입던 옷이나 사용했던 전자제품 등 중고품을 파는 곳이었으나 요즘은 국내외 유명 예술인들 곡이 수록된 옛날 레코드판등 추억이 서린 물품을 구하고자 하는 사람들이 즐겨 찾는 곳이 되었다. 또한 나무로 만든 탈에서 가죽으로 만든 인형까지 또는 도자기에서 황동제품에 이르기까지 다양한 골동품들을 접할 수 있는 명소가 되었다.

앞으로 자카르타가 싱가포르 오차드 거리를 찾아나서는 인도네시아 자국민들을 얼마나 흡수할 수 있을지는 미지수이지만, 고급 소비자들이나 서구 현대풍을 찾는 젊은 층의 까다로운 취향을 충족시킬 수 있는 쇼핑 천국으로 나날이 개발되고 있는 것만큼은 사실이다.

38

쉽게 지워지지 않는 자카르타 교통지옥 오명

자카르타의 교통체증이 풀리지 않고 있다. 오히려 갈수록 심해지는 상황에 시민들의 짜증과 행정당국에 대한 불신만 커져가는 것 같다. 잠깐이라도 비가 한번 몰아쳐내리면 곳곳은 배수가 제대로 안 되어 물이 차오르고, 차와 오토바이들이 뒤엉켜 극도로 혼란스럽게 된다.

자카르타 주정부는 오래전부터 낙인찍혀 있는 교통지옥이라는 오명을 떨쳐버리기 위해 최근 수년간 전방위적 노력을 해오고 있다. 버스전용차선제 실시, 러시아워에 자카르타 중심지 수디르만 도로 진입 시 3인 이상 의무적 승차(Three in one)제도, 오토바이의 좌측 서행차선 운행, 차량 배기가스 허용 기준 강화 등으로부터 경찰 등 단속 공무원의 엄격한 법규 집행, 차량의 원활한 소통방해 주범 중 하나로 지목된 거리행상 및 구걸행위 처벌 규정 마련 등 다양하다.

그러나 문제는 어느 하나 제대로 만족스럽게 효과를 보지 못하고 있다는 것이다. 특히 교통체증을 완화하고 보다 좋은 서비스 제공을 위해 도입한 고속횡단버스용 전용차선제가 당초 취지에 부응치 못

자카르타 주정부는 교통 해소를 위해 중앙차선에 고속횡단버스 전용도로(Khusus Busway)를 설치했으나 교통지옥의 오명을 떨쳐버리기에는 아직 역부족으로 보인다.

하고 오히려 교통체증을 가중시킨다는 비판에 자카르타 주정부가 곤혹에 빠져 있다. 버스전용차선제 도입은 매년 기하급수적으로 증가하는 자가용 이용자와 교통정체 및 대기오염 주범으로 지목되어 온 오토바이 이용자들을 대중교통으로 흡수해 교통체증을 줄이겠다는 전략이다. 이와 함께 대기 청정도도 높여나간다는 것이다.

자카르타가 교통지옥이 된 근본 원인 중 하나는 시민의 차량 소유율 급증과 도로망 부족, 그리고 일일 통행량을 흡수할 수 있는 효과적인 대중교통수단의 절대 부족이다. 자카르타 시의 도로망 확충은 연간 0.01% 증가한 반면 차량 소유율은 약 9.5% 상승하기 때문에 매년 도로가 몸살을 앓게 되는 것이다.

2008년 12월까지 자카르타 주정부에 등록된 차량은 약 950만 대이며 그 중 자동차가 약 200만 대, 오토바이가 약 660만 대이다. 매일 약 1,000대의 오토바이와 300대의 차가 신규로 등록된다. 이러한 비율이 계속될 경우 2014년에는 자카르타 시내 전체가 교통정체 현상을 빚게 된다는 전망치가 나온다. 출퇴근 시에 필자의 차량 등 일반차량이 오토바이와 함께 뒤범벅이 될 때는 마치 일반차량이 있지도 않은 오토바이 전용차선을 비집고 헤쳐나가는 느낌이 들곤 한다.

버스전용차선과 자카르타 고속횡단버스(TransJakarta Bus) 운행은 2004년부터 시행되었다. 2007년까지 총 7개 노선이 운영되고 있는데, 2008년에 3개 노선을 개통하고 2010년까지 5개 노선을 추가해 총 15개 노선을 운영할 계획이었다. 이렇게 될 경우 자가용 이용자의 약 30%가 자카르타 고속횡단버스로 흡수될 것이라는 판단이다. 이와 더불어 버스노선 서비스 향상을 위해 버스정류장 진입체계 개선, 횡단보도 확대 설치, 버스정류장 주변 자전거보관소 설치, 버스 운행시간 지연 시 시민들에게 실시간 정보제공, 버스의 승하차 서비스 개선 등도 시행 중이거나 추진할 계획으로 있다.

그런데 이러한 장밋빛 계획 아래 시행된 버스전용차선제가 시민들로부터 큰 저항을 받고 있다. 버스전용차선 건설이 시내 교통체증을 가중시키고 노선이 경유하는 지역의 환경을 파괴한다는 이유로 해당 지역 주민들이 차선 건설에 반대하고 나선 것이다. 2007년 하반기 8호선 건설 당시, 부유층 및 문화예술인들이 많이 거주해 자카르타의 비버리힐스라고 불리는 남부 자카르타의 폰독 인다 지역 주민들로부터 거센 저항을 받아 처음에는 공사를 시작할 수 없었다. 9호선 및 10호선도 해당 지역 주민들의 반대로 공사가 지연되었다. 11호선부터 15호선까지는 당초 건설 완료 목표인 2010년을 넘어 언제 완공될지 모르는 상황이다. 현재 운행 중인 1~7번 노선의 총 도로 길이는 약 100킬로미터이며 일일 승객은 약 20만 명에 불과하다.

러시아워에 시내 중심 도로 진입 시 3인 이상 승차(Three in one)제도는 당초 기대한 만큼 성과를 거두지 못한 것으로 최근에 분석되었다. 자가용이나 택시가 단속을 피하기 위해 도로주변에 서 있는 시민을 잠깐 태우거나 아니면 이를 악용해 탑승해주고 기사로부터 사례비를 받는 '조끼'라는 신종 서비스업(?)이 새로운 교통 혼잡 요소로 작용했다는 것이다. 게다가 단속공무원들의 위반자들에 대한 단속 및 벌금부과가 제대로 시행되지 않았다는 것이다.

이래저래 자카르타 주정부가 추진하는 이러한 개혁 조치들의 시행이 결코 순탄치만은 않은 상황이다. 충분한 재정 뒷받침이 보장되지 않은 일부 사업의 비현실성, 자가용 또는 오토바이 이용자들의 대중교통으로의 전환 정도에 대한 의문, 법규 단속 공무원들의 직무수행 불철저, 이해관계집단의 반발 등이 이를 말해주고 있다. 2007년 1월 오토바이의 좌측 저속차선 운행 단속을 강화하자 당장 좌측 차선부터 제대로 그어놓고 지시하라는 불만이 터져나왔고 오토바이를 이용한 퀵서비스 업체는 사업에 많은 지장이 있다고 불만을 제기했다.

전문가들은 버스전용차선제가 효과적으로 운영되기 위해서는 버스전용차선과 도시의 철도망이 통합 운영되어야 한다고 지적한다. 주거 지역과 아파트단지 개발 시 버스 및 철도망 건설이 병행되어야 한다는 것이다. 한편 자카르타 주정부는 지상 교통문제의 한계를 인식하고 지하철을 건설할 계획이다. 약 12조 루피아(약 1조 2,000억 원)가 소요될 지하철 건설사업 비용은 이미 일본정부로부터 40년간의 차관으로 확보된 상황이다. 모든 여건이 순조롭게 진행될 경우 2014년에 지하철이 처음 선보일 예정이다. 자카르타가 교통지옥이라는 누명을 벗어던질 날이 하루라도 빨리 오길 기대해본다.

39

5년마다 찾아오는 불청객
'자카르타 대홍수'

'설마 그렇게 될까' 하면서 받아들이고 싶지 않았던 일이 사실로 되었다고 한다. 2002년 자카르타 대홍수를 겪을 당시 5년 후 또다시 홍수가 찾아올 것이라는 전망이 있었지만, 자카르타 사람들은 유쾌하지도 바라지도 않는 것이기에 쉽게 잊고 지내왔다. 그러나 자카르타 대홍수는 기어이 자신의 존재를 드러내고자 한 듯, 불청객을 거부하고자 하는 자카르타 사람들에게 심술이라도 부리려는 듯 어김없이 다시 찾아온 것이다.

2007년 2월 초, 불과 1주일간의 집중호우로 인구 약 1,200만 명의 자카르타는 공황 상태가 되었다. 당시 인도네시아 언론은 자카르타의 약 70%가 물에 잠겼다고 보도했다. 사망자 33명을 포함해 35만 명 이상의 이재민이 발생한 것이다.

지난 1997년 자카르타에 대홍수가 난 이후 태양의 흑점, 과거 강우량, 해면 상승 등 기상관측 결과 5년마다 자카르타에 대홍수가 닥칠 것이라는 관측이 있었고, 2002년에는 사상 최대의 홍수가 발생했다. 2007년 홍수는 이러한 주기에 따라 발생한 것이라고 한다.

폭우는 2월 2일부터 시작되었다. 1월 31일 자카르타 주정부는 가까운 시일 내 수도권 일대에 홍수가 예상된다며 하천 부근 주민들을 대피시키고 홍수경보에 주의를 기울이도록 지도해왔다. 자카르타 일대의 주요 수문관측소는 수위상승 확인에 집중하고 홍수경계 수준인 '시아가(Siaga) 3'을 발령한 상태였다.

하지만 하늘에 구멍이라도 뚫린 듯 쏟아내린 폭우는 이러한 대비를 완전히 헛되게 만들었다. 3~4일 동안 쉼 없이 내린 비로 자카르타 일대는 완전히 마비가 되었다. 가옥이 침수되고 도로 곳곳은 배수가 제대로 되지 않아 이미 물바다가 되어 통행이 거의 불가능하고, 몇몇 기관을 연결하는 통신선도 두절되었다. 이러한 피해는 가톳 수부로토(Gatot Suburoto) 도로변에 위치한 한국대사관도 마찬가지였다. 설상가상으로 남부 자카르타에 있었던 대사관저 역시 침수되어 당시 이선진 대사는 2월 3일 새벽에 긴급히 관저에 비치해둔 구명보트를 타고 관저를 빠져나와 호텔로 피신해야 했다.

자카르타가 이렇게 물에 잠긴 이유는 뭘까? 우선 지형상 구조 및 지리적 위치로 볼 때 자카르타는 물의 피해를 많이 볼 수밖에 없는 위치에 있다. 자카르타 주변 도시인 보고르(Bogor)나 데폭(Depok) 등은 연중 비가 많은 지역이다. 그런데 이들 지역은 자카르타보다 상대적으로 고지대이며 여기서의 강우가 자카르타 일대 13개의 크고 작은 강을 따라 바다로 흘러간다. 즉 북쪽으로 자바 해에 접해 있는 자카르타는 주변 일대 모든 강우(降雨)의 집산지가 되는 것이며, 자카르타로 흘러들어오는 강 곳곳에 있는 수문이 적절히 작동되지 못하면서 피해가 발생한다는 것이다.

한창 강우가 심하고 자카르타가 물에 잠길 것이라는 우려가 고조된 가운데 자카르타 시내의 어느 수문을 개방하느냐에 따라 침수 지역이 결정되는 상황에서, 대통령궁이 있는 지역 일대는 안전하고 그와 다른 쪽은 물바다가 될 것이라는 우려가 소문으로 나돌던 상황이었다. 대통령궁의 앤디 말라랑겡(Andi Mallarangeng) 대변인은 "수실로 밤방 유도요노 대통령은 시민을 위해서라면 수티요소 자카르타 주지사(2007년 10월 퇴임)가 전적인 책임을 지고 남부 자카르타에 있는 망가라이(Manggarai) 수문을 개방하라고 지시했다"고 밝혔다. 자카르타 재난통제본부를 방문한 유숩 칼라 부통령 역시 이러한 지침을 수티요소 주지사에게 지시했다.

망가라이 수문은 대통령궁과 부근에 있는 최대의 이슬람 성전인 이스띠끄랄이 있는 지역을 침수시킬 수 있는 수문이었다. 주민들은 이들 지역과 소위 부촌 지역인 멘텡(Menteng)으로 연결되는 수문은 열지 않을 것이고 다른 쪽 수문이 열려 힘없는 사람들만 피해를 볼 것이라는 흉흉한 소문이 나돌고 있었던 상황이었던 것이다.

거대한 자연의 힘 앞에 인간은 매우 미약하기에 자카르타 주정부나 중앙정부는 사실 이와 같은 폭우에 대처할 수 있는 능력을 갖추고 있지 않다. 대처할 수 있다면 그것은 피해를 최소화하는 것일 뿐이다. 이번 홍수는 자연재난이 아닌 인재(人災)라는 비난이 나돌자 수티요소 주지사는 홍수에 대한 대처 능력은 우리의 능력 밖이며 단지 인명피해 등을 최소화하는 것이 자신의 임무라고 실토했다. 당시 감전사와 급류에 휩쓸려간 사망 등의 인명피해가 많았다.

자카르타는 서부 자바 주 북쪽해안을 따라 늪지대에 있고 자연 및 인공 하천 모두 13개를 안고 있고 34개의 홍수다발지역이 있다. 고질적인 홍수피해를 피할 수 없는 처지에 있는 자카르타는 홍수피해 완화대책 중 하나로 23.7킬로미터에 달하는 동부 및 서부 홍수방지 운하(East / West Flood Canal) 건설 프로젝트에 기대를 걸고 있다. 이 운하는 홍수의 원인이 되는 고지대에서 흘러들어오는 물을 적절히 통제하기 위한 것이다. 원래 2007년까지 완공 목표였으나 예산삭감, 토지수용의 복잡한 절차 등으로 2010년 완공 목표로 연기되었다. 2007년 2월 당시에는 7.6킬로만 완공된 상태였다.

그런데 홍수에 속수무책으로 보이는 자카르타 주정부에 홍수예방 마스터플랜은 과연 없는 것일까? 물론 답은 있다. 그러나 실현하기가 어려운 것이 문제다. 마스터플랜은 지대구조화 조정시스템, 배수시스템 정비, 수문 및 인공호수 건설, 강 준설 및 강변 주거지역 재조정 등으로 이루어지는데 이는 2002년 자카르타가 대홍수를 당한 뒤에 입안되었다. 이 계획은 고지대에 있는 보고르, 데폭, 탕거랑, 버카시 등 자카르타의 상류지역에 소재하는 이들 시 정부의 충분한 지원 및 협력 없이는 실행할 수 없는 어려움이 있는 계획인데, 2004년 새 정부의 등장으로 연기되었다. 또한 총 투자비는 18조 2,000억 루피아(약 1조 8,200억 원)가 소요되는 것으로 중앙정부에서 지원이 있어야 하는데 예산삭감, 토지확보의 복잡한 절차 등으로 제대로 시행되지 못하고 있다.

배수시스템(Drainage system)은 네덜란드 식민지 시절에 건설된 서부 홍수방지용 운하(West Flood Canal)를 비롯해, 동부 홍수방지용 운하(East Flood Canal), 치카랑 배수시설 등을 포함하는데, 이들의 정비는 범람하는 물을 가능한 한 빨리 바다로 방류시키는 데 초점이 맞추어져 있다.

환경운동가들은 자카르타 시의 녹지대(Green Area) 부족을 홍수피해 증가원인의 하나로 지적하기도 했다. 자카르타 시의 녹지대는 현재 시 전체 면적의 9%인 5,911헥타르이며 시는 2010년까지 13.94%인 9,544헥타르를 건설할 계획이다.

2007년 홍수 피해는 지난 2002년이나 1996년 홍수 때보다 훨씬 더 크다고 한다. 그런데 피해가 큰 이유가 순전히 자연 탓뿐이었을까? 자카르타 시민이나 전문가들은 중앙정부 및 자카르타 주정부의 무책임한 대처나 홍수 예방을 고려치 않는 무계획적 도심 난개발이 더 큰 화를 몰고 온 것이라고 지적했다. 또한 강이나 배수시설에 오물 등을 버려 물의 흐름을 막는 일반시민들 행동도 비난했다. 5년마다 찾아오는 자카르타 대홍수, 아무도 바라지 않는 불청객에 대처하는 방안이 효율적으로 마련되길 바란다.

40

자바문화의 자존심 지켜가는 족자카르타

자카르타에서 비행기로 약 한 시간 거리에 있는 족자카르타 (Yogyakarta)는 인도네시아 문화의 중심인 자바의 역사와 문화를 지켜 가는 뜻 깊은 보루다. '고요하고 평화롭고 아늑한'이라는 뜻의 '족 자(Yogya)'와 '번창한 지역'이라는 의미의 '카르타(Karta)' 합성어인 족 자카르타(통상 '족자'라고 줄여서 부름)는 아직도 이슬람 왕조체제인 술탄 (Sultan) 체제를 운영하고 있다. 인도네시아 정부는 이러한 족자카르 타를 자카르타, 아체(Ache)와 함께 특별주로 지정, 자바의 역사와 문 화를 계승 발전시켜가고 있다. 따라서 자카르타가 자바의 금융 및 산업의 중추라고 한다면 족자카르타는 역사와 문화와 교육의 도시 로서 자바의 영혼이라고 할 수 있다.

족자카르타는 힌두교, 불교, 이슬람 왕조의 중심지였고 네덜란드 식민시기에도 특별한 자치권을 부여받았으며, 네덜란드 세력을 몰 아내기 위한 독립운동기인 1946~49년까지는 인도네시아 공화국의 수도였다. 족자의 도시명이 암시하듯 당시 이 지역을 지배했던 힌두

족자카르타 교외에 있는 보로부두르 사원. 인도네시아의 대표적인 불교사원으로 세계7대 불가사의 중 하나다.

교 마자파힛 왕국, 불교 스라위자야 왕국, 이슬람 말라카 왕조를 거쳐 현재 술탄 체제를 이어오고 있다. 따라서 현재 족자카르타의 주지사는 술탄인 것이다.

현재의 족자카르타 술탄 체제는 1755년 망쿠부미(Mangkubumi) 왕자가 현재의 크라톤궁(Kraton, 원래는 성곽이 있고 도시 기능을 갖춘 왕궁을 말함)을 설립한 것으로부터 비롯된다. 그는 술탄이라는 칭호와 함께 하멩쿠부워노(Hamengkubuwono, '왕의 무릎에 우주가 강림하길'이라는 뜻)의 이름을 사용하고 17세기 이후 가장 강력한 자바 국가를 건설했다. 현재의 술탄은 하멩쿠부워노 10세로서 지역 주민으로부터 절대적인 존경과 신망을 받고 있으며, 한때는 2009년 7월에 치러진 대통령선거 후보자로 거론되었을 정도로 덕망과 정치적 영향력을 지니고 있다. 그의 부친인 하멩쿠부워노 9세는 수하르토 대통령 시절에 부통령(1973~78년)을 지낸 바 있다.

자바인들에게 족자는 네덜란드 식민지배에 대한 저항의 상징이었다. 네덜란드 세력을 물리치기 위해 디포네고로(Diponegoro) 왕자가 직접 참전해 치른 자바 전쟁(Java War, 1825~30년)의 중심부가 족자카르타였다. 1946년 인도네시아가 수도를 족자카르타로 옮긴 이후 1949년에 네덜란드군이 침입했을 때 당시의 술탄은 왕궁 문을 걸어 잠가 네덜란드군이 들어오지 못하게 하고, 오히려 왕궁을 독립군의 사령부로 사용하도록 하는 등 네덜란드에 대한 항쟁을 적극 지원했다. 결국 네덜란드군은 신(神)과 같은 숭상을 받고 있는 술탄을 해치지 못하고 퇴각하게 되었다. 인도네시아가 최종 독립을 선언한 뒤 인도네시아 정부는 족자를 특별 자치주로 설정했다.

현재 술탄이 거주하고 있는 크라톤이라고 하는 왕궁은 1755~56년에 전형적인 자바 건축양식으로 설립되었고 1920년대에 이르러 유럽풍이 일부 가미된 것이다. 귀빈 영접 및 환영연 등을 위한 영빈관, 일련의 홀, 하멩쿠부워노 9세와 관련된 유품 등을 보여주는 전시실 등이 화려하게 정리되어 있다.

족자카르타에서 동북 방향 40여 킬로미터 지점에는 세계 7대 불가사의 중의 하나인 보로부두르(Borobudur) 불교사원이 경이로움을 보여주고 있다. 보로부두르 사원은 캄보디아의 앙코르와트(Angkor Wat) 미얀마의 바간(Bagan)과 같이 세계7대 불가사의에 속하는 인류문화유산이다. 이 지역의 위치는 정확하게 족자카르타가 아닌 서부 솔로(Solo)의 마그랑이다. 족자카르타가 역사문화도시이고 또한 보로부두르 사원에 이르는 관문이 되기 때문에 족자카르타 문화 영역권으로 불리고 있는 것이다.

보로부두르 사원의 초기 역사에 대해서는 알려진 것이 별로 없지만, 6~7세기 이 지역을 지배했던 불교왕조의 사일렌드라(Sailendra) 왕조 지배자들이 건립했다고 한다. 보로부두르는 산스크리트어로 '언덕 위의 불교왕국'이란 의미다. 불교왕국의 쇠락과 함께 권력이 동부 자바로 옮겨지면서 이 사원은 버려지고 특히 주변에 있는 활화산인 므라피(Merapy) 화산이 뿜어낸 화산재에 파묻혀 수백 년을 지내다가 1815년에야 존재가 발견되었다. 이 지역의 역사와 문화에 심취했던 영국인 토마스 래플즈(Thomas Stamford Raffles) 경이 고고학에 바탕을 둔 발굴을 시작하면서 대강의 크기를 짐작해 주변을 정리한 것이다. 20세기 초 네덜란드 식민정부가 복구하려 했으나 지지하는 언덕이 침수되면서 거대한 돌이 물에 잠기기도 했다.

이 사원은 1973~85년에 유네스코 지원으로 1차 복구된 바 있다. 사원은 기저(基底)가 사방 118미터의 정사각형으로서 6개 층의 계단식으로 되어 있다. 이것은 200만 개의 대리석 및 화강암이 사방 대칭형으로 세워진 거대한 불탑이다. 각 기저에는 부처님이 도를 닦으며 수행하는 모습이 조각되어 있는데 부처님의 사상과 말씀 등의 내용을 담고 있다.

인도네시아 정부는 보로부두르 사원과 같은 아세안(ASEAN) 국가의 역사 문화 유적지를 중심으로 유적 보전 및 관광산업을 진흥시키기 위해 2004년에 '보로부두르 선언'을 발표하고 이후 매년 아세안 국가별로 개최지를 바꿔가며 문화관광장관 회의를 개최해오고 있다.

한편 족자카르타에는 보로부두르 사원에 필적하는 힌두문화를 대표하는 쁘람바난(Perambanan) 사원이나 말리오보로(Malioboro) 거리 등 역사 문화 유적지가 산재해 있어 고대 역사와 문화를 느껴볼 수 있다. 족자카르타는 교육도시로도 유명하다. 인도네시아에서 가장 규모가 크고 전체적으로 두 번째로 높은 명성을 지닌 가자마다 대학이 이곳에 있고 그 외 약 100여 개의 고등교육기관이 있어 명실공히 교육도시의 면모를 자랑하고 있다.

족자카르타는 또한 예술의 도시이기도 하다. 특히 그림자 연극인 와양(Wayang) 공연이 압권이다. 와양 공연은 고대로부터 현대에 이르기까지 시대를 초월하는 종합예술이라 할 수 있다. 또한 이곳의 자랑거리인 바틱 천을 빼놓을 수 없다. 바틱 천은 의상문화를 통해 족자카르타 사회를 풍요롭게 했다고 할 수 있다. 족자카르타 시내에는 바틱 천 제작과정을 보여주고 이들로 제작한 의류를 판매하는 상점이나 바틱을 응용한 다양한 예술품을 소장하고 있는 매장들이 많이 있어 이곳을 찾는 관광객들의 발길을 잡고 있다.

41

이슬람국가의 힌두교 특별주 발리

세계적 관광휴양지 '발리'. 우리나라에는 2003년 1월부터 3월까지 방영된 「발리에서 생긴 일」이라는 SBS 드라마가 인기를 끌면서 이곳에 대한 관심이 한층 높아졌다. 특히 우리에겐 신혼여행지로 많은 각광을 받고 있다. 그러나 한 단계 더 들어가보면 이슬람국가 속의 힌두교 왕국, 폭탄테러 발생, 평화의 섬, 신들의 섬 등등이 발리라는 이름에 덧붙여진다. 혹자는 천의 얼굴을 가진 섬, 인도네시아의 보석이라고도 말한다. 모두가 발리가 유명세를 떨치면서 붙여진 말들이다. 발리는 확실히 인도네시아 특히 자카르타와는 전혀 다른 분위기다. 이슬람국가 분위기가 물씬 풍기는 인도네시아지만 발리에서는 완전히 정반대다.

인도네시아는 2억 3,000만 인구의 약 87%가 이슬람교도이기 때문에 이슬람이 국교는 아니지만 세계 최대의 이슬람국가다. 그러나 제주도 세 배 크기(5,632㎢)의 땅에 인구 약 310만 명의 발리에서는 힌두교가 92%로 압도적으로 많고 그 뒤로 이슬람교 5.7%, 기독교 1.4%,

불교 0.6% 순으로 뒤바뀐다. 힌두교도 일반적 힌두교가 아닌 발리 특유의 힌두교로서 '발리힌두교'라 한다.

인도네시아에 이슬람은 13~14세기경 인도의 상인들이나 아랍상인들이 인도네시아의 가장 큰 섬인 수마트라 북부를 통해 전래했다고 한다. 이슬람이 타 대륙에 전파되면서 치러야 했던 소위 성전(聖戰) 등 무력적인 방법이 아니라 자연스럽게 전파되었던 것이 특징이다. 이슬람은 북부 수마트라 섬의 메단(Medan), 아체(Ache) 등을 시작으로 동쪽의 자바, 술라웨시에 이르기까지 인도네시아 전역으로 전파되었다. 그러나 발리 섬은 고대 힌두교도들이 이슬람 세력을 피해 섬으로 도피해 거주한 곳으로 토착신앙(애니미즘)과 중국에서 전파된 대승불교가 융합되어 발리힌두교라는 독특한 종교를 성립시켰다.

발리힌두교는 인간과 자연과 신의 조화로운 삼위일체를 신봉한다. 인간과 신과 자연이 동일선상에 있으며 함께 산다고 믿는 것이다. 발리는 산스크리트어로 '신에게 바치는 제물'이라는 뜻이다. 섬 전체가 신을 위해 존재하는 것처럼 보인다. 그러나 믿음은 신만을 위한 것이 아니다. 그들은 자신들만의 오랜 전통을 지켜오고 있는데, 발리의 전통 속에서 발리인들에게 또 하나의 우주가 있음을 알 수 있다.

발리 섬에서 가장 높은 산은 3,142미터의 아궁산인데 발리힌두교는 이를 성령이 사는 신성한 산으로 여기고 있다. 아궁산이 만물의 근원이며 우주의 중심이라고 믿는다. 활화산인 이 산은 1963년에 대폭발했고 2,000명 이상의 사망자를 낸 적이 있는데 발리 사람들은 이곳을 여전히 생명의 근원으로 믿고 있다. 산 밑에 있는 브사키 사원은 발리힌두교 사원 중 가장 우두머리격인 사원이다. 14~17세기에 건립된

이슬람국가인 인도네시아에서 힌두교도가 92%를 차지하는 발리에는 힌두교 양식의 조각 또는 부조물 등이 집 주변에 설치되어 있다.

이 사원에는 발리힌두교도 외에는 출입이 금지된다. 발리에 있는 약 1만 개 정도의 사원 중에서 가장 신성한 사원으로 추앙받고 있다. 이 사원은 경내에 22개의 조그만 사원이 있을 정도로 규모가 크다.

발리 사람들은 일 년 내내 각종 축제를 한다. 1만여 개에 이르는 사원의 건립기념일에는 이를 축하하는 기념축제가 개최된다. 결과적으로 일 년 내내 축제 분위기다. 이들은 축제를 통해 자기들의 정체성을 확인하고 신에 대한 믿음을 확인한다. 종교가 지배하는 사회는 종종 폐쇄적이고 배타적일 수 있는데 발리는 이와 달리 개방적이고 평화적이라 할 수 있다.

발리는 세계적 관광지이며 휴양지다. 『세계여행과 여가』라는 월간지 등 저명한 관광 관련 잡지에서도 거의 매년 세계 톱의 인기 여행지 대열에 포함된다. 어떤 이들은 인도네시아 수도인 자카르타는 몰라도 발리는 안다고 한다. 외지 관광객(외국인 및 발리 외 지역 내국인)은 연간 400만 명 이상으로 발리 전체 인구보다 많다. 우리나라의 인도네시아 방문객도 발리 방문객이 그 외 지역 방문객 보다 많다. 2008년 인도네시아 방문 외국인 관광객 전체인구 약 643만 명 중 약 30%가 발리 한 군데로 집중되었다.

발리 섬의 관광 개발은 1969년 발리 주도(州都)인 덴파사의 응우라이 공항이 개통되면서 단체 관광을 위한 대규모 개발이 시작되었다고 한다. 발리 섬 동남부 해안 지역을 중심으로 개발된 짐바란, 사누르(Sanur), 쿠타(Kuta) 지역 등의 관광지는 세계 각국에서 몰려든 관광객들로 붐빈다. 발리 사람들은 끝없이 펼쳐진 고요한 해안과 주변의 아름다운 자연경관은 신이 준 최대의 선물임에 틀림없다고 자랑한다.

그리고 발리 섬 북쪽에 있는 우붓(Ubud)은 작은 유럽이라고도 불린다. 크고 작은 각종 전시장, 패션 숍 등 다양한 볼거리가 가득하다. 발리의 독특한 문화와 종교가 결합되어 나타난 우붓 지역의 예술에 대해 서구의 많은 예술가들이 주목했다. 우붓은 1800년대부터 유럽에 알려졌다. 종교가 발리인들의 생각과 삶의 방식에 철저히 동화되어 나타난 예술세계는 그들만의 독자적 영역을 형성했고, 이에 서구의 많은 예술가들이 주목했다고 한다. 우붓은 1900년대 중반까지 하나의 왕국이었다. 발리에서 가장 크게 융성했던 우붓 왕국은 지금도 지난날 영화의 자취를 고스란히 남기고 있다.

이러한 발리가 2002년과 2005년에 폭탄테러를 당해 한동안 위험

발리는 연중 종교와 관련한 다양한 의식 및 행사를 치른다. 주민들이 의식에 필요한 장식품 등을 준비하고 있다.

한 곳으로 낙인찍히고 관광객이 급감하는 고역을 치러야 했다. 2002년 10월 12일, 쿠타 해변에서 관광객을 목표로 한 차량 폭탄테러로 202명이 죽고 209명이 부상당했다. 2005년 10월 2일, 쿠타와 짐바란 해변에서 연쇄 폭탄테러가 발생해, 26명이 죽고 127명이 부상을 당했다. 폭탄테러가 난 발리 시내 쿠타 지역에는 이 폭탄테러의 만행을 기억하고 평화의 섬에서 무참하게 숨진 이들의 영혼을 기리는 추모비가 세워져 있다. 이 추모비에는 숨진 이들의 이름이 새겨져 있는데, 추모비와 그 옆 테러현장을 둘러보는 사람은 사망자와의 연고나 국적을 불문하고 숙연한 마음을 갖지 않을 수 없다.

이러한 테러가 발리의 관광산업과 인도네시아 국가 이미지에 심각한 타격을 가했음은 두말할 것도 없다. 국제 관광휴양지로 관광산업이 주 소득이었던 발리 경제는 심대한 영향을 받았다. 두 번째 테러가 난 이후 발리 주뿐만 아니라 중앙정부 차원에서도 발리의 평화적 이미지 재구축이 가장 중요한 정책적 목표가 되었다. 이는 단지 발리 관광산업을 부흥시키는 문제일 뿐만 아니라 인도네시아 전체 이미지와도 연계되어 있기 때문이다.

최근 2~3년간 발리에서 개최된 다양한 국제행사는 평화와 안전의 이미지를 구축하려는 인도네시아 정부의 고심과 전략을 그대로 보여주는 것 같았다 .

2006년 9월과 2008년 5월 국제언론인대회가 발리에서 개최되었다. 미국,독일,프랑스 등 60개국 130여명의 중견 언론인들이 참석했는데, 개막식에 참석한 유도요노 대통령은 축사에서 발리가 안전에 아무 문제 없는 관광휴양지임을 언급하는 것을 빼놓지 않았다. 2007년 12월 2~5일에는 UN 기후변화회의가 개최되었다. 여기에는 반기문 사무총장을 비롯한 거의 전 세계의 정상급 지도자들이 참석했다. 인도네시아 정부는 회의 개최 성공의 관건을 안전에 두었다. 전 세계 각국이 회의의 영향을 직간접으로 받고 지구의 미래가 걸려 있는 사안이기 때문에 전 세계의 언론이 주목하는 대형행사가 되었다. 전 세계 언론은 연일 회의 결과에 대해 보도하면서 평화와 안전을 되찾은 관광휴양지 발리를 새롭게 조명했다. AP, AFP, 로이터 등 주요통신은 발리의 관광 이미지, 평화 이미지, 기후변화를 통한 지구생명 보호의 이미지를 매일 지구촌에 송고했다. 이로써 회의의 내용상 성과와 상관없이 인도네시아로서는 최대 성과를 얻은 셈이다.

2008년 10월 17~26일간에는 이곳에서 제1회 아시안 비치게임(34 장 참조)이 개최되었다. 아시아인들 체전이었지만 41개 아시아국에 발리가 안전한 곳이며 아시아인들과 함께할 수 있는 평화의 섬이라 는 이미지를 전파하는 데 성공했다고 할 수 있다.

인도네시아 정부가 퇴폐성 행위 확산을 방지하기 위해 2008년 11 월 음란방지법(Anti porno act)을 제정할 당시 10여 개 주에서 고유 전 통문화 유지나 관광산업을 억제한다는 이유로 반대했는데, 이 중 발 리가 가장 적극적이었다. 공공장소나 대중 앞에서 지나친 신체 노출 을 한 의상이나 공연, 성적 자극을 일으킬 수 있는 언행 등을 금하는 내용의 이 법이 국제관광지와 문화예술 성지와 같은 우붓의 활동을 제한하게 될 것을 매우 염려했던 것이다.

관광산업 활성화를 통한 발리 경제회복을 위해 발리 주정부는 2007년 6월 새로운 관광로고를 설정했다. 이는 삼각형 모양에 검정 색, 흰색, 빨강색 3색으로 되어 있다. 삼각문양 밑부분에는 '샨티 샨 티 샨티(Shanti Shanti Shanti)'라고 새겨져 있다. 이 로고는 전체적으로 화해와 평화를 기본 콘셉트로 하고 있다. 삼각형 모양은 발리힌두교 의 기본철학인 신과 인간과 자연 3요소 간의 균형과 조화를 상징하 고 3색은 브라마(Brahma), 비스누(Wisnu), 시바(Siwa)의 3위일체를 상 징한다. 그리고 밑부분의 샨티는 '평화'라는 뜻인데 세 번을 언급한 것은 힌두교 철학의 3요소를 나타낼 뿐만 아니라 평화를 적극적으로 간구한다는 의미를 표현한 것이다. 발리 사람들은 다양한 의식을 할 때 '샨티 샨티 샨티' 세 번을 외친다. 발리에 평화가 영원히 함께하 기를 간절히 바란다.

제4부

인도네시아 속 대한민국, 특별한 이웃 이야기

42
한 · 인니 외교관계
전략적 동반자 관계로 격상

한국과 인도네시아는 정치제도 면에서나 경제구조 면에서 근본적으로 현격한 차이가 존재하지만 두 가지 공통된 역사적 경험을 갖고 있다. 이는 양국이 외세에 의한 식민통치를 경험했다는 것과 공산주의와 대결정책을 벌였다는 점이다. 이러한 역사적 공통점은 각각의 나라가 건국과 국가발전 단계에서 외교정책을 추진하는 데 큰 영향을 미쳤음이 분명하다.

한국과 인도네시아는 제2차 세계대전이 종료된 후 20여 년이 넘도록 외교관계를 갖지 못하다가 1966년에야 영사관계에 합의한 후 1973년 9월 대사급 외교관계를 수립했다. 인도네시아와 북한 간 대사급 외교관계가 수립된 1964년 4월보다 약 10여 년이나 뒤늦은 것이었다. 이는 수카르노 초대 대통령이 사회주의 이데올로기를 택함에 따라 자유민주주의 체제였던 우리와 이데올로기가 맞지 않았기 때문이다. 인도네시아는 340년간 네덜란드로부터, 3년간 일본으로부터 식민 지배를 겪었기 때문에 수카르노 대통령은 서방세계나 공산진영에 합류하기를 거부하고 자주적 입장에서 비동맹의 길을 택한 것이다.

하지만 1966년 수하르토 대통령 등장 이후 양국은 관계 개선의 기회를 맞게 되었다. 인도네시아는 1965년 9월 30일 공산당 쿠데타 기도사건을 계기로 인도네시아에서 공산주의자들의 몰락을 가져왔고 반공이라는 새로운 사조가 생기면서 기존의 자주와 능동을 모체로 한 실용주의 노선으로 변화하기 시작했다. 1966년 5월 양국은 도쿄에서 총영사관 개설에 합의하고 이에 따라 1966년 12월 1일 자카르타에 대한민국 총영사관이, 1968년 6월 1일 서울에 인도네시아 총영사관이 개설되었다. 그리고 1973년 9월 18일에 대사급 외교관계로 격상되었다. 초대 주인도네시아 한국대사로 이재설(1974~78년) 대사가, 주한 인도네시아 대사로는 사르워 에디 위보워(Sarwo Eddie Wibowo, 1975~78년) 예비역 중장이 임명되었다(위보워 대사는 수실로 밤방 유도요노 대통령 장인임).

한국과 인도네시아의 관계는 1970년대와 80년대를 거쳐 양국 정부의 성격(군 출신 대통령)과 반공, 경제개발이라는 공통목표 아래 수직 상승했다. 이러한 양국 관계는 한국이 1970년대 말 제2차 오일쇼크로부터 벗어나는 데 결정적인 역할을 했다.[16]

인도네시아는 1998년 수하르토 대통령 퇴진 이후 비교적 단기간 내 안정적인 민주주의로의 발전을 구축하고 인권 등 인류 보편적 가치 및 자유시장 경제체제를 꾸준히 진행해온바, 아시아 역내에서 한국과 공동 가치를 지향함으로서 상호간 핵심 외교 파트너로 발전 중에 있다. 또한 인도네시아는 한국을 경제위기 극복과 제도 선진화를 위한 중요한 파트너로 인식해, 경제 통상관계 강화를 강력히 희망해왔다. 지난 1980년대부터 2009년 6월까지 15차례 이상의 정상간 교류는 이러한 관계 발전을 대변해주고 있다.

한 · 인니 정상교류 현황(1981년 6월~2009년 6월)

시기(연월)	정상교류 내용
1981년 6월	전두환 대통령 인니 방문
1982년 10월	수하르토 대통령 방한
1988년 11월	노태우 대통령 인니 방문
1992년 9월	노태우-수하르토 대통령 정상회담(뉴욕)
1993년 11월	제1차 APEC 정상회의 참석(시애틀)
1994년 11월	김영삼 대통령 인니 방문 및 제2차 APEC 정상회의 참석(보고르)
1999년 11월	김대중-압두라흐만 와히드 대통령 정상회담(ASEAN+3, 마닐라)
2000년 2월	압두라흐만 와히드 대통령 방한
2000년 11월	김대중 대통령 인니 방문
2002년 3월	메가와티 수카르노푸트리 대통령 방한(남북한 동시방문)
2003년 10월	노무현 대통령 ASEAN+3 정상회의 참석(발리)
2004년 11월	노무현-수실로 밤방 유도요노 대통령 정상회담(ASEAN+3, 비엔티엔)
2005년 11월	수실로 밤방 유도요노 대통령 방한(부산 APEC 정상회담 참석)
2006년 12월	노무현 대통령 인니 방문
2007년 7월	수실로 밤방 유도요노 대통령 방한
2009년 3월	이명박 대통령 인니 방문
2009년 6월	수실로 밤방 유도요노 대통령 한 · 아세안 정상회의 참석(제주)

2006년 12월 노무현 전 대통령의 인도네시아 방문 시 양국은 21세기 우호협력을 위한 전략적 동반자 관계(Strategic Partnership)에 관한 공동선언에 서명했다. 전략적 동반자 관계란 일반적인 외교관계보

다 한 차원 높은 것으로서 정무, 국방, 경제, 통상, 사회, 문화 등 여러 분야에서 양국간 협력관계를 한층 강화하는 것인데, 양국은 이행과제 32개항에 합의했다. 인도네시아는 당시 전략적 동반자 관계를 중국, 인도, 러시아 등 6개 국가와만 구축하고 있었는데, 이와 같은 전략적 동반자 관계를 구축한 것은 그만큼 양국이 상호의 중요성을 높게 인정한 것이라고 하겠다.

유도요노 대통령은 2007년 7월 한국을 방문해 전략적 동반자 관계를 재확인하고 경제협력을 심도 있게 논의했다. 유도요노 대통령의 서울 방문은 헤라와티 여사와 함께 31년 만의 방문이었다. 유도요노 대통령은 이전 해인 2005년 10월 부산에서 개최된 APEC 회의에 참석하고 노 대통령과 별도회담에서 한국 방문을 초청받았었다. 이에 그는 2006년 6월 7일 방한계획이었으나 5월 27일 족자카르타에서 대지진이 발생해 방문을 7월로 연기했었다. 그런데 7월 8일 북한의 대포동 미사일 발사로 북미 및 남북관계가 냉각되고 국제사회가 떠들썩해지자 유도요노 대통령은 미사일 발사로 인한 한반도 긴장관계 해결에 나름대로의 역할을 하기 위해 남북한을 동시 방문하려 했으나 북한과의 조율이 제대로 되지 않아 결국 그 해 방문을 하지 못하고 해를 넘긴 것이다.

2008년 2월 25일 이명박 대통령 취임식에는 유숩 칼라 부통령이 참석했고 2월 26일 오후 이 대통령을 개별 예방했다. 유숩 칼라 부통령은 경제사절단과 함께 방한해 한국의 경제인 등을 만나 경제세일즈 활동을 했다.

2009년 3월 6~8일에는 이명박 대통령이 인도네시아를 국빈 방문,

양국 간 전략적 동반자 관계를 재확인하고 협력관계 증진방안을 협의했다. 산림바이오에너지산업 육성, 인도네시아 내 20만 헥타르 조림지 추가확보(2006년 인도네시아는 조림지로 50만 헥타르를 한국 측에 무상임대하였음), 지하자원 개발 프로젝트 참여 등 양국 간 에너지 및 자원분야 협력방안 등을 논의하고 에너지 안보 및 기후변화 문제에 공동 대처하는 녹색성장 실현을 위해 심도 있는 협의를 했다.

2009년 6월에는 제주에서 개최된 한-아세안 정상회의에 유도요노 대통령이 참석했고, 두 정상은 양국 간 실질협력이 정보, 통신, 청정에너지 개발 등 신성장 동력분야로 확대되고 있다는 데 의견을 같이하고 양국 간 긴밀한 경제협력을 통해 공동 번영을 이룩해나가기로 합의했다.

양국은 강화된 양자관계를 바탕으로 국제사회의 다자관계에서도 긴밀한 협력관계를 유지하고 있다. 동아시아를 기준으로 양국은 아세안 전면대화 상대국(ASEAN PMC), 아시아태평양경제공동체(APEC), 아시아유럽회의(ASEM), 비동맹, 유엔 등을 통해 양국관계 제고와 양국관계를 통한 국제사회에서의 역할을 공유하고 있다. 그리고 경제사회이사회(ECOSOC), 유엔인권이사회 등 주요 국제기구 선거나 국제대회 유치 등에서 한국과 인도네시아는 전략적 협력을 유지해오고 있다.

43

한·인니 보완적 경제협력으로 윈-윈

국토가 협소하고 원유 등 천연자원이 절대 부족한 한국은 경제발전을 추진하면서 자원확보와 상품판매를 위해 일찍부터 해외에 눈을 돌려야 했다. 정치, 외교 및 군사 분야에서 긴밀한 협력관계를 구축한 한국과 인도네시아 양국은 곧 경제 분야에서도 중요한 동반자가 되었다. 인도네시아가 가진 방대한 인구와 국토, 그리고 아세안(ASEAN)을 중심으로 한 지역 강대국으로서의 위상과 풍부한 천연자원, 값싼 노동력은 한국의 관심을 유인했으며, 인도네시아로서도 한국의 자본과 선진기술은 대단히 매력적인 것이었고 최단기간 내에 이를 끌어들이는 일이 가능하다고 판단했다.[17]

한국과 인도네시아는 1971년 8월 경제 및 기술협력과 통상증진에 관한 협정을 체결한 이후 교역 및 투자가 꾸준히 증가했다. 2008년 기준으로 인도네시아는 우리의 열한 번째 교역상대국이며 우리는 인도네시아의 다섯 번째 교역상대국이다. 양국 간 교역수지는 우리나라가 인도네시아로부터 자원 수입이 많기 때문에 항상 적자를 유지해오고 있다.

2004~2009년 한 · 인니 간 교역규모(단위 : 백만 달러)

구분	2004년	2005년	2006년	2007년	2008년	2009년 5월
총 교역 (증감률, %)	10,046 (15.8)	13,230 (31.7)	13,723 (3.7)	14,885 (8.5)	19,254 (29.4)	5,092 (−39.2)
수출 (증감률, %)	3,678 (8.9)	5,046 (37.2)	4,874 (−3.4)	5,771 (18.4)	7,933 (37.5)	1,959 (−32.3)
수입 (증감률, %)	6,368 (22.2)	8,184 (28.5)	8,849 (8.1)	9,114 (3.0)	11,320 (24.2)	3,133 (−42.9)
수지	−2,690	−3,138	−3,975	−3,343	−3,387	−1,175

자료 : 한국무역협회(KOTIS)

한국과 인도네시아 간 교역 및 투자 등 경제협력은 최근 3~4년간 매우 활발해졌다고 할 수 있다. 교역 규모는 2004년 100억 달러에서 2008년 193억 달러로 거의 두 배 성장했다. 한국의 대인니 투자규모도 투자실현 기준으로 2004년 6,300만 달러에서 2008년 3억 100만 달러로 약 4.8배 증가했다.

2007년 4월 30일~5월 2일간은 한국−인도네시아 외교관계 역사상 최대 규모의 한국인 경제사절단이 인도네시아를 찾아 민관경제협력을 했다. ①정책 ②교역 · 투자 · 기술 ③에너지 · 자원 ④인프라 · 건설 ⑤IT ⑥방산 ⑦산림 ⑧연구개발 등 8개 분과로 구분, 각 분야별 민간기업의 CEO급과 관계부처 정책담당자 등 200여 명(한국측)이 인도네시아 측과 TF 합동회의를 개최했다. 우리 측 단장은 김영주 당시 산업자원부 장관과 손경식 대한상공회의소 회장이었다. 인도네시아 측 대표는 당시 부디오노 경제조정장관(2008년 2월 인도네시아 중앙은행 총재로 전직하고, 2009년 7월 대통령선거에서 부통령 러닝메이트가 되어 선출됨)이었다. TF 합동회의는 전체회의와 8개 분과별 회의, 그리고 개별기업 간 상담회 등으로 진행되었다. 이후 주요 분야 특히 에너지, IT, 산림, 인프라 및 건설 분야에서 크고 작은 경제협력이 서울과 자카르타를 오가며 이루어졌다.

이러한 상황변화를 만든 직접적 계기는 2006년 12월 노무현 전 대통령의 인도네시아 방문 결과였다. 노 대통령은 한·인니 정상회담에서 경제협력강화에 합의하고, 교민간담회에서 인도네시아가 우리의 경제협력에 중요한 국가라는 것을 이번 방문을 통해 인식하게 되었다고 말했다. 우리 기업들의 국내투자는 이미 한계에 이르렀기 때문에 해외 투자처를 적극 찾을 수 있도록 귀국하면 정부 내에 민관 경제협력 TF를 구성하도록 하겠다고 밝혔다. 2007년 3월 정부 내에 한·인니 경제협력 TF를 구성운영하고, 산업자원부 장관과 대한상공회의소 회장을 공동위원장으로 지명했다. 3월 하순에는 산업자원부 국장급을 단장으로 한 실무단이 자카르타를 방문해 실무차원의 경제협력방안을 협의하기도 했다.

2008년 4월에는 「매일경제신문」 주최로 한·인니 경제포럼이 자카르타에서 개최되었다. 유숩칼라 부통령이 참석하고, 때마침 자카르타에서 제12차 한상(韓商)운영위원회가 개최되어 인도네시아의 매력을 함께 공유했다. 매경은 지난 몇 년 전까지만 해도 중국, 인도, 베트남 등 우리 기업의 주요관심 지역에서만 포럼을 개최한 점을 고려하면, 당시 포럼 개최는 대단한 의미가 있었던 것이다.

현 우리 정부는 2008년 2월 출범과 동시에 에너지자원외교 강화를 국정기조로 내걸었다. 주인도네시아 대사관을 에너지자원 중점협력 공관으로 지정하고 경제 분야 주재관을 증원했다(국세관, 관세관 증원 등). 앞에서 언급한바와 같이 이명박 대통령이 인도네시아를 국빈방문 하거나 다자간 국제회의에서 한·인니 정상회담 등을 통해 에너지 및 자원 분야 협력, 녹색산업 개발 등에 대해 긴밀히 협의해오고 있다.

한편 2008년 기준으로 한국의 대(對)인도네시아 수출액은 79.3억 달러로 주로 경유, 선박, 합성수지, 강판류 등을 수출하고 있으며, 인도네시아로부터의 수입액은 113.2억 달러로 가스, 유연탄, 원유, 동광, 펄프 등을 수입하고 있다. 2009년 5월 현재 한국의 대 인도네시아 교역수지는 약 11.8억 달러 적자다.

대(對) 인도네시아 수출상위 10대 품목(단위 : 1,000달러, %)

순위	품목명	2007년		2008년	
		금액	증가율	금액	증가율
	총계	5,770,618	18.4	7,933,617	37.5
1	석유제품	1,480,756	17.2	2,464,910	66.5
2	선박해양구조물 및 부품	98,903	708.1	545,505	451.6
3	철강판	281,628	25.3	512,266	81.9
4	편직물	338,446	22.1	454,012	34.2
5	합성수지	336,008	14.6	440,793	31.2
6	합성고무	88,046	16.8	195,987	122.6
7	음향기기	117,058	−20.6	139,127	18.9
8	무선통신기	110,334	53.8	134,255	21.7
9	동제품	185,123	46.6	130,401	−29.6
10	평판디스플레이 및 센서	88,929	16.5	116,004	30.4

자료 : 한국무역협회(KOTIS)/MIT 코드 3단위 기준

대(對) 인도네시아 수입상위 10대 품목(단위 : 1,000달러, %)

순위	품목명	2007년		2008년	
		금액	증가율	금액	증가율
	총계	9,113,843	3	11,320,291	24.2
1	천연가스	2,308,861	-18.3	2,594,556	12.4
2	석탄	1,368,256	46.7	2,098,356	53.4
3	원유	1,022,651	-29.4	1,554,581	52.0
4	석유제품	602,102	93.2	756,123	25.6
5	동광	644,249	-15.3	482,440	-25.1
6	제지원료	336,703	7.3	385,199	14.4
7	임산부산물	201,879	14.6	298,798	48
8	니켈제품	174,552	52,711.20	280,401	60.6
9	기타 금속광물	197,747	25.3	276,752	40
10	식물성물질	138,832	75	244,348	76

자료 : 한국무역협회(KOTIS)

한국은 인도네시아의 주요 투자국으로 싱가포르·일본·영국 등에 이어 여섯 번째 투자국(2008년 기준)이다. 2004년 이후 2007년까지 투자폭은 매년 증가해왔으나 2008년은 182건 약 3억 달러로 전년도 6.2억 달러에 비해 절반에도 미치지 못했다. 이는 작년 하반기 미국발 금융위기에 따른 경제축소 때문인 것으로 보인다. 그러나 전체적으로 우리나라의 대인도네시아 투자는 양국 간의 경제협력 강화활동과 맞물려 실현 및 승인이 계속 증가추세에 있으며, 중국의 투자환경 악화, 우리나라 기업의 인도네시아 관심 증가 등에 따라 당분간 투자 호조를 보일 것으로 예상된다. 연도별 한국의 대인도네시아 투자실현 및 승인 현황은 다음 표와 같다.

한국의 대인도네시아 투자 실현 및 승인 현황

연도	투자실현		투자승인	
	건수	금액(백만 달러)	건수	금액(백만 달러)
2004	60	63.1	212	420.4
2005	101	429.5	309	417.3
2006	140	475.7	312	887.2
2007	164	627.7	400	895.3
2008	182	301.1	—	—

주 : 2008년부터 투자승인통계 미발표
자료 : 인도네시아 투자조정원(BKPM)

현재 인도네시아 투자진출 한국기업은 약 1,350여 개로 이중 제조업이 950여 개사, 기타 서비스업이 400여 개사다. 이들 한국회사들이 고용하고 있는 인도네시아 근로자 수는 약 50만 명 정도로 인도네시아 전체 경제활동 인구(약 1억 명)의 0.56%를 점유하고 있는 것으로 분석된다.

한국 투자진출 기업은 섬유, 신발 등 인도네시아 내 노동집약산업 부문의 생산, 수출에 큰 기여를 하고 있으며, 1995년 이후부터는 전자, 건설, SOC 등 기간산업 분야까지 진출하고 IT 분야 진출도 이루어지고 있다. 최근에는 무역 관련 업종과 진출기업을 대상으로 한 서비스 업종도 증가하고 있다.

우리나라의 대인도네시아 개발협력은 무상원조와 유상원조로 이루어진다. 인도네시아는 대외무상원조(ODA) 중점지원 대상국으로 규모면에서 세 번째 지원국이다. 1991년 KOICA 창설 이래 2008년까지 약 7,700만 달러를 지원(연평균 450만 달러)했다. 주로 연수생 초청

(1,777명), 봉사단원(420명 파견), 개발프로젝트(3,175만 달러), 개발조사(898만 달러), 물자지원(563만 달러), 긴급원조(412만 달러), NGO 지원(102만 달러) 등으로 구성되어 있다. 유상원조에서 인도네시아는 2009년 2월 기준으로 41개 유상원조(EDCF) 수원국 중 베트남에 이어 2위 규모 수원국이다. 1987~2008년간 총 15건, 3억 1,540만 달러를 지원했으며, 8개 사업을 완료, 7개 사업이 진행 중이다. EDCF 차관지원 조건은 연이율 0.1%, 상환(거치)기간은 2040(10)년까지다.[18]

인도네시아는 우리의 7번째(석유 제외 시 5번째)로 많은 자원 수입대상국이다. 이곳은 천연자원이 절대 부족한 우리에게 자원 및 에너지 공급원의 안정적 확보차원에서 매우 중요한 국가이다. 이러한 상황에서 한국과 인도네시아 협력관계 강화는 곧 경제협력관계 강화라고 해도 과언이 아니다. 최근의 한·인니 관계에서 경제협력 분야가 가장 빠른 성장세를 보여주고 있다. 한국 기업들이 인도네시아를 기회의 나라로 보고 다시 돌아오고 있다고 할 수 있다. 2008년 하반기 미국발 금융위기로 한국기업의 대인도네시아 투자가 잠시 주춤했지만 인도네시아의 값싼 노동력과 풍부한 천연자원은 한국인에게 여전히 매력적인 투자요인이다. 한국의 자본과 하이테크닉이 인도네시아의 매력과 결합할 때 양국의 경제협력과 외교관계는 더 한층 강화될 것이다.

44

인도네시아 미래 발전의 동반자 코이카

1950년 한국전쟁 이후 세계 최빈국 중 하나로 국제사회로부터 원조를 받았던 우리나라가 이제는 국제사회에 원조하는 국가로 탈바꿈했다. 세계적으로 2차 대전 종전 후 수원국이 원조국으로 역할과 위상이 바뀐 국가로는 우리나라가 유일하다는 찬사가 대단하다. 국제사회에 우리나라의 개발경험을 전수하고 미래 발전을 견인하는 데 한 축을 담당하는 기관으로 한국국제협력단(Korea International Cooperation Agency: KOICA)을 빼놓을 수 없다. 코이카(KOICA)는 우리 정부가 1991년 4월에 설립한 해외 원조 전담기관이다. 받는 국가에서 베푸는 국가로 역할을 하는 최첨병기관 중 하나다. 어려울 때 도와준 것에 감사하며 베풀 줄 아는 한국임을 실천하는 기관이다. 하면 된다는 정신, 선진 및 첨단기술, 역동적 발전 등등의 다양한 메시지와 국가 이미지를 전하는 매개체인 것이다.

한국은 1990년대 초부터 국제개발 협력 사업을 본격적으로 전개해오는 과정에서 인근 아시아지역 우방국에 대한 지원을 중시해왔다. 물론 우리나라는 이제 신흥 원조 공여국이기 때문에 기성 원조국인 여러 선진국들에 비하면 아직은 지원 규모가 크지 않다. 우리나라가 지난 반세기 동안 국제사회로부터 받은 원조규모는 약 128억 달러다. 현재까지 우리나라가 지원한 해외무상원조 규모는 약 48억 달러다. 단순히 생각해 우리는 국제사회에 약 80억 달러를 빚지고 있는 셈이다.

1991년에 설치된 코이카 인도네시아 사무소(이하 코이카 사무소, 소장 이종선)는 인도네시아의 고통과 슬픔을 함께하면서 이를 극복하고, 우리의 경제개발 경험과 선진기술 등을 전수해 영광스런 미래 발전을 주도하는 데 앞장서고 있다. 코이카의 해외지원규모 중 인도네시아에 대한 지원 협력은 매우 큰 비중을 차지하고 있다. 인도네시아는 한국의 중점 지원대상국의 하나로서 1991년부터 2008년까지 17년간 누적 지원 규모 면에서 제3위의 협력대상국이다. 2009년은 2008년에 이어 한국국제협력단의 최우선 지원대상국이다.

1991년 이후 2008년까지 대인도네시아 지원은 지난 17년간 지속적으로 증가해왔는데, 총 76,900만 달러, 연평균 450만 달러의 지원 실적을 기록했다. 특히 2004년 이후 신규 프로젝트 지원 증대 및 쓰나미 지원 강화에 힘입어 연간 지원규모가 획기적으로 늘어났으며, 2009년 기준 코이카의 대인도네시아 지원액은 1,500만 달러를 상회해 2008년에 이어 코이카 최대 지원국으로서의 위치를 유지하고 있다. 인도네시아 원조규모의 지속 증가는 아세안 지역에서의 인도네시아의 중요성, 풍부한 자원을 바탕으로 한 인도네시아의 경제적 잠재력 및 우리나라와의 경제협력관계 등에 기인한 것이다. 지원형태별로는 프로젝트 및 개발조사사업 33건, 인도네시아 인사초청연수

1,777명, 전문가(태권도사범 2명 포함) 파견 36명, 한국해외봉사단 파견 420명 등이다. 인도네시아에서 수요가 높은 인적자원개발, 재난복구 등 신속한 지원, 지속가능한 경제발전에 필요한 도로 및 전력망 구축지원 등을 통해 효과적으로 추진되어왔다. 최근 5년간 코이카의 대인도네시아 주요 지원사업은 아래와 같다

최근 5년간의 주요 개발조사 및 프로젝트 사업

분야	사업명	사업기간 / 예산	수원기관
산업 에너지	인니 카리얀 다목적댐 건설 타당성 조사 및 실시설계	2004~2006 / 170만 달러	공공사업부
	인니 마나도 우회도로 건설 2단계 타당성 조사 및 실시설계	2004~2005 / 50만 달러	공공사업부
	인니 3개 도시 배전체계개선 타당성 조사 및 자동화 시범사업	2006~2007 / 95만 달러	에너지광물자원부, 국유전력회사
	인니 수마트라 섬 간선도로망 마스터플랜 수립	2008~2009 / 300만 달러	공공사업부
정보 통신	한·인니 ICT 교육센터 지원사업	2007~2009 / 890만 달러	정통부
	인니 조기경보시스템 구축사업	2008~2009 / 300만 달러	정통부
행정 제도	정부혁신을 위한 공무원 역량강화사업	2007~2009 / 65만 달러	국가사무처
교육	한·인니 기술문화 협력센터 건립사업	2006~2008 / 300만 달러	노동이주부
환경	인니 열대림 임목종자 관리 및 개발	2008~2009 / 240만 달러	산림부
	한·인니 산림분야 기후변화 대응역량 강화	2008~2012 / 500만 달러	산림부

자료 : 코이카 인도네시아 사무소

현재 코이카 사무소의 2009년 업무계획 자료에 의하면 인도네시아 원조목적은 '인도네시아의 지속가능한 경제성장 지원을 통한 빈곤감축'이다. 즉 한국이 빠른 기간 동안에 이룩한 경제·사회개발 및 이를 통한 빈곤퇴치 경험을 전수함으로써 인도네시아 정부의 중기개발계획(2004~2009년) 및 빈곤감소전략(PRSP) 목표달성을 지원하는 것이다. 이러한 목적하에 지원방향은 우리의 경제발전 과정에서 축적한 개발경험과 우리나라의 비교우위 분야를 활용하고 한·인니 특성적 경제협력 관계를 고려해서 ①경제·사회 기반시설 강화 지원 ②인적자원개발 및 능력강화 지원 ③환경보존 및 지속가능한 개발지원을 중점 방향으로 설정했다. 이런 과정에서 우리 정부의 자원에너지외교 및 녹색성장정책을 간접적으로 지원한다는 것이다.

이러한 목적 및 방향에 부응하는 중점지원분야는 ①산업에너지 ②정보통신 ③행정·제도 ④환경 4개 분야다. 이 분야에서 우수 사업을 발굴해 중점적으로 지원하고 있다. 좀 더 구체적으로는 첫째 부존자원이 풍부하고 개발수요가 높은 칼리만탄 지역을 중심으로 마스터플랜 수립, 타당성조사 등 인프라(철도·도로·항만)와 자원개발(전력·에너지) 패키지 협력을 지원한다. 둘째 전 지구적 관심사인 기후변화 대응을 위한 산림조성, CDM(청정개발 메커니즘) 공동연구 등 산림·환경분야 사업을 중점 지원한다. 즉 산림환경보전 및 생태관광역량강화, 산림분야 기후변화 대응역량 강화 등이다. 셋째, 주재국 정부가 중점 추진하고 있는 부패 추방, 제도개혁을 위한 행정개혁 분야 공무원 연수 확대 및 ICT 분야 역량강화 지원 등이다.

2009년도에 코이카 사무소가 인도네시아를 지원하는 주요 사업은 8

건의 프로젝트사업, 인도네시아 인사초청연수 95명, 해외봉사단 파견 85명, 그리고 민간단체 지원사업 등으로 압축된다. 지원액으로는 1,505만 달러에 달한다. 2009년도 사업현황을 표로 정리하면 다음과 같다.

2009년 사업추진현황

지원형태	사업명(총 사업기간 및 총 지원액)	2009 예산 (단위: 만 달러)
프로젝트 (8개)	한.인니 ICT 교육센터 건립사업 (2007~2009/890만 달러)	630
	산림환경보전 및 생태관광 역량강화 (2007~2009/100만 달러)	17.6
	조기경보시스템 구축사업 (2008~2009/300만 달러)	194.8
	수마트라 섬 간선도로망 마스터플랜 수립사업(2008~2010/300만 달러)	121
	한 · 인니 산림분야 기후변화대응역량강화사업(2008~2013/500만 달러)	65.4
	열대림 임목종자 관리 및 개발사업 (2008~2010/240만 달러)	120
	정부혁신 역량강화사업 (2009~2011/200만 달러)	30
	중부 칼리만탄 농업개발계획수립 및 시범사업(2009~2011/300만 달러)	2
프로젝트 사업소계	8건	1,180.8
국내초청 연수	19개 과정 95명 : 국별연수 5과정 66명, 일반연수 10과정 20명, 공동/특별연수 4과정 9명	43.2
해외봉사단 파견	해외봉사단파견 85명	273
인력협력 사업 소계	180명	316.2
민간단체 지원	람풍지역 개발사업(동서문화개발원)	3.9
	족자카르타 반툴군 KOICA 주민인적자원개발센터 지원사업 (한국 해외봉사단원 연합회)	4.3
민간단체 지원 소계	2건	8.2
총 계		1,505.2

자료 : 코이카 인도네시아 사무소

코이카가 2008년 5월 22일 수마트라 섬 맨 북쪽 아체주 멀라보 지역에 건립지원한 '아체 바랏디야' 병원. 최신 기기장비를 갖춘 100병상 규모이다.

코이카의 연수생 초청사업으로 한국에 다녀온 인사들은 인도네시아 발전을 위한 중추 동력이 되고 있다. 연수생들은 정부기관, 학교, 공공기관 등의 직원 중 발전 가능성 있는 직원들이 추천 선발된다. 구체 프로그램은 매년 조금씩 다르긴 하나 대체로 지역개발정책, 전자정부, 사이버 범죄수사, 출입국관리, 투자진흥 등 다양한 과정에서 3개월 내지는 2년간 연수를 하고 귀국해 자기네들의 정책이나 실무에 응용한다. 코이카는 이들이 인도네시아 발전의 중추역할을 할 수 있도록 방한 연수생 동창회를 2002년에 출범시키고, 협력네트워크를 운영토록 지원해오고 있다. 이들 동창회 임원진은 매년 자체적으로 지역 봉사활동을 전개하는데, 이는 코이카에서 배운 지원과 봉사 정신을 실천하는 것이다.

코이카가 지원하는 분야 및 사업은 우리나 인도네시아 측 어느 한 쪽 당사자의 독단적인 결정으로 되는 것이 아니다. 정부와 정부 간의 협력사업이기 때문에 민간부문의 협력사업과는 절차나 내용이 다르다. 기본적으로 인도네시아 정부로부터 협력과 지원을 필요로 하는 분야나 사업을 공식 요청받아 타당성 검토를 거친다. 물론 상황에 따라 우리가 판단해서 지원 가치가 있고 지원 가능한 분야나 사업을 먼저 제시하기도 한다. 지원 후 가시적인 원조효과가 있는가와 한국이 비교우위 분야로서 정부가 지원해줄 수 있다고 판단되면 능력 범위 내에서 사업을 선정하고 추진한다.

인도네시아 전역에서 활동하고 있는 코이카 단원은 모두 78명(협력요원 15명, 일반단원 63명 / 남 29명, 여 49명)이다. 이들은 컴퓨터(24명), 한국어(16명), 유아교육(15명), 태권도(10명), 간호(3명), 원예(2명), 자동차(1명), 마케팅(1명), 식품가공(2명), 농업일반(1명), 농기계(1명), 의류직물(2명) 등 12개 분야에서 활동하고 있다. 자카르타, 족자카르타 등 대도시로부터 아체나 수마트라, 칼리만탄 등 오지에 이르기까지 정부기관이나 학교, 병원, 공공기관에서 은혜를 갚을 줄 아는 나라라는 이미지와 노력하면 잘살 수 있다는, 한국이 먼저 체험해 국제사회에 내보인 정신과 성과를 전달하는 데 앞장서고 있다. 대부분이 미혼인 젊은이들은 2~3년간 이국의 전혀 다른 문화권, 때론 사고무친의 벽지나 오지에서 미래 발전의 동반자라는 사명감 하나로 청춘의 젊음과 기백을 바친다.

코이카 사업 중 하나로 지구촌 곳곳에 대한민국을 알리는 데 크게 기여한 태권도사범 파견을 언급하지 않을 수 없다. 사실 태권도사범 파견사업은 코이카가 설립될 당시인 1991년부터 추진되어왔고 가시적인 성과가 컸다. 그러나 2009년부터 문화체육관광부의 파견사업으로 소관이 바뀌었고 인도네시아에서도 코이카 사무소가 아닌 문화부 파견 주재관인 문화홍보관이 관리하고 있다. 한국인 태권도사범은 인도네시아 국가대표팀을 지도해 각종 국제대회에 입상시킴으로써 인도네시아 태권도 수준을 국제적 수준으로 향상시켰다. 2003년에는 파리 세계태권도선수권대회 금메달을 획득하기도 했다. 다각적인 노력으로 1990년대 초 약 3만 명에 불과하던 태권도 인구를 2009년 2월 현재 약 53만 명으로 끌어올리는 데 혁혁한 기여를 한 것이다.

현지인들은 과거에 한국이 인도네시아보다 못했다는 말에 반신반의한다. 그리고 현재의 한국모습을 투영해 자신들의 미래를 그려본다. 인도네시아 서쪽 끝에서 동쪽 끝까지 약 5,200킬로미터에 이르는 광대한 국토 곳곳에 코이카가 걸어온 흔적이 묻어난다. 17년간 지원의 결실이 영근 모습을 볼 수 있다. 2004년 12월 쓰나미로 잿더미가 된 수마트라 섬 맨 북쪽 아체주 멀라보 지역. 2008년 5월 22일, 코이카가 지원해 현대식 기자재로 건립된 7개 학교와 한·인니 친선병원인 '아체 바랏디야' 병원에 태극기와 적백색의 인도네시아기가 유달리 힘차게 휘날린다. 제법 정확한 발음으로 '김치 맛있어요', '감사합니다', '코이카가 지어줬어요', '한국 정말 좋아요' 등을 연발하고 환하게 웃으면서 우리에게 다가오는 그들에게서 인도네시아의 희망을 읽으며, 새로운 미래를 이끌어가는 코이카의 숭고한 뜻을 되새겨본다.

45
녹화사업 성공비결로 열대림을 살린다

인도네시아는 전 국토의 약 62.6%인 약 1억 2,000만ha가 산림으로 구성되어 그 규모면에서 세계 2위의 열대 산림자원 보유국이다. 적도 아래 있고 규모가 방대해 가히 세계의 정원이라고 할 수 있다. 그러나 불명예스럽게도 매년 약 300만ha(제주도의 두 배 크기)의 산림이 황폐화되어가고 있으며, 연간 산림 파괴율도 브라질의 0.6%보다 훨씬 높은 2%로서 세계에서 가장 빨리 파괴되는 국가로 비난을 받고 있다. 상황이 심각해지자 인도네시아 정부는 산림보호를 위한 다양한 정책을 추진해오고 있지만 그 효과는 아직까지는 미미한 수준이다. 이제 열대림 보전은 한 국가만의 문제가 아니라 국제적 공조가 필요한 범지구적 환경문제로 인식되고 있다. 이에 전 국토의 민둥산을 녹화한 데 성공한 우리나라가 산림대국 인도네시아의 열대림 살리기에 한 역할을 톡톡히 하고 있다.

인도네시아 산림은 일부 종족림을 제외하곤 대부분이 국유림으로서 국영 영림공사(營林公社)가 관리하고 있다. 인도네시아 산림에는 약 4,000여 수종이 분포하고 있는데, 400여 종이 상업적으로 이용가능하다. 그중 라왕 등 합판용재, 건축, 펄프용을 비롯해 흑단, 자단 등 목공예재가 유명하다. 동남아 최대의 목재생산국으로 임업 고용 인력이 400만 명에 달하고 수출액의 15%를 임산물이 차지하고 있어 국가경제에서 차지하는 비중도 또한 높다.

그러나 인도네시아 열대림은 다른 열대국가처럼 지속적으로 훼손되고 황폐화되어가고 있다. 무계획적이고 무차별적인 산림개발, 유명무실해진 산림보호법, 불법화전, 엘니뇨현상에 따른 대형 산불, 불법 도·남벌(盜·濫伐), 그리고 최근에는 바이오에너지 원료(자트로파, 옥수수, 사탕수수 등)를 생산하기 위한 대규모 팜 오일 농장 조성에 따라 많은 산림이 파괴되고 있다. 열대림은 한번 파괴되면 자생력을 회복하는 데 오랜 세월이 걸리므로 산림개발 및 보존에 있어 체계적이고 신중한 접근이 필요하다.

한때의 밀림지대가 황폐화된 주요 이유 중의 하나로 1980년대 중반 산림보호를 위해 제정된 법이 거의 유명무실해진 데 있다는 것을 지적하지 않을 수 없다. 산림보호법은 산림부로부터 벌채허가를 받은 업자들이 밀림개발에 앞서 임지구획과 임상 축적조사, 벌채 및 보존 수종 표시 등의 절차를 거쳐 지름 50센티 이상 크기로 자란 나무만 베도록 규정하고 있다. 특히 벌목이 완료되면 잔존 임상조사를 실시해 미성장 상태의 수종이 불충분할 경우 식재와 잡목 제거 등의 방법으로 임야를 자연림에 가깝도록 복원시키는 것을 의무화하고 있다. 이는 산림업자들이 이 규정만 제대로 지켜도 울창한 숲을 후대에 물려주는 데는 큰 문제가 없을 정도로 거의 완벽에 가까운 법

열대 우량 수종 모습. 인도네시아는 규모면에서 세계 2위 열대림 보유 국가이나, 연간 산림 파괴율이 세계 최
고라는 비난을 받고 있다.

이지만, 그러나 현실은 전혀 그렇지 못하고 그 결과 울창한 산림은
무자비하게 파괴되었다.[19]

이와 같은 황폐화는 인도네시아에서 빈번하게 발생하는 홍수, 산
사태 등 자연재해의 중요 원인 중의 하나가 되고 있다. 열대림의 감
소는 기후변화의 주요한 원인이 되며 세계적 기상이변을 일으켜 많
은 피해를 입히고 있다. 인도네시아 열대림의 크기가 브라질에 이어
세계 2위 규모인 점을 감안하면 이제까지 대규모로 황폐화됨에 따라
이산화탄소 증가로 인한 기후변화에 미친 악영향도 막대했을 것으
로 추정된다. 또한 생태계파괴로 숲속의 인간이라는 오랑우탄이나
수마트라 호랑이 등 희귀동물의 멸종위기까지 초래하고 있다. 그야

말로 자연은 우리에게 많은 유익을 가져다주지만 인간이 자연을 파괴하고 무시하면 자연은 인간에게 사전 경고도 없이 무서운 재앙을 가져다준다는 것을 새삼 느끼지 않을 수 없다.

상황이 심각해지자 인도네시아는 산림보호를 위해 목가공 산업의 구조조정, 도벌 및 원목 밀수출 근절, 황폐지 복원 및 임지(林地) 보전, 임지 주변의 지역경제 육성 등 다양한 산림 보호정책을 추진해오고 있다. 인도네시아는 산림 황폐화에 제동을 걸고 황폐화된 산림을 복원하기 위해 2000년부터 20년간을 '산림자원 복원 및 보존의 시대'라는 구호를 내걸고 다양한 정책을 추진해오고 있다. 기본적으로 산림자원을 국가 경제의 우선적 분야로 설정하지 않고 이에 따라 목재생산이나 임가공 상품을 점차 줄여나간다는 것이다.

또한 '식재는 지금, 벌채는 미래에, '1인 1그루 심기' 등의 캐치프레이즈와 함께 대국민 식목문화 정착을 위해 노력해오고 있다. 인도네시아는 2007년 11월 28일 전국의 7만 9,000개 정부기관 및 군경부대에서 7,900만 그루의 나무를 심는 범국민 식목행사를 거행했다. 각 기관 또는 부대당 1,000그루를 심고 잘 가꾼다는 취지였다. 유도요노 대통령이 서부 자바의 종골(Jonggol)에서 오전 9시에 식수한 것을 시작으로 전국에서 일제히 식목을 시작한 것이다. 이 식목행사는 그해 12월 발리에서 개최 예정인 UN기후변화협의회(UNFCCC) 회의에서 산림을 통한 이산화탄소 배출 감축 노력과 관련해 인도네시아가 주도권을 잡기 위한 전략에서 기획된 것이었다. 이후 인도네시아는 이와같은 식목행사를 매년 11월 28일 유도요노 대통령까지 참석, 정례화 해오고 있다.

한·인니 간 협력관계에서 산림분야 협력은 다른 분야보다 비교적 오랜 역사를 갖고 있다고 할 수 있다. 1969년 우리나라 기업들이 원목개발을 위해 처음 진출했고, 1979년 제1차 한·인니 임업위원회를 시작으로 거의 매년 산림행정 기관 대표급 회의 개최 등 양국 간 실질적인 산림분야 발전을 위해 노력해오고 있다. 우리나라 기업의 인도네시아 진출은 처음에는 목재수입을 위해 시작되었지만 최근에는 목재생산을 위한 산업조림, 탄소배출권 확보를 위한 A/R CDM(청정개발사업 메커니즘) 및 REDD(Reduce Emission from Deforestation and Degradation : 산림전용 방지를 통한 탄소배출 저감), 바이오에너지 조림까지 다양하게 진출하고 있다. 나아가 우리의 성공한 녹화사업의 노하우를 전하는 등 인도네시아 산림보호를 위해 양국 간 협력이 증가하고 있다.

인도네시아의 요청으로 우량 양묘시설 및 기술을 전파하기 위해 코이카(KOICA)가 보고르(자카르타에서 남쪽으로 약 50km 거리에 소재) 지역에 총 15ha 규모의 '룸핀 양묘센터'를 설립 지원했다. 이는 양묘시설, 조직배양실 등이 갖추어져 있어 향후 종합양묘센터로 발전시켜 인도네시아 산림복구에 필요한 양묘생산기지 역할을 수행하게 된다. 아울러 향후 인도네시아에 해외조림을 위해 진출하는 한국 기업에 열대림 정보와 필요한 양묘를 제공하는 역할도 한다. 또한 이 센터는 임업교육센터와 명문 보고르 농대가 인접해 있어 양국 간 임업교육 기회 확충에도 도움이 되고 있다.

우리 정부는 또한 인도네시아 산림 복원을 위한 지원뿐만 아니라 기존 산림을 보존하는 협력을 코이카를 통해 진행하고 있다. 2004년

12월 쓰나미 피해로 황폐화된 '아체 지역 망그로브 숲 복원사업'을 수행했고, 산림 보존이 경제적 이익이 크다는 인식을 확산시키기 위한 '생태관광학교' 설립을 지원했다. 그리고 '한-인니 산림분야 기후변화 대응역량 강화' 등을 지원했으며, 이를 위해 수백 명의 인도네시아 공무원과 학자들이 한국에 초청되어 과거 우리의 산림녹화 경험을 배우고 있다.

2006년 8월에는 양국 정부 간 인도네시아 산림 50만 헥타르에 한국 기업의 조림투자를 허용하는 협정서를 체결했다. 이에 따라 한국 기업의 인도네시아 조림투자 촉진을 위한 제1차 포럼이 2007년 6월 한국(춘천)에서, 2차 포럼이 2008년 5월 인도네시아(자카르타)에서 개최되었다. 또한 2009년 3월에는 이명박 대통령의 인도네시아 국빈방문 시 양국 정상회담에서 20만 헥타르 조림투자를 추가로 합의해 우리 기업이 총 70만 헥타르에 이르는 조림 면적을 확보하게 했다. 70만 헥타르는 제주도 면적의 네 배에 이르는 광활한 면적이다.

우리나라는 94%의 목재를 외국에서 수입하고 있다. 열대림은 한국보다 나무의 생장속도가 5~8배 빨라 수익성이 보장되므로 우리나라는 장기적으로 국내 목재수요의 50%를 해외조림에서 충당하는 정책목표를 추진하고 있다. 해외에서의 목재자원 확보는 국내 산림자원의 증식으로 이어져 국내 산림의 이산화탄소 저장량이 증가해 우리나라의 기후변화협약 의무이행에도 도움이 된다. 따라서 열대림 황폐지 복구를 위한 양묘사업은 우리나라의 안정적 목재 수급원 확보뿐만 아니라 국내산림의 이산화탄소 저장량을 늘려 기후변화 문제 해결에도 도움이 되는 윈-윈 사업이다.

인도네시아는 석유, 가스, 석탄, 목재 등 우리의 경제발전에 필요한 자원이 풍부해 우리의 7대 자원 공급국 중 하나다. 양국 간 자본과 기술, 자원과 노동력 등 상호보완적인 경제 관계를 유기적으로 연결할 경우 양국 간 경협관계는 더욱 발전할 것이다. 녹화사업 성공국가로 국제사회로부터 인정받은 우리나라가 자연이 준 밀림의 선물을 되찾아 양국 간 경제협력뿐만 아니라 지구의 건강유지에 기여하기를 기대해본다.

46

한류, 이슬람국가에 피어오르다

약 2억 3,000만 명의 인구 중 약 87%가 이슬람으로서 세계 최대 이슬람국인 인도네시아에서 한류(韓流)가 한창 확산 중이다. 과거에 한류가 한창 꽃피웠던 중국이나 대만, 일부 동남아국가에서 염한(厭韓) 또는 반한(反韓) 감정이 일고 있는 것과는 사뭇 대조적이다. 인도네시아의 한류는 한류가 일찍이 형성 확산된 일본이나 대만, 그리고 태국, 싱가포르, 베트남 등 아시아 대륙권 국가보다 3~4년 늦게 태동, 확산되었다. 북반구에서 멀리 떨어진 적도 아래의 군도(群島) 국가인 인도네시아까지 상륙하는 데 시간이 걸린 듯한 느낌이다.

인도네시아에서 한류는 한국이 2002년 월드컵 개최를 계기로 국제사회에서 위상이 높아지기 시작하면서부터 태동하기 시작했다고 할 수 있다. 처음에 인도네시아 방송이나 문화계를 중심으로 형성된 한류는 2006~2007년 한국과 인도네시아 간 전략적 동반자 관계가 구축되고 한국에서 대규모 경제사절단 방문 등에 따른 경제협력관계가 급격히 증대하면서 소위 경제적 한류와 함께 점점 확산되어왔다고 할 수 있다.

인도네시아에서 한류 확산에 직간접 영향을 미친 동인(動因)이나 그 결과로 나타난 소위 한류현상은 여러 가지가 있겠으나 주로 인도네시아 TV의 한국드라마 정기방영 및 한국 소개 프로그램 방영 확대, 한류스타 방문 및 한국문화 공연을 들 수 있다. 이에 더해 주요대학 한국학(어)과 설치 증대 및 한국어 배우기 확산, 일반인들의 한국문화에 대한 관심 증대와 이를 뛰어넘어 한국문화를 사랑하는 단체의 자생적 발생, 발전모델로서의 한국 배우기 확산, 우리 한인사회의 문화적 활동영역을 현지사회로 확대하는 노력, 인한친선협회(IKFA : Indonesia Korea Friendship Association) 발족 및 활동 등으로도 나타나고 있다.

처음 한류 현상은 2002년 7월 1일~8월 7일간 연예오락 TV인 인도시아르(Indosiar) TV가 「가을동화」를 처음 방영하면서부터 나타나기 시작했다. 이 드라마는 당시 11%라는(가시청 인구 2,500만 명) 높은 시청률을 기록한 것으로 알려졌다. 이어서 인기 TV 중 하나인 SCTV에서 2002년 8월~2003년 4월간 「겨울연가」 방영으로 한국드라마 인기가 확인되면서 젊은이들 사이에 한류스타 패션이 유행했고 가을동화나 겨울연가 등 드라마 주제곡이 애창되었다. 2006년에는 「대장금」이 인기리에 방영되었고 한동안 한류 팬들 사이에선 아침인사로 '어제 대장금을 봤느냐'가 유행하기도 했다.

그리고 「풀 하우스」, 「이브의 모든 것」, 「호텔리어」, 「천국의 계단」, 「수호천사」, 「미안하다 사랑한다」 등 인기드라마가 인도시아르 TV를 중심으로 계속 방영되면서 한류 바람을 태동시켰다. 현지 TV 방송사가 2002년부터 2009년 9월 현재까지 방영한 드라마는 총 55

편인데, 이중 인기드라마는 재방, 삼방까지 하고 있다. 인도시아르 TV는 2003년만 제외하고 2002년 이후부터 2009년 9월 현재까지 한국드라마를 방영해오고 있다. 처음에는 매주 4~5회 방영하다가 2~3년 전부터는 자국 제작 드라마의 인기 상승, 한류프로그램 구입상의 문제 등 복합적 이유로 매주 2~3회 방송해오고 있다.

이러한 드라마 방영 추세와 현지 언론의 한국문화 관심보도와 연계해 한국대사관은 한국소개 프로그램 방영이나 다양한 한국문화 행사를 기획 개최하고, 또한 한인사회의 문화행사 개최를 지원하면서 한류의 불씨를 지펴나갔다. 국영 TVRI, 뉴스 전문 TV인 메트로 TV, 최대 민영 TV인 RCTI, 지방의 22개 TV 네트워크 등 다양한 채널을 통해 한국소개 프로그램이나 한국관광 프로그램을 1개월 내지는 3개월 기간 특집으로 방영했다. 2003년 9월에는 국영라디오(RRI)에 한국어 방송을 개설했다. 매년 자카르타 시내의 포시즌, 인터콘티넨탈, 매리어트, 보로부두르 호텔 등 고급 호텔에서 한국대사관과 한인사회의 협력으로 한국음식축제도 개최해오고 있다.

한류 확산은 한국의 IT 제품 및 생활용품에 대한 관심을 더욱 제고시켜 현지 주요 상가 및 백화점에 한국 상품의 진출이 더욱 확대되었다. 뿐만 아니라 한류는 우리의 자랑인 한글의 수출로까지 연계되었다. 인도네시아 술라웨시 주의 조그만 부통 섬의 소수민족인 찌아찌아족이 자기네 말을 표현할 글로 우리의 한글을 채택했다는 흐뭇한 소식이 2009년 9월 중 언론에 집중 보도되었다. 여기서 중요한 사실은 이들 민족들이 한국드라마를 보고 한국을 좋아하게 되면서 한글에 관심을 가졌다는 것이다. 인도네시아에 분 한류 바람이 한 종족으로 하여금 우리의 문화유산을 자기네 글로 채택하도록 한 것이라는 점에서 한류의 유무형적 효과를 가히 짐작할 수 있을 것 같다.

한류가 일기 시작한 이후 수년간 인기 한류스타의 방문은 한류 확산의 동력으로 작용했다. 백지영(2004년 1월), 장나라(2004년 12월), 보아(2004년 12월), 장동건(2006년 3월), 권상우(2006년 9월), 이동욱(2007년 4월), 남성 5인조 그룹인 파란(2007년 7월) 등 한류 스타들의 방문은 한류팬들을 열광의 도가니로 몰아넣었다. 스타들의 방문 때마다 그들의 팬클럽이 생기고 공항이나 팬 사인회 등의 행사장은 열성 팬들의 환대(?)로 정상적인 행사진행이 어려울 정도가 된다.

또한 다양한 장르의 한국문화예술 공연에 현지인들은 많은 관심과 애정을 보여주었다. 대사관 주최 행사나 한인사회 등이 준비한 전통 또는 현대문화예술행사에 인도네시아인들은 많은 호감을 갖고 접근하면서 문화를 통해 한 걸음씩 더 다가왔다. 2006년부터 대사관 주관 또는 협력으로 개최된 주요 행사는 한국현대조형작가회전(2006년 2월), 청주시립무용단 공연(2006년 5월), 복합영화상영관인 브리츠 메가플렉스에서의 한국영화제 개최(2007년 4월), 안애순 무용단의 현대무용「백색소음」공연(2007년 11월), 비보이 공연(2007년 11월, 2008년 5월), 이천도예전 및 한국음식특산품전(2008년 10월), 숙명가야금단 연주회(2008년 10월) 등 다양하며 현지인들은 이들 공연 및 축제를 통해 한국이 친숙한 이웃이며 우방국임을 확인했다.

인도네시아인들의 한국문화에 대한 애착은 이젠 현지인들로 구성된 한국문화사랑 단체가 자생적으로 발생할 정도가 되었다. 2006년 9월 반둥일대를 중심으로 결성된 '한사모'(한국문화를 사랑하는 사람들의 모임. 다음장 참조)와 그해 자카르타 일대를 중심으로 결성된 '인도네시아 다이나믹 코리아' 등이 그들이다. 각각 회원이 약 450여명(2009년 2월)의 주로 젊은 여성들로 구성된 그들은 대사관이나 한인사회에서 주최하는 행사나 한국으로부터 온 단체의 행사에는 거의 빠짐없이 찾아다니며 즐기고, 마치 자기네 문화인양 자부심을 갖는다.

또한 한류 확산은 대학의 한국학(어)과 설치나 한국어 강좌 확대에 영향을 미치고 있다. 이미 명문 '인도네시아 대학교'를 비롯해 가자마다 대학, 내시오날 대학 등이 오래전부터 한국학(어)과를 개설 운영해오고 있으며 학과에 대한 인기도는 갈수록 높아가고 있다(상세내용은 48장 참조). 학계 외에서의 한국어 배우기 열풍도 갈수록 증대하고 있다. 특히 인도네시아는 한국과 고용근로자 협약이 체결되어 있어 매년 수천명(2008년도는 8,000명)이 한국근무가 가능하기 때문에 한국근로를 희망하는 사람들은 선발 필수요건인 한국어 능력시험에 합격하기 위해 대학에서 비정규 과정으로 개설 운영하는 한국어 강좌나 사설학원 등을 통해 한국어를 배우고 있다. 이러한 학계 내외의 한국어 배우기 열풍은 한류 확산과 함께 한국과 인도네시아 간 교류협력 증대, 한국 배우기 분위기 등이 복합적으로 작용한 결과로 보인다.

2006년 12월 한·인니 정상회담을 계기로 전략적 동반자 관계가 구축되면서 양국 관계를 민간차원에서 강화해나가기 위해 인·한 친선협회(IKFA)가 2007년 3월 결성되었다. 인도네시아인과 우리 교민 관계자들로 구성된 협회는 서울과 자카르타에 사무소를 두고 민간 차원에서 인적교류, 문화 및 체육 등 모든 분야에서 협력을 활성화하고 강화해나간다는 것이다. 회장은 미국계 홍보컨설팅회사 포춘(Fortune) 대표인 미란티 아비딘(Miranty Abidin) 여사이고 임원 및 운영진은 박영수(K-TV대표), 이스칸다르 누흥(Iskandar A. Nuhung), 리나 노비타(Rina Novita), 김영민(한인뉴스 편집위원) 등 20여명이다. 한국 측에서는 한·인니 친선협회(KIFA)라 하며 회장은 윤해중 전(前) 주인도네시아 대사가 맡았다.

이들은 2008년에는 한국공예협회 회원 전시회를 1월 14일부터 5일간 인도네시아 문화예술센터(TIM)에서 개최했다. 전시회에 참가한 공예협회 회원 70여 명은 제로 와칙 문화부장관도 예방했으며, 개막식에는 파우지보워 자카르타 주지사가 참석해 축사를 했다. 친선협회는 10월에는 이천도예전을 대사관, 한인단체 등과 공동으로 개최하기도 했다. 친선협회는 다양한 문화행사에 대사관이나 한인사회 등과 긴밀히 협력하면서 한국문화 소개활동에 동참하고 있다.

한국문화를 현지인들 문화에 접목시키려는 한인사회의 노력도 새로워지고 있다. 음악, 미술, 서예 등 다양한 장르의 동호회가 지금까지는 주로 한인사회 내에서 친목도모 중심으로 이루어져 왔었는데, 한인들 외에 현지인들에게까지 다가가는 활동을 하기 위해 2008년 2월 한인예총(회장 신상석, 부회장 손인식)을 결성했다. 이제까지 한인사회 내 활동밖에 될 수 없었던 여러 문화활동에 현지인들이 함께 참여하는 방안을 모색코자 한 것이다. 현지 언론도 한인들의 문화활동에 점점 관심을 갖고 보도해오고 있다.

이들 한류 열풍의 주역이 되는 한류 상품 중 특히 빼놓을 수 없는 것이 태권도다. 현재 인도네시아에서 태권도 인구는 점차 확산되고 있는데, 특히 인도네시아 군에서는 훈련으로 선택해야 하는 5종의 무술 중 태권도가 포함되어 있다. 대사관은 태권도 인구 저변확대와 양국 간 체육협력 확대 등을 위해 지난 2006년과 2007년에 한국대사배 전국 태권도 대회를 '인도네시아 태권도협회'와 공동으로 개최했다. 2006년 8월 4~6일까지 개최된 제1회대회 결승전 및 시상식(8월 6일)에는 특별히 유숩 칼라 당시 부통령이 참관하는 영광도 안았다. 유도요노 대통령은 2007년 7월 23~26일간 한국 국빈 방문 시 명예 9단을 수여받아 태권도 가족이 되기도 했다. 2008년 4월에는 한인회 청년 분과위원회 협력으로 인도네시아 군에서 '전국특전사 태권도 대회'를 개최하는 등 인도네시아에서 태권도는 점차 활성화되어가는 추세다.

뿐만 아니라 한국에서 태권도 시범단이 인도네시아를 매년 방문, 태권도의 진수와 신기(神技)에 가까울 정도의 묘기를 선보여 태권도인의 자부심을 고양시키고 일반인들의 태권도에 대한 관심을 제고시키고 있다. 2006년 8월(자카르타)과 2007년 9월(칼리만탄 주 사마린다)에는 한국대사관과 인도네시아 태권도협회가 공동주최한 대사배 전국태권도대회에 세계태권도연맹(WTF)과 용인대학교 태권도 시범단이 각각 참가했다. 2008년 11월에는 대한태권도협회의 국가대표 태권도 시범단이 자카르타에서 태권도의 함성을 울렸다. 태권도 시범은 진지함과 코믹함, 강약을 적절히 배합하는 등 프로그램을 다양화함으로써 무예로서의 태권도뿐만 아니라 현대인의 일상생활에서 심신을 단련하는 레포츠의 하나로서 태권도에 대한 인식을 새롭게 하기에 충분했다.

인도네시아에 태권도는 1932년 수마트라 주의 메단을 통해 처음 도입되었다. 현재 인도네시아의 태권도 인구는 33만 명에 이르며 대통령부터 태권도 가족이 되는 등 저변이 점점 늘어가고 있다. 인도네시아에서 태권도가 오늘날과 같이 활성화되기까지는 약 20여년 간 태권도 사범으로 파견되어 활동하고 있는 오일남, 이종남 사범을 비롯한 수명의 한인 사범과, 또한 인도네시아 태권도협회 임원으로 참여해 태권도를 후원해오고 있는 교민사업가 김광현 사장의 숨은 공을 빼놓을 수 없다.

이러한 다양한 한류 열풍 아래 인도네시아의 많은 식자층에게는 한국을 배우자는 분위기가 형성되어 있다. 40여 년 전만 해도 경제적, 외교적으로나 국제스포츠 면에서 자기네보다 못했던 한국이지만 이제는 세계 12위권의 경제대국으로 발전해 비교가 불가능할 만큼 역전된 비결을 배우고자 하는 것이다. 특히 자원이 빈약한 나라가 단기간 내에 경이로운 경제수준을 달성한 것을 부러워하며 경제발전을 비롯한 IT 산업, 부패척결, 교육 등 다양한 분야에서 벤치마킹을 하고자 한다. 한국인의 높은 교육열로 빚어낸 풍부한 고급 인적자원은 경제발전을 이룩하는 데 커다란 동력이 되었다고 보고 있다.

영자지 「자카르타 포스트」는 2008년 5월 9일 창간 25주년을 맞이해 국제교육관련 세미나를 개최했는데, 교육이 국가발전에 기여한 나라를 한국과 싱가포르로 보고 우리 대사관의 추천을 받아 김신일 전 교육부총리를 세미나에 초청했다. 싱가포르에서는 타르만 샨무가라트남 재무부 장관(전 교육부 장관)이 참석했다. 최대 부수를 자랑하는 인도네시아 최고 권위지 「콤파스」는 2008년 7월 24일자에 '한국에서 배우자' 라는 제목으로 총 3개면 크기의 특집을 게재했다. 우리나라가 단기간 내에 경제발전을 이룩하고 외환위기를 슬기롭게 극복한 과정 등과 함께 IT, 자동차, 반도체, 조선 등 현재의 우수한 경쟁산업을 소개했다. 기사는 또한 한국인의 근면하고 성실한 국민성, 높은 교육열 등을 다양하게 소개하면서 인도네시아의 지도층과 일반국민들이 자각하고 본받을 것을 촉구하였다.

사실상 인도네시아는 이슬람 문화권으로서 문화적 이질성이 크고 배타성이 강해 한류가 정착 확산되는 데는 쉽지 않을 것으로 보였다. 그러나 정부(대사관)나 교민, 현지인 등 다양한 주체들이 참여해 인도네시아에 한류를 태동시켰다. 다른 유교문화권보다는 늦게 그리고 서서히 피어오른 것이다. 그렇기 때문에 오히려 쉽게 식지는 않을 것 같다. 그러나 조금이라도 방심하면 이곳 또한 다른 국가와 같은 전철을 밟게 될지 모른다. 정부는 정부대로 민간은 민간대로 모든 경제 및 사회 주체들이 다양한 방면의 한류 현상을 분석 관리하고 한류의 동력을 유지시키는 데 특별히 신경 써나가야 할 것이다. 상대국에 대한 이해와 관심, 문화적 다양성에 대한 인식 등을 통해 우리 문화의 일방적 홍보가 아니라 현지 문화와 함께 어우러지는 가운데 한류가 지속되도록 발전시켜나가야 할 것이다. 인도네시아의 한류가 영원히 타오르기를 기대해본다.

47

인도네시아 '한사모'를 아시나요?

2007년 6월 23일 토요일 오후, 반둥 시내 중심부에 위치한 치와크 몰(CiWalk Mall) 광장은 저녁 늦게까지 호기심에 가득 찬 수백여 명의 현지인들로 가득 붐볐다. '한사모', 즉 '한국을 사랑하는 사람들의 모임'(회장 Rina)이라는 현지인 단체가 반둥에 순다(Sunda)문화와 한국 문화를 접목시키기 위해 주최한 '반둥 한국 문화교류' 행사를 관람하기 위해서였다.

몰 입구 앞 계단 위에 설치된 무대에는, '반둥 한국 문화교류(Bandung Korea Cross Culture)'라고 두 줄로 쓰인 글씨와 남대문 야경(夜景) 그림이 있는 검은색 바탕의 가로 약 15미터, 높이 약 3미터 크기의 대형 현수막이 걸려 있었다.

한복 차림과 낯익은 붉은색 티를 걸친 수십 명의 한사모 회원들은, 일부는 방문하는 손님들을 안내하느라 다른 일부는 공연 율동에 맞춰 호흡을 함께 하느라 분주한 모습이었다. 한편에서는 필자도 언젠가 목청껏 질러본 적이 있는 괴성도 들렸다. 행운권에 당첨되어 앞으로 나간 회원은 사회자의 질문에 '안녕하세요, 저는 OO입니다', '한국을 사랑합니다. 감사합니다' 등의 한국말을 제법 그럴듯하게 연발했다.

한사모, 그들은 한국을 단순히 이해하고자 하는 정도를 넘어선 것 같다. 이들이 한국을 사랑하는 이유는 '한국의 드라마가 재미있어서', '한류스타가 멋있어서', '한국의 문화나 제품이 우수해서', '한국이 아름다워서', '특별한 이유 없이 그냥 매력에 끌려서' 등등 다양하다. 그야말로 조건이나 대가 없는 사랑인 것이다. 어떻게 생각해보면 극성이다 싶을 정도의 행동이지만 어쨌든 현지인이 우리 문화 내지는 우리나라를 사랑하고 이곳에 전파해주고자 하는 노력과 정성에는 고마워하지 않을 수 없다.

한사모는 2006년 9월에 20~30대 현지인이 반둥 시 중심으로, 그야말로 자생적으로 결성한 모임이다. 창단 당시 회원은 약 200여 명이었으나 2009년 2월 현재 450여 명으로 증가했다. 대학생이 상당비율을 차지하고 여성이 약 80% 이상을 차지한다. 2002년 중반 이후 인도네시아에서 인도시아르 TV, SCTV 등을 통해 유명 한국드라마가 인기리에 방영되고 학계 등 사회 여러 부문에서 한국에 대한 관심이 증대하면서 이러한 분위기가 싹트기 시작했다고 볼 수 있다.

한사모의 공식 영문 명칭은 'Bandung Korea Community'다. 반둥의 한국인 커뮤니티 일원이 되고 싶다는 의미일까? 회원들은 모두 자기 이름을 한국어로 새긴 명함을 사용하고 있다. 대사관이나 한인단체가 주최하는 리셉션이나 문화행사에서 이들은 '한사모'나 '한국을 사랑해요' 또는 김소월의 '진달래꽃' 시가 한글로 새겨진 검

한사모 회원은 한국말이 쓰인 셔츠를 자랑스럽게 곧잘 입고 다니며, 자기네 이름을 한글로 새긴 명함을 갖고 다닌다.

은색 또는 붉은색 티셔츠를 입고 자랑스럽게 활동한다. 이들은 매월 두 차례 정도 모여 한국어도 배우고 한국영화나 음악 등을 감상하면서 한국문화나 한국에 대한 동경심을 공유한다. DVD나 책자 등을 활용해 전통무용이나 한국어 시낭송도 연습한다. 한국의 인기스타나 연예계 동정에 대해서는 유행에 조금 둔한 웬만한 한국사람보다 더 잘 아는 것 같다.

2007년 '반둥 한국 문화교류'의 본격적인 행사는 오후 2시경부터 시작되었다. 인도네시아 문화부 바크리 국장을 비롯해 한국대사관 대표, 반둥한인회장, 한·인니 친선협회 부회장 등을 비롯한 몇몇 내빈들의 축사가 있었다. 프로그램은 한국과 인도네시아의 문화를 교류하는 듯 상호 번갈아 소개하는 것으로 짜여졌다.

인도네시아 측에서는 우리의 선무도(禪武道)를 연상케 하는 호신술인 실랏(Silat), 전통 북춤이지만 리듬이나 율동 그리고 진행 구성이 역동적이라 응원용으로 사용해도 손색이 없을 듯한 람팍 껀당(Rampak Kendang) 북춤, 토펭 르흐(Topeng Rehe)라는 코믹한 가면춤, 그리고 원조 국가를 헷갈리게 할 정도의 숙련된 태권도 시범 등이 소개되었다.

우리 측에서는 경기도청에서 준비한 사물놀이, 농악, 해동검도 시범, 그리고 교민 손인식선생(서예협회장)의 판소리 등을 선보였다. 사물놀이와 농악 연주는 몰 주변 모든 이들의 발걸음을 사로잡았다. 신들린 듯이 상모를 돌리는 모습에는 순간 모두가 흡입되는 듯했다. 마지막에는 한국을 소개하는 영상물도 대형 스크린에 상영되었다.

이번 한사모의 반둥 한국 문화교류 행사는, 제법 짜임새 있고 규모 있는 행사로는 사실상 처음이었다. 민간 차원에서 추진하다보니, 더욱이 행사비 전체를 한인사회 후원으로 충당하려다보니 우여곡절이 많았다고 한다. 다행히 유통업체인 무궁화 등 몇몇 교민기업인, 반둥한인회, 한국대사관 그리고 경기도청 등에서 어떤 형태로든 조금씩 후원해 뜻 깊은 출정식을 하게 된 것이다. 그러나 뭐니 뭐니 해도 반둥한인회의 숨은 기여가 없었다면 이번 행사는 사실상 불가능했을 것이다. 반둥한인회는 최초 한사모의 결성 이후부터 이번 행사에 이르기까지 사실상 한사모의 후견인 역할을 했다고 할 수 있다.

그로부터 거의 1년이 지난 2008년 7월, 한사모는 한국 배우기를 다시 새롭게 시도했다. 한국을 좀 더 실질적으로 배우기 위해 7월 10

일 하루를 한국 배우기 투어(Korea Study Tour)의 날로 설정해 리나 회장 등 회원 58명이 60인승 전세버스를 타고 자카르타 일대의 한국기업체 및 한국대사관을 찾은 것이다. 이들은 당일 아침 6시 30분에 반둥을 출발해 9시부터 2시간 동안 치피농에 있는 LG전자공장을 방문하는 것으로 일정을 시작했다. 이어 한국식품점인 '무궁화'를 둘러보고 '한강'식당에서 오찬을 했다. 6~7명의 간부진이 검은색 티셔츠를 입은 것을 제외하곤 나머지 모두가 한국문화 전도사를 자부하는 '붉은 악마'를 떠올리듯 붉은 티셔츠를 입고 자신의 이름을 한글로 쓴 명찰을 오른쪽 가슴에 달고 다녔다.

오후 3시경에는 한국에 관한 설명을 듣기 위해 한국대사관에 도착했는데, '안녕하세요', '반갑습니다', '환영해주셔서 고맙습니다' 등 저마다 알고 있는 한국말을 마치 뽐내기라도 하듯 한마디씩 내던졌다. 'Welcome to Dynamic Korea'라는 명칭으로 약 두 시간 동안 진행된 프로그램은 필자가 한국홍보영상물 'Dynamic Korea' 상영(약 6분), 한국에 대한 전반적(역사, 한글창제, 정치·경제·사회·문화·체육 부문) 설명, 정부초청 장학생 프로그램, 질의응답 순으로 진행했다. 이어 간단한 티타임을 갖고 정무 담당참사관이 약 20분간에 걸쳐 최근 한·인도네시아 관계에 관한 질의응답을 가졌다.

'Welcome to Dynamic Korea' 프로그램에 참가한 이들의 반응은 의외로 뜨거웠다. 대부분의 회원들은 이제까지 한국 대중문화를 중심으로 한국을 접했기 때문에 한국에 관한 전반적인 설명을 듣는 것은 사실상 처음이었다고 한다. 따라서 한국을 실질적으로 이해하는 데 아주 유익했고 한국에 대해 더욱 애착을 갖게 되었다는 반응이었

한사모는 2008년 8월 9일 사무실 개소식 때 직접 연습한 부채춤 등 한국전통공연을 선보였다.

다. 리나 회장은 회원들의 반응이 너무 좋아 이러한 행사를 매년 정례화시켜나갈 것이라고 포부를 밝혔다.

그로부터 한 달 뒤 한사모는 자신들의 정체성을 더욱 확실하게 드러내고 활동하기 위해 2008년 8월 9일 상주 사무실을 반둥 시내 중심에 있는 베 몰(Be Mall) 2층에 개설했다. 모임을 결성한 지 거의 2년 만이다. 이제까지 회원들 모임을 할 때는 반둥 한인회 사무실이나 시내 카페 한쪽 구석 등을 이용했는데 십시일반으로 모은 자금으로 사무실을 개설한 것이다. 출입구에는 'Bandung Korea Community, 한사모'라고 영어와 한글로 큼지막하게 쓴 배너를 붙여놓았다.

사무실 개소를 기념하는 론칭행사 때는 필자를 포함한 대사관 관계자, 반둥한인회 회장 및 임원, 식품 유통그룹 무궁화의 김우재 회장 등이 참석해 개소를 축하해주었다. 한사모는 부채춤 등 한국전통 무용 공연, 고린자비 드라마 공연, 한국 시낭송, 보컬 팀의 대중가요 부르기, 그리고 남자들로 구성된 비보이 공연 등 그동안 갈고 닦은 다채로운 프로그램을 선보였다. 한국인들도 하기 쉽지 않은 기술을 순전히 자력으로 습득한 것이다. 제법 돈이 들었을 법한 한국 전통 무용 복장들도 자비로 구입한 것이었다.

이제 한사모는 교민사회에서 중요한 단체로 인식되고 있다. 크고 작은 행사에서 현지인을 활용해야 하는 경우에는 한사모를 활용하는 일이 많아지고 있다. 대사관의 국경일 리셉션이나 각종 문화행사, 한인회의 송년행사 등에는 거의 예외 없이 그들을 초청한다. 2008년 한 해만 해도 5월 12일 대사관 주최로 스나얀 시티몰에서 개최된 묘성 비보이 공연 시 사회를 보고, 식전행사로 한사모의 비보이를 공연하면서 분위기를 한층 고조시켰다. 5월 아트마 자야(Atma Jaya) 대학 한국음식 소개 행사 출연, 6월과 7월 한인 기업인 주관 한국음식 소개행사 출연 등 그들이 한국문화 전위대로 활동하는 무대가 갈수록 늘고 있다. 그들의 한국사랑에 보답하고 나아가 한 · 인니 관계 강화를 위해 대사관이나 교민사회, 한인기업체들의 지속적인 관심이 필요할 것이다.

48

인도네시아에 첫 한국학과 개설

인도네시아의 대학에서 한국학 연구가 본격적으로 활성화될 전망이다. 자카르타 남쪽 데폭 시에 위치한 인도네시아 최고의 명문 국립대학인 인도네시아 대학교가 최초로 4년제 학위과정의 '한국어와 한국문화(Korean Language and Culture)' 프로그램을 개설했다. 명문 인도네시아 대학교의 한국학과 개설로, 최근 한국에 대한 관심이 높아지면서 한국학과 개설을 추진하거나 검토해온 다른 인도네시아 대학들의 움직임도 빨라질 것으로 보인다.

인도네시아대 인문대학은 약 2년간의 준비와 2006년 7월 초 대학 이사회 승인 등을 거쳐 8월 신학기부터 한국학과를 설치하기로 최종 확정했다. 7월 중순 신입생 모집공고를 통해 43명을 선발했는데 약 2주라는 짧은 모집기간에도 320명이나 되는 많은 학생들이 몰려, 학교 관계자들도 그 뜨거운 열기에 놀랄 정도였다. 이 중 우수자 20명에게는 교민기업 및 한국어세계화재단에서 장학금을 지급했다. 4년간 교과과정은 한국어 입문, 한국사 개론, 한국의 현대사, 한국 문화사, 한국문학 연구, 한국어(1~6등급) 등 42개 과목(필수 23, 선택 19)이며, 총 144학점을 이수하도록 되어 있다.

8월 16일 인문대학 강당에서 개최된 축하기념식에서 우스만(Usman) 인도네시아대 총장은 한국학과 개강을 공식 선포하면서 이를 알리는 징을 타종했다. 학과 개설 기념식에는 이다 순다리 후센(Ida Sundari Husen) 인문대 학장 등 학교 측 주요 간부, 한국대사관 정용칠 공사 및 필자, 한국어 세계화재단 관계자, 장학금을 후원한 11개 교민기업 대표, 신입생 등 약 200명이 참석했다.

또 기념식에서는 한국인과 인도네시아 대학생 10여 명으로 구성된 연주단이 아리랑 및 자카르타 전통 민요를 연주했다. 한 인도네시아 학생은 한국인 못지않은 유창한 한국말과 풍부한 감정으로 김소월의 진달래꽃과 이육사의 청포도 시를 낭송해 한국학의 탄생을 축하하기도 했다.

인도네시아대(UI)는 이로써 인도네시아 최초의 한국학 4년제 학위과정 개설이라는 것 외에 여러 의미 있는 역사적 기록을 세우게 되었다.

우선 인도네시아 대학교는 한국과 최초로 인연을 맺은 지 27년 만에 한국학과를 개설한 것이다. 이 대학은 1979년에 인도네시아어 강의 프로그램으로 한국외국어대와 교류를 시작하면서 한국과 인연을 가졌었다. 둘째는 인문대학이 1986년부터 한국어를 제2외국어로 채택해온 지 20년 만에 한국학과를 설치한 것이다. 셋째는 인문대학 학부생 프로그램으로는 한국학이 열다섯 번째인데, 이는 열네 번째의 네덜란드학 프로그램이 생긴 지 35년 만에 개설된 것이다. 넷째

국립 인도네시아 대학교가 2006년 8월 인도네시아 내 최초로 4년제 학위과정의 한국학과를 개설했다. 이선진 대사(맨 뒷줄 왼쪽에서 다섯 번째)가 2007년 5월 20일 인문대 학생을 대상으로 한·인니 관계 현황 강의를 했다.(이선진 대사 우측은 이다 인문대학장임)

는 한국학과 설치를 최초 논의한 2001년 이후 만 5년 만에 개설됐다는 것이다.

인도네시아 대학교(UI)가 한국학과를 설치한 배경은, 2000년대 초부터 한·인니 간의 교류협력이 증대하고 한류가 확산되면서 한국어 및 한국학에 대한 수요가 급증하고 또한 한국이 인도네시아의 발전 모델이 될 수 있다는 인식이 싹트기 시작한 데 있다고 할 수 있다.

아드리아누스 인문대 부학장에게 짧은 모집기간에 320명이나 되는 많은 학생이 몰린 이유를 물었더니 그는 이렇게 답변했다.

"최근 한국에 대한 인기가 일본 등 다른 어느 나라보다도 더 높고, 한국학을 전공하면 뭔가 미래가 있다고 젊은이들이 생각하는 것으로 분석하고 있다."

한국학과 탄생은 우스만 총장이 축사에서 언급한 것처럼, 주인도네시아 한국대사관과 한국의 관계기관, 그리고 장학금을 쾌척한 교민기업 등의 협력 및 지원이 없었다면 사실상 불가능했을지도 모른다. 한국대사관은 인도네시아에 한국학을 활성화시키고 장기적으로 지한 인사 및 한국전문가를 육성하기 위해서는 인도네시아대 같은 명문대에 한국학과 설치가 주효할 것으로 판단하고 2005년부터 총장 및 학장 등과 한국학과 조기설치의 필요성 등을 지속적으로 논의해왔다. 그리고 대학 측과 별도로 한국어세계화재단, 국제교류재단, 국제교육진흥원, 한국학 중앙연구원 등과 한국인 강사 파견, 도서 및 자료 지원, 장학금 지원, 한국정부초청 학위연수 등에 대해 협의해왔다.

교민사업가 이호덕 사장을 비롯해 삼성, 행성, 미원, 우리은행, 수출입은행 인니금융 등 11개 교민기업들이 4년 장학금(8명)과 1년 장학금(6명)을 지급하고 한국어세계화재단이 여섯 명에게 입학 장학금을 지원하기로 한 것이 한국학과 설치에 큰 힘이 되었을 것이다.

국립 가자마다 대학(UGAM)이나 사립 내시오날 대학(UNAS), 람풍망쿠랏 대학(UNLAM) 등은 오래전부터 한국어를 3년 디플로마(Diploma, 준학사) 과정이나 교양과정으로 개설해왔다. 인도네시아대 한국학과 설치로 이들 대학들은 분명 한국학의 중요성을 다시 한 번 인식할 것이고, 그 결과 인도네시아에서 한국학은 더욱 활성화될 것으로 전망된다.[20]

＊ ＊ ＊ ＊ ＊

인도네시아 대학은 한국학과 개설 2차년도인 2007년 8월 학기에는 28명을 모집했는데, 이때 응시자는 1,074명으로 인문대의 15개 과 중 전통적으로 최고 인기학과인 영어과(1,305명)와 일본학과(1,100명)에 이어 3위를 기록해 대학관계자들과 한인사회를 또 한 번 놀라게 했다. 2008년 8월 학기에는 42명을 최종 선발했다.

한편 족자카르타에 있는 명문 가자마다 대학교는 인도네시아대의 한국학과 개설 1년 후인 2007년 8월 학기에 인문대에 4년제 한국어과를 처음 개설했다. 이 대학은 한국어를 1986년부터 비학점 과목으로 운영해오다가 1995년부터 선택과목으로, 2003년 8월에는 3년 디플로마 과정으로 승격 운영해왔는데, 4년제 학위과정과 함께 운영하고 있는 것이다. 2007년 8월 당시 4년제 학위과정에는 45명을 선발했고 디플로마 과정(1~3학년)에는 71명이 등록했다.

그리고 자카르타 시내에 위치한 내시오날 대학교는 1994년 9월에 인문대학에 한국어과를 처음 운영해오다가 2005년 8월에 디플로마 과정으로 승격 운영해오고 있다. 중부 자바 주 스마랑에 있는 디포네고로 대학교(UNDIP), 남부 칼리만탄 주 반자르마시에 있는 람풍망쿠랏 대학교(UNLAM), 술라웨시 주 마카사르에 있는 하사누딘 대학교(UNHAS) 등이 한국어를 비정규과정 또는 선택과목으로 운영하고 있으며, 자카르타 시내의 아트마자야 대학 등 한국어과 운영에 관심 있는 대학 또한 점점 늘어가고 있다.

49

한국현대무용,
인도네시아에 신선한 충격

공연예술 창작품이 일반상품 소비와는 달리 '창작-매개-향수(享受)'의 과정을 통해 유통된다고 할 때, 각 단계의 행위주체가 공통적으로 만족한 흐뭇한 일이 있었다. 바로 2007년 11월 29~30일 양일간 자카르타 예술회관 '타만 이스마일 마르주키(Taman Ismail Marzuki / TIM)'의 그라하 박티 부다야(Graha Bhakti Budaya) 공연장에서 있었던 안애순 무용단의 「백색소음(White Noise)」 공연이었다.

공연이 끝난 후 '창작'의 주체인 공연단(단장 정안식 등 26명)은 "예상 외의 많은 관객과 그들의 진지한 관전태도에 감탄했다"는 소감을, '매개'의 주체인 행사주최자, 즉 인도네시아 정부('Art Summit Indonesia 2007' 조직위 포함)는 "한 달간 전 행사기간 중 가장 많은 관객과 호평으로 행사의 대미를 장식한 성공적인 공연이었다"는 평가를, '향수'의 주체인 관객은 "현대인의 삶을 돌아보게 한 의미 있는 훌륭한 공연이었고 수준 높은 한국예술의 또 다른 진면목을 보았다"는 소감 등을 서로 앞다투어 내놓았다.

  '백색소음'은 컴퓨터, 냉장고 등 현대문명의 각종 기계에서 발생한 소음이지만 이미 너무 익숙해져 있어 더 이상 소음으로 인식되지 않고 오히려 우리 생활에 안정적으로 묻혀버린 각종 기계음을 말한다. 작품 「백색소음」은 아순(A-Soon) 무용단의 대표인 안애순 무용가가 현대문명의 이기(利器)에 익숙해진 현대인에게서 모티브를 얻어, 이들 장비들이 각종 사회제도 및 시스템과 연계되어 오히려 '억압' 혹은 '감시'의 장치로 작용하고 있는 게 아닌가 하는 고민으로부터 시작된 작품이다. 현대 한국사회의 한 현상을 표현한 것이지만 사실상 전 세계적으로 공통적인 현대사회의 한 단면을 보여주는 것이라 할 수 있다.

  「백색소음」 공연은 2007년 1월 서울 대학로 아르코(ArKo) 예술극장에서 초연했고 해외에서는 이번이 처녀 공연이었다. 당초 9장으로 구성되었으나 공연장의 무대 크기가 작고 일부 장비를 설치할 수 없어 8장으로 축소하고, 이슬람국가 정서에 부담되는 일부 특정 장면도 삭제할 수밖에 없었다. 감시장치 상징물의 하나인 큼직한 개는 한국으로부터 직접 공수하기가 어려워 인도네시아 측 협조를 받아 현지산(産)을 무대에 등장시켰고, 마지막 부분에 군중 장면을 보여주기 위해 인도네시아 무용수 11명도 참여시켰다.

  국내외적으로 한국의 대표적 무용가 중 한 사람으로 명성을 얻고 있는 안애순 무용가는 한국적 춤사위를 현대적으로 표현하는 안무 스타일과 강렬한 표현력, 세련된 리듬, 역동적이면서도 공간을 잘 활용하는 구성 등을 통해 그만의 새로운 영역을 보여주는 예술인이다. 「백색소음」은 한국사회의 한 현상을 최신 조명장치와 애니메이

2007년 11월 한 달 동안 개최된 인도네시아 최고 현대공연예술축제에서 안애순 무용단의 「백색소음」이 11월 29~30일 양일간 폐막공연을 가졌다.

선, 그리고 현대적 무대 세트 등 여러 장르 간의 협력을 통해 보여주며, 한국의 최첨단 테크놀로지 기술과 공연예술과의 성공적인 결합을 무대에서 드러낸 것이라 할 수 있다.

「백색소음」은 인도네시아 정부가 그 해 11월 1일부터 30일까지 한 달 동안 개최해온 국제 현대공연예술 축제인 'Art Summit Indonesia(ASI) 2007' 행사의 폐막행사로 개최된 것이다. ASI는 인도네시아 정부가 복합문화의 다양한 예술적 개념에 대한 이해를 증진시키고, 아울러 인도네시아의 예술수준을 발전시킬 수 있는 계기로 삼기 위해 인도네시아 독립 50주년이 되던 1995년 처음 개최한 인도네시아 최고의 현대공연예술 축제이며 이후 매 3년마다 개최해왔다.

‘다양성에 동참을’이라는 주제로 개최된 2007년 제5회 ASI에는 인도네시아, 한국, 독일, 스페인, 싱가포르, 아르헨티나 등 동서양의 11개국 15개 공연단체가 초청을 받아 11월 한 달 동안 그라하 박티 부다야, 크세니안(Kesenian) 등 자카르타 시내의 지정된 4개 공연극장에서 각 단체별로 2일(2회)간 공연했다.

ASI 행사 참가는 각국 대사관 또는 단체가 그 해 상반기까지 ASI 조직위에 추천한 공연작에 대해 심사위원회의 철저한 심사를 통해 결정된다. 작품의 제작시기나 내용, 콘셉트 등이 철저히 현대적이어야 한다. 한국대사관이 추천한 「백색소음」 공연에 대해 ASI 조직위 심사위원회는 작품의 우수성을 인정해 ASI 행사의 폐막공연작으로 선정한 것이다. 개막공연으로는 주최측인 인도네시아의 그림자 인형극 「와양 리스트릭(Wayang Listrik)」이 공연되었다. 우리나라가 지난 1998년 2회부터 참가한 이래 우리 작품이 폐막행사 공연작으로 선정된 것은 이번이 처음이었다.

ASI 행사는 사실상 이해가 쉽지 않은 현대물 공연축제이고, 문화수준이 아직은 높지 않은 인도네시아인들의 현대예술에 대한 관심이 그리 크지 않다는 점, 유료공연(4만 루피아/약 4천 원)이라는 점 등 때문에 주최측에서는 행사기간 중 관객 참여에 많은 걱정을 했었다. 사실 ASI 조직위는 행사가 중반에 접어들면서부터는 관객 규모면에서 이미 많은 실망을 하고 있었고, 우리 공연에 은근히 기대를 걸고 있었던 것 같았다. 두어 개 공연만이 300여 명 조금 넘는 관객으로 최대 규모였고 나머지는 모두 100~150명 수준이었으며, 어떤 공연은 이보다 훨씬 적었다는 것이다. 이는 인도네시아인들의 현대예술에 대한 관심의 현주소를 보여주는 듯했다.

그렇기 때문에 11월 29일 첫날 공연 때 500석의 1층 관람석을 90% 이상 메우고, 11월 30일 둘째 날은 2층 발코니석까지 포함해 다양한 계층의 관객 650여 명이 북적였을 때 인도네시아 주최측은 놀라움과 함께 기쁨을 감추지 못했던 것이다. 사실상 그들이 제대로 신경 쓸 수 없었던 홍보를 한국대사관이 도맡아서 하고 예상외의 좋은 결과를 안겨준 데 대해, 피르만샤(Firmansyah) 인도네시아 문화부장관 특별보좌관, 수르야 유가(Surya Yuga) ASI 조직위원장, 라트나(Ratna) 조직위 공연담당 분과위원장 등은 그날 공연장에서뿐만 아니라 이후에도 필자에게 감사의 말을 전했다.

둘째 날 모든 공연이 끝난 직후 공연장 2층 로비에서 행사 주최자인 인도네시아 측이 개최한 리셉션에서 공연 창작품 생산자(공연단)와 소비자(관객) 그리고 유통 매개자(인도네시아 주최측)들은, 70분간의 공연 동안 마치 어두컴컴한 공연장에 갇혀 억압과 감시를 받다 자유를 되찾은 듯 저마다 한마디씩 관전평을 내놓았다.

"인도네시아의 문화수준이 높지 않아 관객이 별로 없을 것으로 생각했는데 의외로 많았고 그들의 진지한 모습에 감복했다. 특히 현지인들이 많아 기분이 너무 좋다."

"현대인의 심리적 불안을 몸동작으로 정교하게 표현한 춤사위에 놀랐다."

"동작과 선이 굵고 박력 있는 모습이 로비에 설치된 '다이내믹 코리아' 배너를 연상케 한다."

"인도네시아 무용수들이 함께 출연한 모습이 한 · 인니 간 협력을 상징한 것 같아 매우 인상적이다.”

“내용이 뭐가 뭔지 잘 모르겠고 마치 추상화를 보는 듯했지만 의미 있는 좋은 공연 같다.”

“공연 스케일이 크고 ASI 행사기간 중 최다 관객이 왔으며 모두들 호평을 한다. 한국공연이 ASI 행사 전체를 빛내주었다.”

이들의 의견은 이렇듯 다양했다.

최근 수년간 인도네시아에서는 우리의 전통춤이나 음악 등 다양한 공연이 개최되었으며 이들 공연은 인도네시아인들로부터 많은 주목을 받고 있다. 이번에 그들은 현대무용이라는 새로운 장르에도 높은 관심을 보인 셈인데, 이번 공연이 성공적으로 개최된 데는 재인도네시아 한인회의 격려도 한 몫 했음을 빼놓을 수 없다. 승은호 한인회장이 공연단을 위해 만찬과 뒤풀이까지 준비하면서 격려한 것은 그들에게 많은 힘이 되었을 것이다. 공연단은 다음해(2008년) 3월에 한국에서 세 번째 공연을 하게 되는데, 아마도 그들은 예술상품 시장에서 모든 경제주체들이 만족한 이번 자카르타 공연을 그리워할지도 모르겠다.[21]

50

인도네시아에 울려퍼진 '대~한민국'

2007년 7월 18일 오후 5시 50분경, 답답하고 꽉 막혔던 가슴이 오랜만에 확 트인 순간이었다. 그라운드의 선수들과 타원형 경기장 위로 보이는 밤하늘을 제외하고는 사방팔방 어디를 둘러보아도 흥분한 인도네시아인들로 가득 찬 자카르타 글로라 붕 카르노(Glora Bung Karno) 경기장. 우리 응원단은 월드컵 8강 진출 가능성에 짜릿한 기쁨을 맛보는 순간이었다. 그러나 불과 50여 명밖에 안 되는 우리 한인들이 목청껏 외치는 '대~한민국'의 함성은 인도네시아 국기를 상징하는 흰색과 붉은색의 티셔츠를 입고 열광하는 그들의 괴성에 이내 파묻히고 말았다.

아시안컵 축구대회 D조 예선 마지막 경기인 인도네시아전은 그야말로 전쟁을 방불케 했다. 2002년 월드컵 4강 신화까지 창조한 우리 팀은 명성이 무색하리만치 승점 꼴찌로 8강 진출마저 위태로운 상황이었고, 반면 우리보다 훨씬 약체인 인도네시아는 승점이 높아 8강 진출에 있어 상대적으로 유리한 입장이었다. 홈그라운드의 이점까지 업고 있는 인도네시아는 사상 처음으로 8강 진출을 눈앞에 두고 있는 터라 관중들은 마음껏 열광하고 있었다. 유도요노 대통령을 비롯한 정부 고위인사들까지 경기장에 총 출동해 그들의 힘이 되어주고 있었다.

2007년 4월경 아시안컵 축구대회 D조 예선이 7월 중에 인도네시아에서 개최된다는 사실이 알려지면서 우리 한인사회의 기대는 컸다. 이곳 한인들은 오랫동안 고국을 떠나 해외에 거주하면서 자랑스런 태극전사들의 활약을 TV를 통해서만 보고 열광하며 만족해야 했기에 대표팀의 원정경기를 그 어느 누구보다도 기다려왔다고 할 수 있다. 그렇기에 7월 11일 사우디아라비아와, 그리고 7월 15일 바레인과의 경기에서는 대사관이나 한인회에서 상상할 수 없을 정도로 많은 5,000~6,000명의 교민들이 참가해 '대~한민국'과 '오 필승 코리아'를 외치고 다이내믹 코리아 풍선 막대 등을 흔들어댔던 것이다.

대사관과 한인회는 일찍부터 이번 축구대회를 한인사회가 자긍심을 갖는 계기가 될 수 있도록 하자는 데 의견을 같이했다. 우리 선수단이 최선을 다해 국위를 선양할 수 있도록 필요한 지원을 하고, 아울러 한인들이 한 곳에 모여 응원을 할 수 있도록 계획했다. 이와 함께 교민 한 명이라도 다치는 불상사가 없도록 안전대책도 철저히 강구하기로 했다.

대사관은 곧바로 한인회와 함께 '2007 아시안 축구대회 합동지원단'을 구성했다. 대사관의 정용칠 공사와 한인회의 신기엽 부회장을 단장으로 하고 총괄 기획 및 홍보반, 응원 및 안내반, 안전대책반 등을 구성했다. 필자와 한인회 김재민 사무국장이 총괄기획 및 홍보반

2007년 7월 19일 자카르타 글로라 붕 카르노 경기장에서 개최된 아시안컵 축구대회 D조 예선 한국과 인도네시아전. 인도네시아 국민들이 8만 8,000석의 글로라 붕 카르노 경기장 관람석을 가득 메운 가운데 응원하고 있다.

을 맡았다. 총괄기획 및 홍보반은 발 빠르게 인도네시아 축구협회(PSSI)와 협의, 본부석 맞은편 7,500여 석(1, 2등급)을 한국인 관람석으로 확보했다. 관람 측면에서뿐만 아니라 주변도로에서 용이하게 접근할 수 있는 점, 만일의 비상사태 시 안전조치 강구 용이성 등을 감안한 것이다. 일부 현지인은 관중석 중 가장 좋은 구역을 이미 한국대사관에서 선점해 더 이상 좋은 자리가 없다고 부러움에 찬 비아냥까지 했다.

그리고 일찍부터 한인방송 및 인쇄매체, 그리고 신문 간지 등을 통해 한인관람석과 티켓 구입방법 등을 공지하면서 적극 응원에 참여해줄 것을 안내했다. 인도네시아 측의 티켓 구입시스템이 상식적으로 이해되지 않고 심지어 제대로 표를 살 수 있을까 하는 의구심까지 들어 수차례 거듭 확인하고, 결국은 매 경기 시마다 변경된 내용을 다시 확인해 한인사회에 공지하게 되었다. 축구협회장 면담 시에는 로비에 걸려 있는 태극기의 4괘가 잘못되어 있는 것을 발견하고 바로 다른 태극기로 교체하기도 했다.

안전문제는 조금이라도 소홀히 할 수 없는 부분이었다. 한인사회의 대축제가 될 수 있는 마당에 조그마한 불상사라도 나지 않도록 하기 위해 대사를 비롯한 관계자 모두가 가능한 모든 노력을 다했다. 대사관과 한인회는 수차례 회의를 통해 안전 및 안내 등을 점검하고, 특히 대인도네시아전과 관련해서는 대통령궁의 고위 인사로부터 경찰에 이르기까지 가능한 모든 채널을 별도로 구축해 특별 안전대책을 강구했다.

사실 인도네시아인들은 온순한 편이고, 축구를 좋아하는 그들은 열정적일 뿐이다. 그러나 경기 때 군중심리에 휩쓸려 흥분하고 과격해지기 쉽다고 한다. 더욱이 8강 진출을 목전에 두고 사활이 걸려 있는 상황에서 경기 결과에 따라 어떠한 난폭한 행동이 나올지 모르는 것이었다. 그동안 여러 경기장에서 인도네시아인들의 과격한 행동으로 크고 작은 사고를 직간접적으로 경험한 교민들은 인도네시아와의 경기 관전을 두려워하기도 했다.

이러한 교민사회 분위기를 감지한 붉은악마도 인도네시아전을 앞두고 안전을 우려했던 것 같다. 7월 18일 인도네시아전 당일 아침, 대사 주재로 안전대책 관련 긴급회의를 하는 도중, 필자는 붉은악마 단장으로부터 전화를 받았다. 경기장이 위험하다는데 자신들에 대한 경찰 보호가 가능한지를 물었다. 한인들에 대한 인도네시아 경찰의 호위 등을 이미 조치했고 필자를 포함한 대사관 직원들이 현장에서 응원할 것이라고 안심을 시켰다. 만일의 사태에 대비해 현장에서의 안전수칙도 A4 반 크기로 제작해 관람석 입구에서 배포했다. 한인지정석 착석 요령, 퇴장 시 주의사항 등과 함께 안전문제로 긴급 연락 시 대사관 및 한인회 관계자 10여 명의 핸드폰 번호도 명기했다.

이선진 대사는 사우디아라비아와 바레인전에서는 본부석에서 관전했으나, 인도네시아전에서는 응원석에서 교민들과 함께 응원을 했다. 위험이 예상되어 본부석으로 옮길 것을 건의했지만, 오히려 위험하기에, 그리고 교민들이 많이 안 올지도 모르기 때문에 함께 동참하겠다고 했다. 대사를 보호하기 위해 인도네시아 경찰들의 경비가 강화될 것이기에 결국 한인들 모두가 좀 더 안전해질 것이라고 판단한 것이다. 그는 우리 선수들의 사인이 표기되어 있는 붉은색 티셔츠 차림으로 참석했다.

사실 인도네시아인들이 8강 진출권을 따내기 위해 보여준 열정과 흥분은 상상을 초월했다. 경기장에 몰려오는 그들은 마치 거대한 파도가 밀려오는 듯했고, 인산인해라는 말을 실감할 수 있었다. 2억 3,000만 명으로 세계 4위의 인구대국이라지만 땅덩어리가 워낙 넓어(한반도의 아홉 배) 평소에는 인구가 많다는 것을 느끼지 못했는데, 그날에야 인도네시아가 인구대국임을 제대로 실감하는 순간이었다.

8만 8,000석의 경기장 관중석을 콩나물 시루같이 가득 메운 그들은 우리가 붙여놓은 한국팀 응원현수막을 경기 시작 전에 모두 거둬 내버렸다. 시작 전부터 긴장감이 팽팽히 감도는 순간이었다. 그들 은 우리의 '대~한민국' 응원 구호를 본따 만든 '인~도네시아'를 외 치며 괴성을 질렀다. 지은 지 46년 된 경기장이 무너지지 않을까 하 는 걱정까지 들 정도였다.

한인 관람석으로 지정된 약 1,500여 석에는 붉은악마 12명을 포함 해 대사 및 대사관 직원, 한인회 관계자, 그리고 일부 교민 등 50여 명이 끝까지 남아 외로운 응원을 했다. 처음 경기 시작 시 70여 명이 던 응원객은 응원이 고조되면서 긴장감이 나돌자, 그 중 20여 명이 공포를 못 이기고 차례로 응원석을 떠난 것이다. 인도네시아 경찰들 이 ㄷ자 형식으로 에워싼 한인 응원석은 고립무원의 섬이나 마찬가 지였다. 처음 확보된 1,500여 석의 우리 땅은 주변 인도네시아인들 이 점점 밀고들어와 조그맣게 쪼그라들었다. 경기 시작 전 애국가가 울려퍼지면서 등장해야 할 붉은악마가 준비한 태극기는 들어올릴 인원이 부족하고 또한 한쪽에서 인도네시아인들이 줄을 잡아당겨 제대로 오르지도 펴지지도 못했다.

전반 30여 분쯤 지난 뒤 우리가 한 골 축포를 터뜨리고 경기를 리 드해나가면서 관중석 2층으로부터 페트병, 물 비닐봉지 등이 우리를 향해 날아왔다. 필자도 허벅다리를 맞아 바지가 흠뻑 젖었고, 대사 관 직원 한 명은 눈가에 페트병을 맞아 피를 흘리며 병원으로 후송 되어 상처자리를 꿰매기도 했다. 여자 KOICA(국제협력단) 단원 3~4 명은 공포에 떨다 비명을 지르며 빠져나갔다. 더 큰 사고가 터지기 전에 응원을 중단하고 전원 철수해야 한다는 주장도 나왔다. 그러나 우리 선수들이 뛰고 있는 상황에서 붉은악마는 아랑곳하지 않았다. 죽더라도 여기서 응원을 하다가 죽겠다는 듯 북을 계속 쳐대면서 '대~한민국'과 '오 필승코리아'를 힘겹게 외쳐댔다. 승리의 고지를 향해 진격하는 부대에 진군가를 울리는 듯했다.

전광판의 시간이 멈추고 조금 지나 주심이 경기종료 휘슬을 불었다. 우리 선수들은 기어이 8강 진출에 성공했다. 모두 합쳐 수십 명 밖에 안 되는 우리 선수단과 응원단은 인산인해를 이룬 약 9만여 명(경기장 밖에서도 약 2,000여 명이 응원)의 인도네시아인들과 싸워 이긴 것이다. 가히 인니대첩이라고 표현할 만했다.

퇴장 시 만일의 사태에 대비해 한인들은 경찰의 호위를 받아 관중석 아래 반지하 공간에 집결한 뒤 인도네시아인들이 대부분 퇴장한 다음 경기장 밖을 빠져나왔다. 합동지원단은 붉은악마를 그들의 차에 태워 보내고 상황을 종료했다. 조그만 유혈사고와 페트병이나 물봉지 등을 맞은 것 외에는 별다른 사고 없이 끝났다. 응원에 참여했던 한인들은 인도네시아인들의 응원 행태가 종전에 비해 많이 좋아졌다고 했다. 경기 다음날 인도네시아 언론들도 예기치 않은 불상사를 우려했던지 "별다른 사고 없이 경기가 끝나는 등 자국민의 관전문화가 많이 성숙했다"고 평가했다.

적도 아래 상하의 나라 인도네시아. 건조한 열대기후, 열악한 훈련장 등 여러 어려운 여건에서도 긴장의 끈을 늦추지 않고 최선을 다한 결과 8강 진출의 티켓을 따낸 선수단에게 찬사를 보낸다. 그들의 목표는 여기에 그치지 않고 아시안컵 축구대회의 승리일 것이다. 또한 불굴의 정신으로 끝까지 응원을 리드해나간 붉은악마에게도 감사를 드린다. 대한민국이라는 이름으로 한 마음 한 몸이 되었던 그들을 다시 만나볼 수 있기를 기대해본다.[22]

＊ ＊ ＊ ＊ ＊

8강전은 2007년 7월 중순 말레이시아 쿠알라룸푸르에서 치렀으며, 결승전은 7월 27일 자카르타에서, 3~4위전은 7월 28일 수마트라 주 남부 팔렘방에서 치르기로 되어 있었다. 인도네시아 한인들은 우리 팀을 자카르타 결승전에서 다시 볼 수 있기를 간절히 바랐다. 필자와 한인회 사무국장은 자카르타에서 결승전이 있을 것에 대비해 인도네시아 축구협회를 발 빠르게 접촉, 관람석 확보 등 만반의 준비를 했다. 인도네시아 사람들과 축구협회 측은 한국이 일본과 결승전을 하기를 바랐는데, 이는 당시 8강 중 두 나라의 자카르타 거주민이 가장 많아 불꽃 튀기는 경기가 되고 입장료 수입도 클 것으로 판단했기 때문이다. 그러나 한국과 일본팀은 현지의 이러한 바램을 일부러 깨뜨리려는 듯 결승이 아닌 3~4위전을 팔렘방에서 치르게 됐다. 팔렘방 경기에서 우리 팀은 전후반 동안 지루한 게임을 하다가 결국 비겼으며, 승부차기에서 1:0으로 겨우 이겼다.

51

비보이에서 도예전과
가야금을 거쳐 태권도까지

2008년은 인도네시아에 한국문화가 비교적 다양하고 풍성하게 소개된 한 해라고 할 수 있다. 새해 벽두에 개최된 한국공예품 전시행사를 비롯해 다양한 한국문화 행사가 개최되었는데, 특히 5월에 개최된 묘성 비보이 공연, 10월에 개최된 이천 도예전시회와 숙명가야금연주단 공연, 11월에 개최된 국가대표 태권도시범단 시범 등은 인도네시아에 한국문화예술의 진수와 한국인의 기질을 보여주고 한류확산에 탄력을 불어넣었다고 할 수 있다. 이들 행사는 한국인의 역동적인 이미지와 함께 섬세하고 우아하고 찬란한 한국 예술을 통해 동서고금의 경계를 넘나드는 몰입의 순간을 맛보게 했다. 그러면서도 한·인니 양국 국민이 더욱 가까워져가는 이웃임을 느낄 수 있게 했다.

2008년 5월 12일, 묘성 비보이 공연이 계획되어 있는 자카르타 시내의 고급 몰 스나얀 시티(Senayan City)의 1층 아트리움(Atrium). 오후 1시 30분과 6시 30분이 다가오자 아트리움 광장은 관객들로 가득 메워지고 6층까지 각층 난간에는 모두 약 2,000여 명의 관객들이 발걸음을 멈추고 내려다보고 있었다. 매장 점원들도 하던 일을 잠시 멈추고 나와 관람객의 일원이 되었다. 약 20분간 실시될 비보이 공연을 놓치지 않기 위해서다. 아래서 올려다본 관객들의 모습은 마치 흘러가는 구름이 난간에 걸쳐 있는 듯했다.

비보이 공연단(단장 설진호 등 총 9명)은 가야금이나 북의 장단에 맞춰, 때론 서양 클래식음악에 따라 인간의 육체적 한계를 의심케 할 정도의 묘기를 보였다. 스릴과 기교 만점의 공연이 펼쳐지면서 여기저기서 괴성과 탄성이 흘렀다. TVRI, JAK TV, 「자카르타 포스트」 등 10여 매체가 열띤 취재를 하고 필자와 단장을 인터뷰했다. 몰의 마케팅 담당이사 베리 스티아디(Veri Setiadi)와 판촉부장인 마르첼라(Marcella)도 일하다 말고 나와서 구경을 했다. 그들은 묘기에 감탄을 연발하면서 몰 개장 이래 많은 단체나 회사에 아트리움 광장을 대여했지만 이 공연만큼 재미있고 많은 쇼핑객이 몰려든 적은 없다고 하였다. 그리고 다음에도 다른 비보이 팀을 데려오라고 했다. 몰 측은 공연일인 월요일은 매장 손님이 일주일 중 가장 적은 날이어서 크게 기대를 하지 않았는데 오히려 다른 날보다 손님이 많았다는 것. 그야말로 손대지 않고 코 풀 듯, 고객 유인 마케팅에 성공했다는 판단이었다.

당초 비보이 공연단은 이 해 5월 13일에 관광공사 주최로 자카르타 시내 샹그리라 호텔에서 관광업계 인사 등 약 200여 명을 대상으로 개최될 '한국의 밤(Korea Night)' 행사에 참가할 공연단이었다. 하지만 필자는 그들의 역동적 이미지가 한류 확산에 촉매제가 될 수 있다고 판단, 관광공사의 협조를 얻어 그들의 항공일정을 하루 앞당겨 별도의 추가 공연을 기획했던 것이다. 공연 타깃도 비보이의 이미지를 고려해 불특정 다수의 일반 대중 속을 파고들기로 하고, 따라서 장소도 일반 공연장이 아닌 많은 사람이 다니는 소위 길목에서 쇼케이스 공연을 계획한 것이 성공한 것이다.

그로부터 5개월 뒤 10월 24일부터 11월 2일까지 비보이 공연으로 2,000여 명의 쇼핑객을 단숨에 흡인한 바 있는 스나얀시티 1층 아트리움에는 이전과는 전혀 다른 장르인 '한국도자 천년의 빛' 전시장이 들어섰다. 경기도 이천도예협회 회원작가 27명의 작품 87점을 전시해 한국도예 천년의 찬란한 예술을 선보인 것이다. 한·인니 수교 35년 역사상 도예전으로는 최대 규모였다. 손으로 만든 작품으로는 세계에서 가장 얇고 가벼운, 무게가 불과 135그램밖에 안 된 청자 '다완', 국내 베스트셀러였던 최인호 소설 『상도(商道)』에서 주인공인 거상(巨商) 임상옥에게 인간 욕망의 절제를 깨우치게 해준 술잔인 계영배(戒盈杯), 미국 스미소니언 박물관 소장 작가의 작품, 미국 크리스티 경매에서 세계 최고가에 팔린 백자 '철화용문호'의 모조작품, 한때 미국 언론의 주목을 받은 보석같이 빛나는 결정유 작품 등등. 웬만한 도예전시회에서는 접하기 어려운 희귀작품들이 지나가는 사람들의 발걸음을 멈추게 하고 보는 이들로부터 호기심과 감탄사를 자아내기에 부족함이 없었다.

행사의 성과를 높이기 위해 인도네시아 도예작가 다섯 명이 함께 참여한 한·인니 도예가 워크숍에는 관람객들이 직접 도자를 만들어보는 도자체험 프로그램을 마련하고, 한쪽 코너에는 인삼 및 한국 특산품 판매코너를 설치했다. 인도네시아 한인예총의 협조로 개막식부터 전시기간 동안 틈틈이 월화차 문화원의 '한국전통다도 시범'을 선보이고, 한인어린이 합창단의 합창 등 다양한 프로그램을 구성해 한국 종합문화의 장을 마련했다. 10월 24일 오후 6시 30분 개막식에는 김호영 대사, 수르야 유가(Surya Yuga) 문화부 예술국장, 무얏(Muhyat) 자카르타 주지사 비서실장, 이스칸다르 누훙(Iskandar A. Nuhung)과 박영수 인·한친선협회(IKFA) 부회장, 윤태운 이천 도예협회회장, 송광석 경인일보 사장, 윤해중 한·인니친선협회 회장, 황성태 경기도 관광국장 등이 환영사 및 축사 등을 통해 행사의 의미와 가치를 부여했다. 메트로 TV에서 개막식 행사내용과 30분 특집을 2회 시리즈로 방송하고, 「자카르타 포스트」 등 유력 신문들이 관심 있게 보도하기도 했다.

이번 전시는 윤태운 회장의 외골수적 고집으로 개최된 것이다. 이제까지 프랑스, 독일, 캐나다, 일본 등 선진국에서만 전시회를 개최했던 회원들이 1인당 GDP 2,180여 달러 정도밖에 안 되는 후진국에서 고상한 도자예술이 제 대접을 받지 못할 것이라는 반대가 있었지만, 최근 확산되고 있는 한류를 감안하고, 인도네시아가 한국경제협력의 중요한 국가로서 문화적 접근이 필요하다는 인식으로 회원들을 설득했다. 전시기간 내내 전시장을 지켰던 윤태운 회장과 개막일부터 며칠간 함께한 회원들은 인도네시아가 한국 도자기에 이렇게 관심이 클 줄은 몰랐다고 했다. 매일 2,000여 명의 방문 관람객을 통해 후진국이라 전혀 예기치 않은 판매수익까지 좀 챙겼던 협회 측은 인도네시아는 절대 무시할 국가가 아니라고 인식을 180도 바꾸고, 다음에는 새로운 전략으로 다시 한 번 전시회를 개최하고 싶다고 했다.

그리고 10월 29일과 30일 이틀간 저녁 8시, 자카르타 시내 공연장 우스마르 이스마일 홀(Usmar Ismail Hall)에서는 아름다운 가야금 선율

2008년 10월 29~30일 자카르타 우스마르 이스마일 홀에서 개최된 숙명가야금연주단 공연은 한국과 서양과 인도네시아 음악 등을 다양하게 연주하면서 모두를 하나 되게 했다.

속에서 모두가 국적을 불문하고 하나가 되었다. 숙명가야금합주단 16명(단장 송혜진 숙대 교수)은 천년 역사의 한국 전통악기로 한국음악과 서양음악, 팝송 등으로 동서양을 넘나들며 400석 공연장을 가득 채운 관중들을 몰입시켰다. 황병기 작곡 가야금 이중주 「하마단」과 가야금 산조 등으로 심금을 울리더니, 「렛잇비(Let it be)」, 「헤이 주드 (Hey jude)」 등으로 비틀스를 만났다. 비발디의 「사계」 중 '가을'로 상하(常夏)의 나라에도 가을이 깊어감을 느끼게 했다. 해금 연주자 강은일은 단 두 줄의 외로운 모습으로 소리마저 애절한 해금을 마치 신들린 사람처럼 연주해 객석의 탄성을 자아냈다.

아름다운 한복을 차려입고 등장한 명창 박애리가 부채를 폈다 접었다 하면서 관객들의 추임새를 유도하며 창을 불렀는데, 사뿐사뿐 움직이는 그의 자태는 이미 현지인들의 시선을 사로잡았다. 특히 앙코르송으로 「대장금」 주제가 '오나라'를 부를 때는 이미 여기저기서 흥얼거리는 분위기였다. 대장금은 2006년에 현지 TV에서 방영되어 한때 대장금 신드롬을 낳은 적이 있기 때문에 오나라를 부른 명창을 직접 목격하게 된 관중들은 이내 하나가 되었다.

우리 연주단이 인도네시아 가요 두 곡을 연주하고, 필자가 인도네시아 문화관광부에 요청해 포함시킨 인도네시아 전통음악단 라온마(Laonma) 그룹이 한국 대중가요를 연주하게 되자 장내는 다시 한 번 환호성으로 가득 찼다. 공연이 끝난 후 로비에서 가야금연주단, 해금 연주자, 박애리 명창 등이 관객들을 보내는 자리는 연예스타의 팬 사인회를 방불케 했다. 사인을 받고 함께 사진을 찍느라 자리를 뜨지 않는 관중들이 많아, 다음날 이른 아침 일정으로 장내를 정리해야 했기에 강제로 관객을 추방(?)하는 해프닝을 치르기도 했다.

이 행사에는 파우지 보워(Fauzi Bowo) 자카르타 주지사가 공연장을 방문해 김호영 한국대사에게 축하인사와 함께 문화교류 증진에 대한 감사의 말을 전했다. 나나 수트레스나(Nana S. Sutresna) 대통령 특별고문을 비롯해 정부인사, 언론인, 경제계 및 학계인사, 외교단 등 다양한 계층의 현지인들과 교민들도 참석했다. 도요타 인도네시아 지사장 일행 일본인 세 명은 첫날 공연의 입소문을 듣고 필자를 아는 교민지인을 통해 둘쨋날 공연 티켓을 꼭 마련해달라는 특별 부탁을 해 관람하기도 했다. 가야금의 아름다운 선율과 신들린 듯한 해금 연주, 아름다운 목소리, 한·인니 화합의 장 같은 공연이었다는 등 여러 감사 평을 받느라고 필자는 며칠간 분주했다.

공연의 이해증진을 위해 교민 여성 양수려씨에게 MC를 부탁했다. 현지인들에게 생소하고 이해가 쉽지 않은 전통악기와 음악, 창 등을 이해하기 쉽게 설명하면서 진행하도록, 소위 해설이 있는 음악회를 진행해달라고 부탁했다. 자카르타 한인 성당의 성가대 지휘자이기도 한 그는 EBS에서 뉴스 아나운서로 근무한 경력을 살려 유창한 영어로 프로나 진배없이 진행을 해 10월의 마지막 밤에 관객을 한국음악으로 흠뻑 빠져들게 했다.

그리고 같은 해 11월 16일 일요일 오후 4시 40분, 국가대표 태권도 시범단의 시범이 약 한 시간에 걸쳐 자카르타 시내 뻐르따미나 체육관에서 개최되었다. 대한태권도협회의 국가대표 시범단(단장 박원희)은 태권도를 통한 한류확산 등을 목적으로 싱가포르와 태국을 순회시범하고 마지막으로 인도네시아를 찾았다. 식전행사인 자카르타 어린이 태권도 대회와 한인 풍물패인 한바패의 멋진 공연을 마치고 시범단이 등장하자 현지인 2,000여 명과 한인 100여 명으로 가득 찬 장내는 환호와 기대감으로 후끈 달아올랐다.

태권도 시범단은 태권도 고급 품세와 고난도 발차기 기술, 그리고 손기술을 활용한 격파시범의 정수를 보여주며 장내 열기를 더했다. 태권도 기본자세를 응용한 코믹 연기나 에어로빅 등은 태권도가 신체와 정신단련뿐만 아니라 일상적인 건강 프로그램으로 활용될 수 있음을 보여주었다. 또한 남녀 모두에게 사랑받을 수 있는 스포츠라는 것도 보여주었다. 왼쪽 가슴편에 태극마크가 새겨진 도복을 입은 시범단은 태권도 정수를 한껏 보여주면서 한국의 위상을 과시하고 양국 국민에게 뜨거운 감동을 선사한 것이다.

이곳 인도네시아에서는 보기 힘든 정통 태권도의 모습을 놓칠세라 여기저기서 쉼 없이 카메라 셔터를 누르고 캠코더를 통해 녹화하려는 현지인들의 모습이 눈에 많이 띄었다. KOMPAS, JAK TV 등 현지 언론들도 열띤 취재를 벌였다.

2008년에는 이러한 일련의 행사 외에도 연초인 1월 15일~19일까지 5일간 한 · 인니 친선협회 주최로 예원공예예술협회 회원의 공예전이 인도네시아 문화센터인 타만 이스마일 마루주키(TIM) 전시장에서 개최되는 등 크고 작은 다양한 문화행사가 개최되었다. 이 전시회에는 파우지 보워 자카르타 주지사가 개막식에 참석해 축사를 했으며, 참가한 전원은 문화관광부를 방문해 제로 와칙 장관을 예방하고 감사장을 받았다.

2008년은 다양한 행사가 개최되어 연중 한국문화가 살아 숨쉬는 듯한 기분이다. 비보이 공연부터 태권도 행사까지 한 차례도 빠짐없이 참가한 A와 S 언론인, 그리고 R 교수는 필자에게 이번 해가 한국문화홍보의 해냐고 물었다. 연중 지속적으로 행사를 개최해 한국문화에 대한 관심을 계속 환기시켰다는 것이었다. 이것은 연중 한국문화행사를 한 두개씩 분산 개최할 경우의 장점이었다. 그러나 필자는 한국문화를 종합적으로 이해하고 체험할 수 있는 새로운 접근을 시도해보고 싶었다. 한국문화주간을 설정해 현지인들이 소위 패키지 체험을 하도록 해보고 싶었다. 사실 이러한 문화주간은 필자가 재임 기간 동안 여건만 되면 해보고 싶은 것이었다.

필자는 2009년에는 한류확산에 보다 탄력을 불어넣기 위해 아예 한국문화주간 행사를 계획했다. 마침 2008년 5월에 부임한 김호영 대사도 재임기간 동안 한국문화홍보에 역점을 두겠다는 방침을 갖고 있어 내심 큰 힘으로 생각했다. 한국문화 교류활성화 중기계획을 수립하고 1차년도인 2009년에 한국문화종합축제를 계획했다. 주요 내용은 매년 10월 3일(개천절)에 개최되는 국경일 리셉션을 종래 담소 위주의 리셉션이 아닌 한국문화 소개의 장(場)으로 바꾼다는 구상이다. 이 국경일에 한국문화주간을 선포하면서 개막행사를 겸한 대대적인 문화공연을 한다는 것이다. 리셉션 참가자는 주재국의 정 · 재계, 언론계, 학계, 문화계 등 각 분야의 주요 인사들이기 때문에 최고의 문화홍보 타깃이라고 보았다.

다만 2009년 10월 3일은 인도네시아의 르바란 축제(이슬람력으로 9월 한 달간 금식이 끝난 후 공식 휴일인 2일을 포함해 1주 정도의 연휴를 즐김)가 끝난 주의 토요일이기 때문에 사회적으로 아직 일할 수 있는 분위기가 되지 않는 점 등을 고려해 한 주 후쯤에 개막할 것을 제안했다. 한국무용공연, 한국영화제, K-POP 공연, 자수 또는 미술 전시회, 한국음식 및 농식품전, 태권도시범 행사, 현지인 불우이웃 돕기 자선기금 마련을 위한 한 · 인니 골프대회 및 만찬 등을 계획했다.

장소는 시내 전문 공연장인 발라이 카르티니(Balai Kartini), 고급 쇼핑몰인 스나얀 시티, 브리츠 메가플렉스 영화관, 국립박물관 및 미술관 등 장르별로 선정했다. 장소는 모든 프로그램을 함께 즐길 수 있는 곳도 좋지만 분산 개최하는 것도 나름대로 장점이 있고, 또한 통합적으로 할 수 있는 대형 장소는 이미 오래전에 모두 예약이 끝난 상태였다. 대사관의 최대 행사가 될 것이기 때문에 전직원이 참여하여 한 행사씩 책임지고 맡아야 하고, 효과적 추진을 위해 공사를 위원장으로하는 추진위원회를 구성해 나갈것을 제안했다. 그리고 필요시 한인사회의 관련단체도 위원회에 포함시킬 것을 언급했다.

필자는 이외에도 한국학 활성화 및 한국전문가 육성, 언론활용 한국이해증진, 문화계 인사 교류 활성화, 현지인 한국문화 사랑단체 육성 활용, 태권도 보급 활성화, 한국문화원 및 관광홍보거점설치 등 다양한 내용을 계획하고 2008년 12월 9일 대사 주재 월요회의 시 (외교부, 각 부처 주재관 등 24명 참석) 보고했다. 그리고 필자가 그 해 중반부터 계획서를 보내면서 접촉해온 문화부(국제문화과, 영상산업과, 콘텐츠산업정책과, 해외문화홍보원 등), 국제교류재단, 국제문화산업교류재단, 한국문화콘텐츠진흥원, 영화진흥위원회 등을 계속 접촉하면서 지원을 요청했다.

필자는 2009년 2월 중순 임기를 마치고 귀국했다. 주인도네시아 한국대사관은 2009년 10월 8일부터 18일까지 한국문화주간을 개최했다는 소식을 들었다. 종합적인 한국문화주간행사는 이번이 처음이었다. 한국공연(전통무용 및 음악, 비보이 등), 영화제, 한국음식전, 한·인니 친선의 밤 행사, 한국학세미나 등을 개최했다고 한다. 현지인들은 한국문화를 새로운 차원에서 접근하면서 한국에 더욱 다가왔을 것이고, 한인사회도 한층 자긍심을 느끼면서 확산중인 한류는 더 한층 탄력을 받을 것이다. 한국문화행사가 더욱 발전적으로 개최되어 한·인니관계에 크게 기여하기를 기대해본다.

52

한인사회,
최대 외국인 커뮤니티로 성장

우리 한인사회는 인도네시아에서 최대 외국인 커뮤니티로 성장했다. 국내에서 한인들이 본격 진출한 1960년대 초반 이후 반세기도 채 되지 않은 기간이다. 양적인 최대 커뮤니티로 성장한 만큼 현재 한인사회는 질적으로도 최고 한인사회로 발전하기 위해 노력하고 있다. 인도네시아 한인사회는 현지 투자를 위한 국내 기업들의 경제인 중심으로 시작되었고 발전되어왔다는 점에서 동남아 국가 등 다른 나라 한인사회와 다르다고 할 수 있다.

인도네시아에 한국인이 처음 진출하게 된 것은 일본제국주의가 인도네시아를 점령한 이후 포로 관리에 필요한 인력을 우리나라에서 모집해 자바로 데려간 1942년이다. 그러나 이들은 종전 후 대부분 한국으로 귀국한 것으로 알려졌다.

국내에서 한국인이 본격적으로 진출하게 된 것은 경제적 진출이 시작된 1963년이다. 당시 한국남방개발(회장 최계월)이 현지법인명

코데코(KODECO) 명의로 목재사업을 시작하면서 처음 진출했는데 이는 한국 해외투자 1호로 기록된다. 당시 이 회사는 한국 정부로부터 450만 달러의 정부차관을 빌려 사업을 개시했는데, 당시 한국 정부의 전체 외환보유고가 4,300만 달러에 불과했던 점을 감안하면 파격적인 사업 시도였다.

1970년대에 코린도(KORINDO), 코데코를 중심으로 현지 투자기업이 설립되고 원목사업과 관련해 한국에서 기업 진출이 계속되었다. 상사직원과 현지 합판공장에 취업 붐이 형성되면서 한인사회가 본격적으로 형성되기 시작했다. 1972년 7월에 거류민회가 결성되었으며 최계월씨가 초대 거류민회장으로 취임했다. 1970년대 말까지 한인은 약 1,000여 명이었다. 1986년에는 신교환 거류민 회장이 취임했다. 신 회장은 현재 재인니 한인회 문화체육분과 부회장인 신기엽(PT Hanindo Express Utama 대표)씨의 부친이다. 1980년대 후반기에는 봉제업, 신발제조업 등이 진출하기 시작했으며 한인사회가 급격하게 팽창하기 시작했다. 인원도 1만~1만 5,000명대로 증가했다.

1990년 6월에는 승은호(현 KORINDO 그룹 회장) 한인회장이 취임했으며, 그가 현재까지 한인회를 이끌고 있다. 1990년대 한인들의 경제활동은 노동집약적 업종의 다변화가 이루어진 것이 특징이다. 주로 제조업 중심으로 이루어졌는데 봉제, 신발, 가방, 완구, 가발, 건설, 자동차 등으로 다변화했다. 업종의 다변화에 따라 각 업종 단체의 업무효율과 이익극대화 등을 위해 상공회의소 설립의 필요성이 대두되어 한인회 산하에 상공 분과위원회가 1991년 설립되었다. 이는

1999년 8월에 상공회의소로 확대 개편되면서 승은호 한인회장이 상공회의소 회장으로 취임해 오늘에 이르고 있고, 현재 상근 부회장은 송창근(PT KMK Global 대표)씨가 맡고 있다.

2000년대 들어와 한인경제활동은 전 업종에서 양적 확대와 함께 사업의 세분화, 전문화, 분업화가 이루어졌다. 전자, IT 산업, 에너지, 광업, 서비스 산업으로의 진출이 활발해졌다. 특히 2003년 들어 CDMA 무선통신분야 진출을 필두로 IT 부문의 활동이 두드러졌다. 한인 규모도 3만 명을 상회하기 시작했다.[23]

2009년 2월 현재 한인들은 약 3만 5,000명으로 추산되는데 인도네시아에 대한 매력으로 계속 증가할 것으로 예상된다. 자카르타에 재인니 한인회가 있고 지방의 11개 주요도시별로 한인회가 조직되어 있다. 자카르타 및 인근지역(JABOTABEK)에 약 85%인 약 3만여 명이 거주 및 체류하며, 보고르(약 2,000명), 수라바야(약 1,500명), 반둥(약 900명), 스마랑(약 300명) 그리고 수카부미, 족자카르타, 바탐, 메단, 팔렘방 등에 50~200명 정도로 분포되어 있다. 사업을 하는 한국 업체는 약 1,350개 사이며 이들은 약 50만 명의 인도네시아 근로자를 고용하고 있다.

인도네시아에서 한인사회가 화교를 제외한 외국인 사회 중 최대 커뮤니티로 성장하게 된 것은 1990년대 후반 IMF 위기가 결정적 계기가 되었다. 1997년도 금융위기를 겪는 중에 일본 등 여러 나라가 인도네시아를 떠났고 그 이후 2000년도에 들어와, 당시까지만 해도 최대 규모였던 일본의 민족규모를 한국이 앞선 것이다. IMF 위기 동안 한국인들은 다른 나라만큼 썰물처럼 빠져나가지 않았다. 이로 인해 인도네시아 대통령부터 많은 지도층 인사들이 한국을 어려울 때 함께한 우방으로 기억하고 있다. 한인들은 근면과 성실의 대명사로 인도네시아 정부나 사회로부터 비교적 좋은 평가를 받고 있다.

실제 한인사회에는 자랑스러운 일이 많이 있다. 많은 한국기업들이 생산 및 수출 증대, 그리고 고용인구 창출 등으로 인도네시아 경제성장에 상당한 기여를 하고 있는데, 그 중에서도 특히 한국의 대표기업 중 하나인 삼성전자와 LG전자 현지법인은 최근 3~4년간 인도네시아 최우수기업으로 선정되어 한인사회의 자긍심 고양에 기여했다. 삼성전자 인니법인(법인장 이종찬)은 2008년 10월 21일 인도네시아 최우수기업에 수여하는 최고의 상인 '2008 쁘리마니야르따 상(Primaniyarta Award 2008)'을 유도요노 대통령으로부터 직접 수상받는 영광을 안았다. 이 상은 최근 몇 년간의 매출 신장률 및 인도네시아 수출기여도, R&D 투자 및 기술 현지화, 경영의 투명성, 우수 납세실적, 고객의 서비스 만족도, 지역사회 공헌도 등을 종합평가해 선정된다.

LG전자 인니법인(법인장 이기주)은 2006년과 2007년 10월에 2년간 연속해서 유도요도 대통령으로부터 쁘리마니야르따 상을 수상했다. 2008년에는 인도네시아 경제발전과 국가경쟁력 향상에 공헌한 기업에게 수여하는 '2008 투자기업상(Investment Award 2008)'을 칼라 부통령으로부터 수상했다. 이러한 내용이 『콤파스』지, 메트로 TV 등 인도네시아 주요 언론에 일제히 보도됨으로써 인도네시아에서의 한국기업들의 우수성과 인니사회 기여도 등을 선양함은 물론 한국의 국가경쟁력과 이미지를 높이는 데 크게 기여했다.

한인사회의 또 하나의 자랑거리는 승은호 회장이 경영하는 코린도 그룹이다. 이 그룹은 목재와 신발, 컨테이너, 배터리, 부동산, 금융, 운송, 건설 등과 관련된 계열사 30여 개사를 거느리고 있는 인도네시아 재계 20위권의 기업이다. 직원만 해도 한국인 약 400여 명, 현지인 약 2만여 명을 거느리고 있다. 코린도는 인천 소재 목재업체 동아기업이 1971년 중부 칼리만탄에 진출, 300만 달러를 투자해 설립한 원목개발 회사를 모체로 해 다양한 영역으로 사업을 확장했다. 코린도의 주력 산업분야는 합판과 신문용지다. 그러나 최근 2~3년 전부터 대체에너지로서 바이오에너지 확보를 위해 팜오일 조림지를 확보하는 등 미래 안목으로 공격적 경영을 해오고 있다.

한인사회 경제인들은 에너지, 봉제, 건설 등 각 직능 또는 업종별로 협의체 등을 구성해 정기적 회합 또는 현안 세미나 개최 등을 통해 친목증진과 정보교환 등으로 도움을 주고받고 있다. 사안에 따라서는 한국대사관, 상공회의소, 코트라 등과 공조를 이루면서 인도네시아 정부나 유관기관에 공동 대응을 하기도 한다.

한인사회가 확대되어가고 한·인니 양국의 협력관계가 증대되면서, 우리 한인들의 문화적 정서함양, 한국문화 지키기, 그리고 한국문화를 통한 이웃 현지인들과의 화합 등을 위한 노력도 활성화되어가고 있다. 음악협회, 미술협회, 서예협회, 월화차 문화원, 여성 및 어린이 합창단, 문화탐방단 등 다양한 단체가 활동하고 있고, 배구·축구·야구 등 체육 분야 동호회도 활동하고 있다. 2008년 2월에는 몇몇의 뜻있는 한인 문화예술인 및 단체 대표들이 한인사회의 문화 · 예술 · 체육 단체를 회원 단체로 하는 재인니 한인예총(한인 문화예술체육 총연합회)을 발족시켜 한인 문화행사 활성화 및 한인사회 위상강화에 노력하고 있다.

그러나 한인사회에 한국문화를 좀더 적극적이고 체계적으로 홍보할 수 있는 문화원이 없다는 것이 가장 아쉬운 문제이다. 한인사회가 이미 최대 외국인 커뮤니티이고 한국의 국제적 위상이나 한 · 인니 협력 관계 비중 등을 고려할 때 한국문화원 설치는 절실하며 우리 교민들의 간절한 소망이기도 하다. 자카르타에 있는 일본, 독일, 프랑스, 네덜란드, 인도 등이 문화원을 통해 자국의 문화영역을 확대하고 있는 점을 고려할 때 한국문화원 설치는 절실하다. 이미 대사관에서 여러 채널을 통해 조기 설치의 필요성 등을 수차례 건의해 왔다. 2009년 3월 7일 이명박 대통령의 인도네시아 국빈방문 중 교민간담회시 한인회는 문화원 설치를 건의했다. 문화부는 2011년에 설치할 계획으로 있다.

한인회는 다양한 체육종목으로 활성화되어 있는 체육동호회를 발전시켜 대한체육회 인도네시아 지회로 발족시키는 과제를 안고 있다. 나름대로 건실하고 역동적인 재인니 한인회의 결속력과 적도 아래의 이질적인 문화권에서도 열심히 살아가는 한인들의 자랑스런 모습을 체육대회를 통해 국내에 보여줄 때가 된 것 같다.

한국부인회 등 여성 관련 단체도 한인사회 및 지역사회 발전에 기여하기 위해 활발히 활동하고 있다. 우리 2세 교육을 위한 초중고 합동의 자카르타 한국국제학교(JIKS, 교장 전호신)가 있고, 한인 2세들의 정체성 확립 및 우리말 지키기, 한국인 배우자의 한국어교육 등을 위해 밀알학교를 비롯한 한글학교가 8개 운영되고 있다. 32년 역사의 한국국제학교는 45개 학급 약 1,200명 학생 규모로 해외에 있는 최대 한국학교다.

한인회는 2008년 6월에 한국대사관이 인접하고 한인회 사무실이 위치하고 있는 코리아센터 부지 내 중앙동 2층에 한인문화회관을 개관했다. 이는 기본적으로 도서비치 공간과 휴식 공간 등으로 되어 있는데, 한인사회 발전을 염원하는 여러 한인들의 십시일반 모금과 국내 몇몇 기관 및 단체의 성원 등으로 조성된 것이다.

한국에서 온 우리 국민이 자카르타의 주요 호텔에서 하루라도 숙박하고 나면 으레 자랑스러운 듯 한마디씩 하는 것이 있다. 호텔의 여러 외국 채널 중 한국어 방송이 나온다는 것이다. 인도네시아에서 한인이 운영하는 TV 방송매체는 2개(서울에서 직접 송출해 수신되는 YTN이나 아리랑 TV 등은 제외)가 있다. K-TV(대표 박영수)와 OKTN(코린도 그룹 소유)이 그것이다. 전자는 MBC와 SBS TV 프로그램을 시간대를 재편성해 송출하고, 후자는 KBS 월드를 실시간으로 전송하고 있다. 이들 두 매체 덕분에 비록 몸은 북반구의 한국을 떠나 적도 아래 있지만, 마음은 고국을 향할 수 있다. 이들 방송은 한인사회 내 정보제공과 일체감 도모에 기여할 뿐만 아니라 한류 확산에도 기여해오고 있다. 특히 OKTN은 영어자막 프로그램 외에도 일부 프로그램에 인도네시아 자막을 자체적으로 부가서비스함으로써 KBS 월드를 시청하는 현지인들이 늘어가고 있다.

『일요신문』(대표 구자성)이나 『한나프레스(Hanna Press)』(대표 정선) 등이 주간, 격주간 단위로 발간되고 있고 일부 독지가나 교회 등에서 다양한 형태의 정보지들이 주간, 격주간 단위로 발간되고 있다. 모두가 한 인사회에 대한 정보제공과 일체감 형성에 기여하겠다는 숭고한 뜻 하나만으로 어려운 여건에서 한 호 한 호를 발간해오고 있는 것 같다. 재인도네시아 한인회는 1996년 6월 15일 월간 『한인뉴스』를 창간해 인도네시아 전역의 한인회에 배포하고 한국 내 관련기관 및 세계 주요국의 한인회에 배포해오고 있다. 『한인뉴스』는 2009년 9월 현재까지 한 번의 결호도 없이 매월 발간되어왔는데, 이는 전 세계 한인회에서 찾아보기 어려운 대단한 기록이며 자랑이라 하지 않을 수 없다.

그런데 한인사회에서 한 가지 안타까운 것은 일일소식을 전하는 신문이 없다는 것이다. 「한 타임즈」라는 신문이 2003년부터 약 4년간 발간되다가 재정상의 문제 등으로 2007년 11월 기약 없는 휴간에 들어갔는데, 사라진 이후 이를 대체할 방안이 나오지 않아 안타까운 실정이다. 일본이나 중국 커뮤니티에서 일일신문이 발간되는 점을 고려할 때 우리 한인사회에서도 일일신문이 머지않아 다시 나와야 하지 않을까 생각한다.

한편 한인사회가 양적 질적으로 많이 성장한 이면에 발생하는 안타깝지만 황당한 사건은 한국대사관이나 우리 한인사회를 곤혹스럽게 만든다. 드물긴 하지만 경영활동이 어렵게 된 한국인 경영자가 현지인 직원의 생사가 달린 임금을 주지 않고 야반도주하는 사례나 현지인과의 치정문제로 발생한 살인사건, 현지인의 문화적 차이 등에 대한 몰이해와 이로 인해 발생하는 문제 등은 현지 언론의 좋은 기사거리가 되고 있다.

이와 같은 것들은 개인의 문제일 수도 있지만 우리 한인들이 수십

년에 걸쳐 열심히 일하면서 어렵게 얻은 좋은 이미지를 하루아침에
무너뜨리는 일이기도 하다. 타 국가에 있는 한인회에 비해 상당히
건실하게 성장해가고 있는 인도네시아 한인사회에 해가 되지 않도
록 모두가 관심을 기울여야 할 것이다. 인도네시아 한인회가 영원히
발전하기를 기대해본다.

미주

1_ 캐시 드레인 & 바버라 홀, 박영원 옮김, 『인도네시아』, 도서출판 휘슬러

2_ 양승윤 · 박재봉 · 김긍섭 공저, 『인도네시아 사회와 문화』, 한국외국어대 출판부

3_ 김문환 「한인뉴스」 2008년 7월호, 재인니한인회

4_ 사공경, 『자카르타 박물관노트』, 재인니한인회 문화탐방반

5_ 「한인뉴스」 2006년 6월호, 재인니한인회

6_ 양승윤, 「인도네시아」, 학국외국어대 출판부

7,8_ 사공경, 『자카르타 박물관노트』, 재인니한인회 문화탐방반

9_ 이승민, 『인도네시아 한인뉴스』 2008년 1월호, 재인니한인회

10_ 이승민, 『인도네시아 한인뉴스』 2008년 2월호, 재인니한인회

11_ 주 인니 한국대사관 업무자료, KOTRA 홈페이지 국가별동향 '인도네시아'를 활용 정리함

12_ 이 글은 2007년 5월 14일 국정브리핑에 기고한 내용임

13_ 이 글은 2008년 1월 14일 국정브리핑에 기고한 내용임

14_ 이 글은 2007년 12월 26일 국정브리핑에 기고한 내용임

15_ 이 글은 2007년 8월 27일 국정브리핑에 기고한 내용임

16,17_ 양승윤, 『인도네시아』, 한국외국어대 출판부

18_ 주 인니 한국대사관 업무자료, KOTRA 홈페이지 국가별동향 '인도네시아'를 활용 정리함

19_ 황대일, 「특파원의 눈에 비친 인도네시아 만년설」, 2003년

20_ 이 글은 2006년 8월 11일 국정브리핑에 기고한 내용임

21_ 이 글은 2007년 12월 7일 국정브리핑에 기고한 내용임

22_ 이 글은 2009년 7월 24일 국정브리핑에 기고한 내용임

23_ 재인니 한인회 자료

KI신서 2226

인도네시아 들여다보기
한눈에 들어오는 인도네시아탐구 52

1판 1쇄 인쇄 2010년 1월 10일
1판 1쇄 발행 2010년 1월 15일

지은이 윤문한 **펴낸이** 김영곤 **펴낸곳** (주)북이십일 21세기북스
디자인 에이틴 **영업** 서재필 최창규
출판등록 2000년 5월 6일 제10-1965호
주소 (우413-756) 경기도 파주시 교하읍 문발리 파주출판단지 518-3
대표전화 031-955-2100 **팩스** 031-955-2151 **이메일** book21@book21.co.kr
홈페이지 www.book21.co.kr **커뮤니티** cafe.naver.com/21cbook

책 값은 뒤표지에 있습니다.
ISBN 978-89-509-2176-7 03320

이 책 내용의 일부 또는 전부를 재사용하려면 반드시 21세기북스의 동의를 얻어야 합니다.
잘못 만들어진 책은 구입하신 서점에서 교환해 드립니다.